**에듀윌과 함께 시작하면,
당신도 합격할 수 있습니다!**

오랜 직장 생활을 마감하며 찾아온 앞날에 대한 막연한 두려움
에듀윌만 믿고 공부해 합격의 길에 올라선 50대 은퇴자

출산한지 얼마 안돼 독박 육아를 하며 시작한 도전!
새벽 2~3시까지 공부해 8개월 만에 동차 합격한 아기엄마

만년 가구기사 보조로 5년 넘게 일하다, 달리는 차 안에서도
포기하지 않고 공부해 이제는 새로운 일을 찾게 된 합격생

누구나 합격할 수 있습니다.
시작하겠다는 '다짐' 하나면 충분합니다.

마지막 페이지를 덮으면,

**에듀윌과 함께
공인중개사 합격이 시작됩니다.**

공인중개사 1위

15년간 베스트셀러 1위
에듀윌 공인중개사 교재

탄탄한 이론 학습! 기초입문서/기본서/핵심요약집

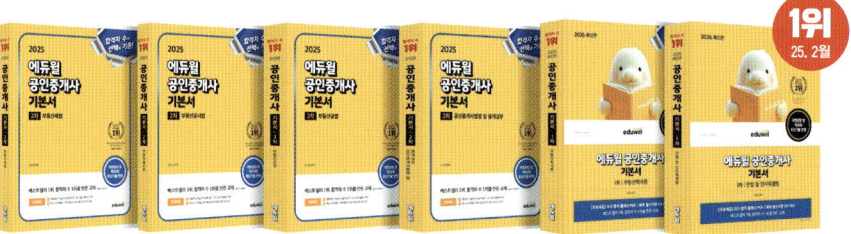

기초입문서(2종)　　　　　　　기본서(6종)　　　　　　　1차 핵심요약집+기출팩(1종)

출제경향 파악, 실전 엿보기! 단원별/회차별 기출문제집　　　　다양한 문제로 합격점수 완성! 기출응용 예상문제집/실전모의고사

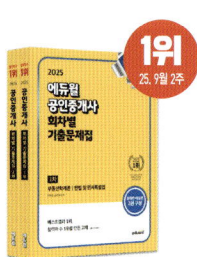

단원별 기출문제집(6종)　　회차별 기출문제집(2종)　　　기출응용 예상문제집(6종)　　실전모의고사(2종)

* 2023 대한민국 브랜드만족도 공인중개사 교육 1위 (한경비즈니스)
* YES24 수험서 자격증 공인중개사 베스트셀러 1위 (2011년 12월, 2012년 1월, 12월, 2013년 1월~5월, 8월~12월, 2014년 1월~5월, 7월~8월, 12월, 2015년 2월~4월, 2016년 2월, 4월, 6월, 12월, 2017년 1월~12월, 2018년 1월~12월, 2019년 1월~12월, 2020년 1월~12월, 2021년 1월~12월, 2022년 1월~12월, 2023년 1월~12월, 2024년 1월~12월, 2025년 1월~10월 월별 베스트, 매월 1위 교재는 다름)
* YES24 국내도서 해당분야 월별, 주별 베스트 기준

에듀윌 공인중개사

합격을 위한 비법 대공개! 합격서&부교재

이영방 합격서	심정욱 합격서	임선정 합격서	김민석 합격서	한영규 합격서	오시훈 합격서	신대운 합격서	심정욱 핵심체크 OX	오시훈 키워드 암기장
부동산학개론	민법 및 민사특별법	공인중개사법령 및 중개실무	부동산공시법	부동산세법	부동산공법	쉬운민법	민법 및 민사특별법	부동산공법

핵심 테마를 빠르게 공략하는 단기서

이영방 합격패스 계산문제	심정욱 합격패스 암기노트	임선정 그림 암기법	김민석 테마별 한쪽정리	오시훈 테마별 비교정리
부동산학개론	민법 및 민사특별법	공인중개사법령 및 중개실무	부동산공시법	부동산공법

시험 전, 이론&문제 한 권으로 완벽 정리! 필살키

이영방 필살키	심정욱 필살키	임선정 필살키	오시훈 필살키	김민석 필살키	한영규 필살키	신대운 필살키

더 많은 공인중개사 교재

* 해당 교재의 이미지는 변경될 수 있습니다.

공인중개사 1위

공인중개사,
에듀윌을 선택해야 하는 이유

9년간 아무도 깨지 못한 기록
합격자 수 1위

합격을 위한 최강 라인업
1타 교수진

공인중개사

합격만 해도 연 최대 300만원 지급
성공 DREAM 지원금

업계 최대 규모의 전국구 네트워크
동문회

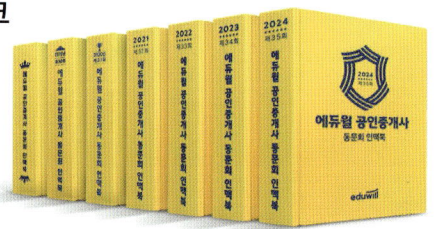

* 2023 대한민국 브랜드만족도 공인중개사 교육 1위 (한경비즈니스)
* KRI 한국기록원 2016, 2017, 2019년 공인중개사 최다 합격자 배출 공식 인증 (2025년 현재까지 업계 최고 기록)   * 에듀윌 공인중개사 과목별 온라인 주간반 강사별 수강점유율 기준 (2024년 11월)
* 성공 DREAM 지원금 신청은 에듀윌 공인중개사 VVIP 프리미엄 성공패스 수강 후 2027년까지 공인중개사 최종 합격자에 한해 가능합니다. (상세 내용 홈페이지 유의사항 확인 필수)

1위 에듀윌만의
체계적인 합격 커리큘럼

합격자 수가 선택의 기준, 완벽한 합격 노하우
온라인 강의

① 전 과목 최신 교재 제공
② 업계 최강 교수진의 전 강의 수강 가능
③ 합격에 최적화 된 1:1 맞춤 학습 서비스

합격을 꿈꾼다면, 오늘은 용어부터!
필수용어집 신청

친구 추천 이벤트

" **친구 추천**하고 한 달 만에
920만원 받았어요 "

친구 1명 추천할 때마다 현금 10만원 제공
추천 참여 횟수 무제한 반복 가능

※ *a*o*h**** 회원의 2021년 2월 실제 리워드 금액 기준
※ 해당 이벤트는 예고 없이 변경되거나 종료될 수 있습니다.

친구 추천 이벤트
바로가기

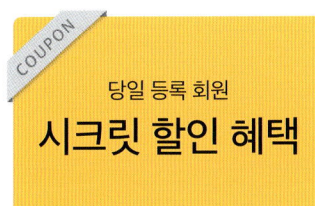

당일 등록 회원
시크릿 할인 혜택

설명회 참석 당일 등록 시
특별 수강 할인권 제공

최고의 학습 환경과 빈틈 없는 학습 관리
직영학원

① 현장 강의와 온라인 강의를 한번에
② 시험일까지 온라인 강의 무제한 수강
③ 강의실, 자습실 등 프리미엄 호텔급 학원 시설

자세한 내용이 궁금하다면 1600-6700
* 2023 대한민국 브랜드만족도 공인중개사 교육 1위 (한경비즈니스)

eduwill

공인중개사 1위

합격자 수 1위 에듀윌
7만 건이 넘는 후기

고○희 합격생

부알못, 육아맘도 딱 1년 만에 합격했어요.

저는 부동산에 관심이 전혀 없는 '부알못'이었는데, 부동산에 관심이 많은 남편의 권유로 공부를 시작했습니다. 남편 지인들이 에듀윌을 통해 많이 합격했고, '합격자 수 1위'라는 광고가 좋아 에듀윌을 선택하게 되었습니다. 교수님들이 커리큘럼대로만 하면 된다고 해서 믿고 따라갔는데 정말 반복 학습이 되더라고요. 아이 둘을 키우다 보니 낮에는 시간을 낼 수 없어서 밤에만 공부하는 게 쉽지 않아 포기하고 싶을 때도 있었지만 '에듀윌 지식인'을 통해 합격하신 선배님들과 함께 공부하는 동기들의 위로가 큰 힘이 되었습니다.

이○용 합격생

군복무 중에 에듀윌 커리큘럼만 믿고 공부해 합격

에듀윌이 합격자가 많기도 하고, 교수님이 많아 제가 원하는 강의를 고를 수 있는 점이 좋았습니다. 또, 커리큘럼이 잘 짜여 있어서 잘 따라만 가면 공부를 잘 할 수 있을 것 같아 에듀윌을 선택했습니다. 에듀윌의 커리큘럼대로 꾸준히 따라갔던 게 저만의 합격 비결인 것 같습니다.

안○원 합격생

5개월 만에 동차 합격, 낸 돈 그대로 돌려받았죠!

저는 야쿠르트 프레시매니저를 하다 60세에 도전하여 합격했습니다. 심화 과정부터 시작하다 보니 기본이 부족했는데, 교수님들이 하라는 대로 기본 과정과 책을 더 보면서 정리하며 따라갔던 게 주효했던 것 같습니다. 합격 후 100만 원 가까이 되는 큰 돈을 환급받아 남편이 주택관리사 공부를 한다고 해서 뒷받침해 줄 생각입니다. 저는 소공(소속 공인중개사)으로 활동을 하고 싶은 포부가 있어 최대 규모의 에듀윌 동문회 활동도 기대가 됩니다.

다음 합격의 주인공은 당신입니다!

더 많은
합격 비법

* 본 합격수기는 실제 수강생의 솔직한 의견을 포함하고 있습니다. (이벤트 혜택을 제공받았음)
* 에듀윌 홈페이지 게시 건수 기준 (2025년 10월 기준)
* 2023 대한민국 브랜드만족도 공인중개사 교육 1위 (한경비즈니스)

에듀윌이
너를
지지할게

ENERGY

시작하는 방법은
말을 멈추고
즉시 행동하는 것이다.

– 월트 디즈니(Walt Disney)

➕ **합격할 때까지 책임지는 개정법령 원스톱 서비스!**

법령 개정이 잦은 공인중개사 시험. 일일이 찾아보지 마세요!
에듀윌에서는 필요한 개정법령만을 빠르게! 한번에! 제공해 드립니다.

| 에듀윌 도서몰 접속
(book.eduwill.net) | ▶ | 우측 정오표
아이콘 클릭 | ▶ | 카테고리 공인중개사
설정 후 교재 검색 |

개정법령
확인하기

2026
에듀윌 공인중개사

신대운 합격서

쉬운민법

민법, 왜 체계가 중요할까요?

마인드맵처럼 체계도로 흐름을 잡고,
그 위에 살을 붙이며 이해했더니
이번 시험에서 합격 점수가 나왔습니다.

합격생 A

잘 정리된 체계도와
이론과 연계된 기출지문 분석으로
실전 대비까지 할 수 있어 너무 좋습니다.

합격생 B

체계도로 뼈대를 잡고
기출지문을 통해 복습했더니
민법이 차근차근 정리되는 느낌이었어요.

합격생 C

체계도가 너무 잘 정리되어 있어서
요약집처럼 자주 봤습니다.
교수님의 암기포인트 덕분에 문제가 빠르게 풀리더라고요.

합격생 D

체계를 제대로 잡으면, 방대한 민법이 쉬워집니다!

판례, 조문, 기출지문까지 한 권에 담은 민법체계의 완성
체계를 잡아야 흔들리지 않습니다.

민법은 체계를 통한 '판례와 조문', '기출지문'으로 정리해야 합격합니다!

민법은 법제도와 판례를 접목해서 이해하고 법조문을 이해해야 하는 어려운 과목입니다. 하지만 공인중개사 시험은 절대평가 시험이고, 상급문제(8~12문제)가 아닌, 중·하급문제(28~32문제)가 합격을 좌우합니다. 따라서 어려운 상급 내용보다는 쉬운 중·하급 내용을 반복 학습하여 정확도를 높이는 것이 가장 중요합니다.

〈2026년 신대운 합격서 쉬운민법〉은 '단권화된 수험서'로 방대한 내용을 출제가능성이 있는 판례와 조문 위주로 간단명료하게 체계도식으로 정리하여 학습의 효율을 높이고, 기출지문과 이론의 연계 등을 통해 반복학습을 가능하게 합니다.

본서가 수험생 여러분들의 합격에 큰 도움이 되길 진심으로 바라며, 교재가 출간될 수 있도록 마음 써 주신 에듀윌 대표님을 비롯하여 출판사업본부 직원분들, 제 인생의 스승이신 부모님, 그리고 사랑하는 아내와 딸 지아에게 감사의 인사를 드립니다.

신대운 드림

약력
- 現 에듀윌 민법 및 민사특별법 전임 교수
- 前 EBS 민법 및 민사특별법 강사
- 前 한국토지주택공사 민법 및 민사특별법 강사

저서
에듀윌 공인중개사 쉬운민법 합격서, 필살키 등 집필

신대운T 인스타그램
@shindaewoon_no1

합격생이 가장 많이 언급한
체계도 극찬포인트 TOP3

 **학습량 1/4 Down**

얇지만 기출문제를 모두 분석! 빈출포인트만을 선별하여 수록한 군살 없는 저지방 교재입니다.
― 합격생 박*경님(30대)

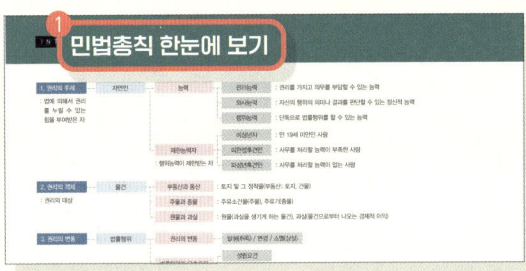

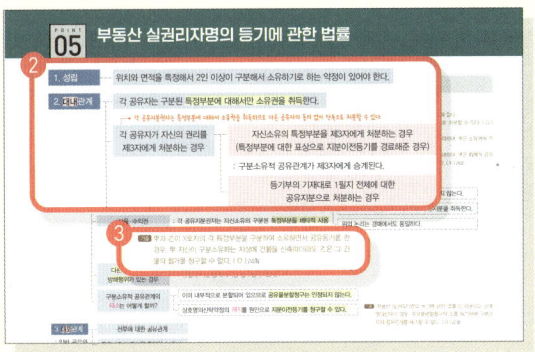

① 한눈에 보기 체계도로 PART의 전체적인 흐름 파악
② 방대한 이론을 체계도로 압축하여 정리
③ 이론 연계 기출지문 수록

 **현장감 100%**

대운쌤의 강의 노하우가 가득! 강의 중 설명하시는 내용이 다 들어 있어서 강의를 듣는 기분이었어요.
― 합격생 김*민님(40대)

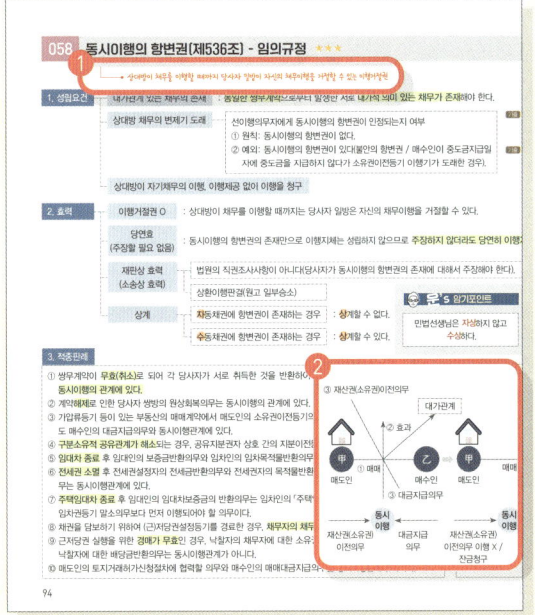

① 강의식 첨삭으로 풍부한 보충설명
② 대운쌤의 강의 중 판서를 그대로 재현

 **스피드 ×2 Up**

달달 외우지 않아도 어느새 각인! 두문자 암기법으로 시험장에서도 빠르게 문제를 풀 수 있었어요.
― 합격생 김*정님(40대)

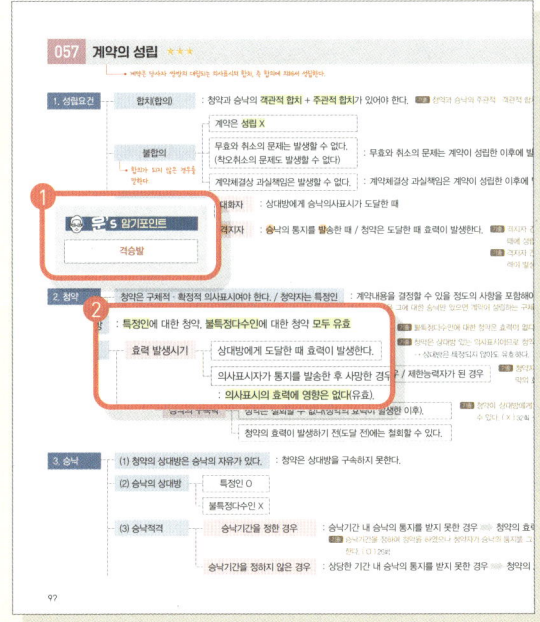

① 두문자 암기코드로 쉽고 재미있는 2배속 암기법
② 형광펜 표시로 주요 포인트만 짚어보는 2배속 회독법

합격이론만 꾹 눌러담은
차례

PART 1 민법총칙 체계도

민법총칙 한눈에 보기 ··· 10
POINT 01 | 권리의 변동 ································· 12
POINT 02 | 법률행위 ····································· 13
POINT 03 | 의사표시 ····································· 19
POINT 04 | 법률행위의 대리 ························· 28
POINT 05 | 법률행위의 무효와 취소 ············ 37
POINT 06 | 법률행위의 부관 ························· 42
기출지문 OX로 민법총칙 마무리 ···················· 44

PART 2 물권법 체계도

물권법 한눈에 보기 ··· 48
POINT 01 | 물권 총론 ··································· 49
POINT 02 | 점유권 ··· 57
POINT 03 | 소유권 ··· 62
POINT 04 | 용익물권 ····································· 69
POINT 05 | 담보물권 ····································· 76
기출지문 OX로 물권법 마무리 ························ 85

PART 3 계약법 체계도

계약법 한눈에 보기 ··· 90
POINT 01 | 계약 총론 ··································· 91
POINT 02 | 계약 각론 ································· 100
기출지문 OX로 계약법 마무리 ······················ 115

PART 4 민사특별법 체계도

주택임대차보호법 한눈에 보기 ······················ 120
POINT 01 | 주택임대차보호법 ····················· 122
상가건물 임대차보호법 한눈에 보기 ············· 130
POINT 02 | 상가건물 임대차보호법 ············ 132
가등기담보 등에 관한 법률 한눈에 보기 ····· 138
POINT 03 | 가등기담보 등에 관한 법률 ······ 139
집합건물의 소유 및 관리에 관한 법률 한눈에 보기 ··· 142
POINT 04 | 집합건물의 소유 및 관리에 관한 법률 ··· 143
부동산 실권리자명의 등기에 관한 법률 한눈에 보기 ··· 148
POINT 05 | 부동산 실권리자명의 등기에 관한 법률 ··· 149
기출지문 OX로 민사특별법 마무리 ·············· 153

부록 | 핵심 기출 지문 100

지문편 ·· 156
정답과 해설편 ·· 161

01 민법총칙 체계도

POINT 01 권리의 변동

POINT 02 법률행위

POINT 03 의사표시

POINT 04 법률행위의 대리

POINT 05 법률행위의 무효와 취소

POINT 06 법률행위의 부관

INTRO 민법총칙 한눈에 보기

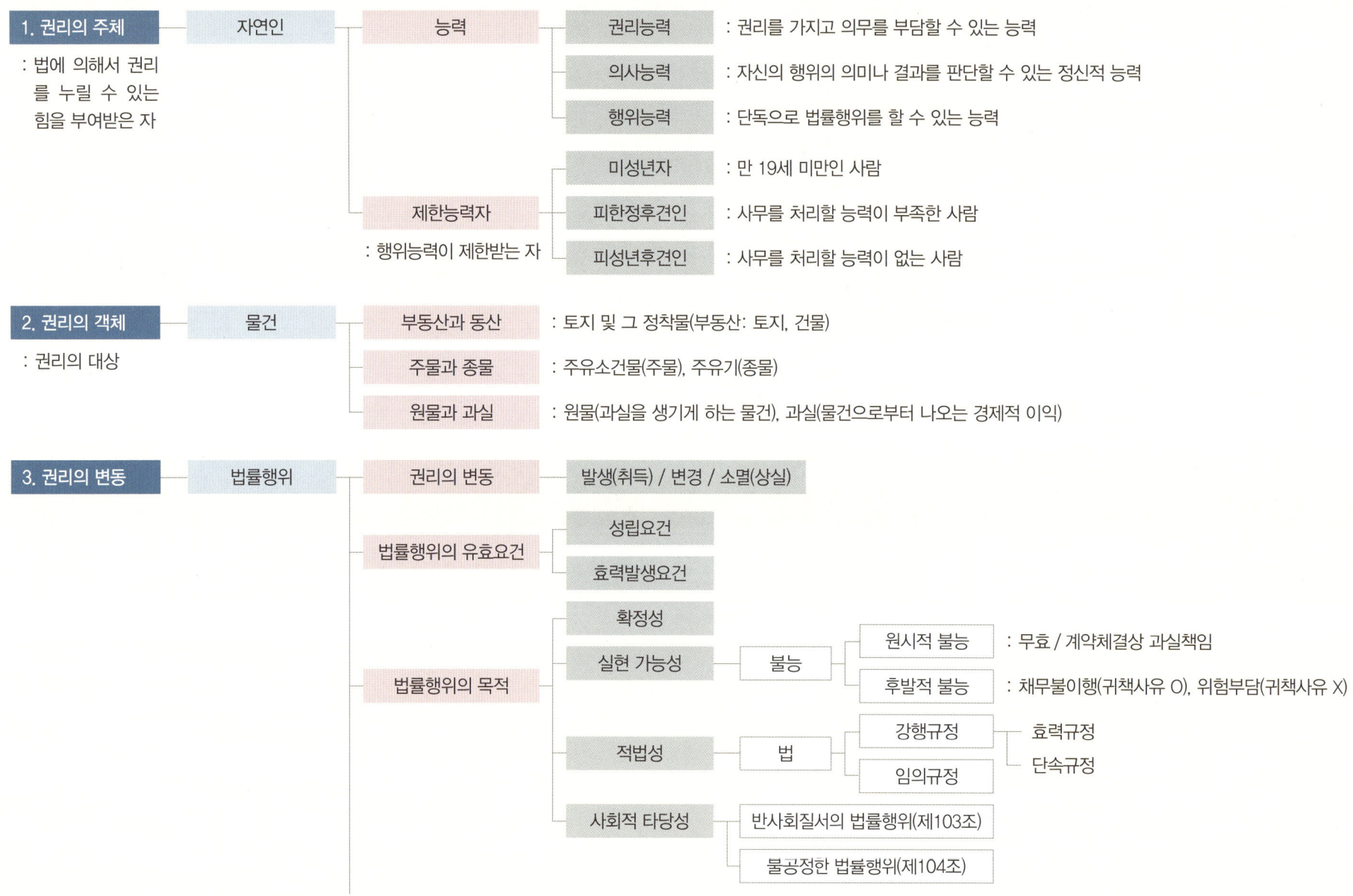

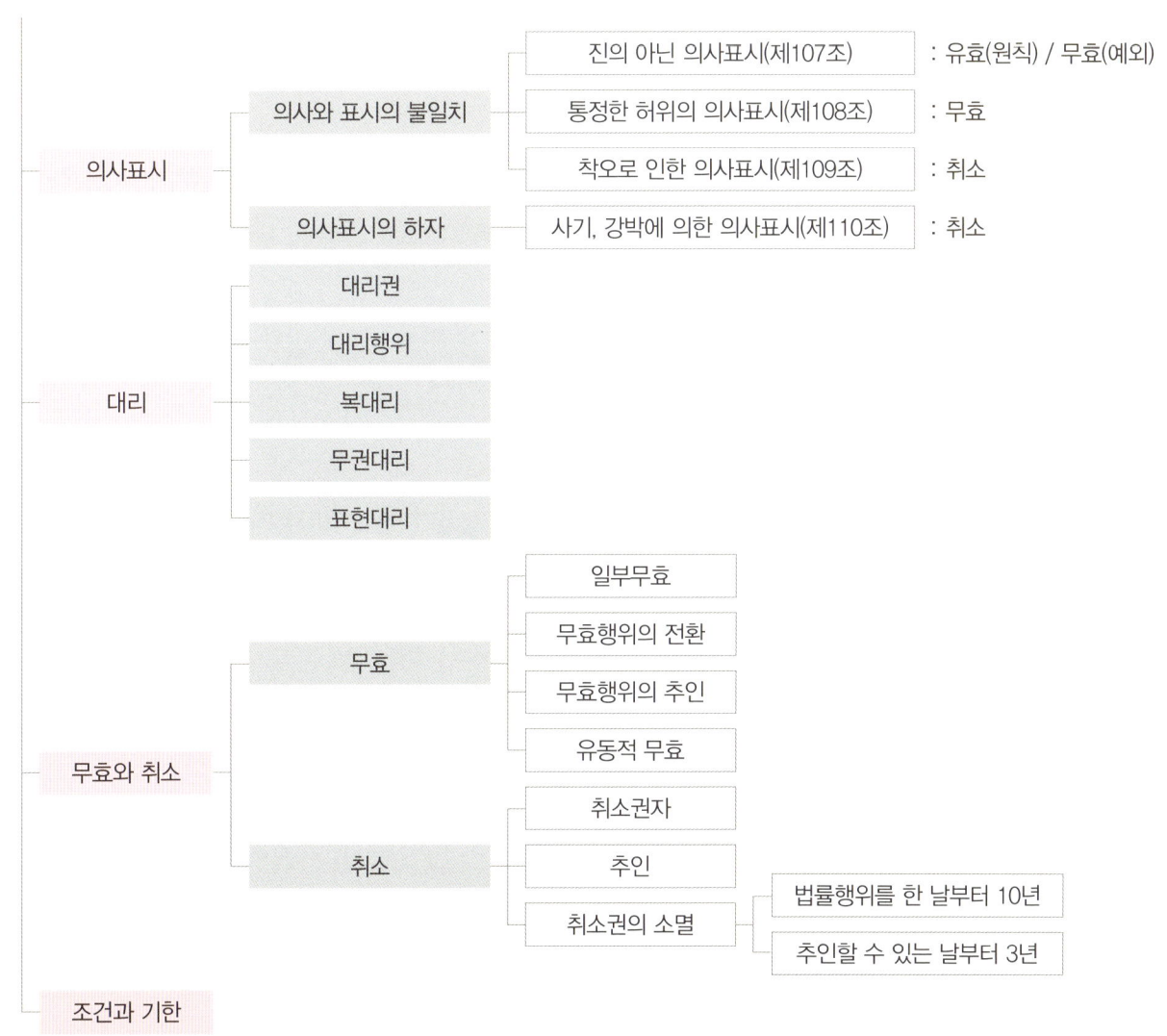

POINT 01 권리의 변동

001 권리의 변동 ★★

• 권리의 발생, 변경, 소멸을 의미한다.

1. 권리의 발생 — 발생(취득)
- **원시취득**: 어떠한 권리가 타인의 권리에 기초함이 없이 특정인에게 새롭게 발생하는 것
  - 예) 건물의 신축, 시효취득, 선의취득, 무주물 선점, 유실물 습득, 매장물 발견, 부합, 혼화, 가공 등
  - 기출) 무주물의 선점은 원시취득에 해당한다. (O) 28회
  - 기출) 부동산 점유취득시효 완성으로 인한 소유권 취득은 원시취득이다. (O) 34회
- **승계취득**
  - **이전적 승계**: 권리가 동일성을 유지하면서 권리의 주체가 바뀌는 것
    - 특정승계: 매매, 증여, 교환
      - 기출) 부동산 매매에 의한 소유권 취득은 특정승계이다. (O) 34회
    - 포괄승계: 상속
  - **설정적 승계**: 권리의 일부가 이전되는 것
    - 예) 저당권의 설정, 전세권의 설정
    - 기출) 저당권의 설정은 이전적 승계에 해당한다. (X) 28회
    - → 설정적 승계에 해당한다.

2. 권리의 변경 — 변경
- 주체의 변경: 권리의 이전적 승계를 말한다.
- 내용의 변경: 질적 변경과 양적 변경으로 구별한다.
- 작용의 변경: 권리가 가진 힘, 즉 효력의 세기가 변경되는 것
  - 예) 저당권의 순위승진, 임차권의 대항력 취득

3. 권리의 소멸 — 소멸(상실)
- 절대적·객관적 소멸: 예) 목적물의 멸실로 소유권의 소멸
- 상대적·주관적 소멸: 예) 매매에서 매도인의 입장에서 소유권의 소멸

POINT 02 법률행위

002 법률행위의 종류

※ 의사표시를 필수요소로 하는 법률요건을 말한다.

★★★

1. 단독행위
: 권리주체가 행하는 하나의 의사표시만으로 성립하는 법률행위

- 상대방 있는 단독행위 (도달주의)
  : **동**의, **철**회, **상**계, **추**인, **취**소, **해**제, **해**지, **공**유지분의 포기, **합**유지분의 포기, **취**득시효이익의 **포**기, **채무면제**, 제한물권의 포기, 수권행위
  [기출] 공유지분의 포기는 상대방 있는 단독행위에 해당한다. (O) 32회

- 상대방 없는 단독행위 (표백주의)
  : **유**언(유증), **재**단법인 설립행위, 권리의 **포**기(소유권의 포기), 상속의 포기
  [기출] 손자에 대한 부동산의 유증은 상대방 없는 단독행위에 해당한다. (O) 33회

윤's 암기포인트
동철이가 상추 먹고 취해해 공합취포의 채무면제했다.

윤's 암기포인트
유재포

2. 의무부담행위 / 처분행위
: 당사자에게 일정한 급부의무를 발생시키는 법률행위

- 채권행위(의무부담행위)
  - 채권·채무의 발생, 이행의 문제를 남기는 법률행위
  - 예) 매매, 교환, 임대차 [기출] 교환계약은 채권행위에 해당한다. (O) 24회
  - 채권행위만으로 직접 물권 변동은 발생하지 않는다.
  - 행위자에게 처분권한이나 처분능력은 요하지 않는다.
  - 처분권한이나 능력이 없는 자의 채권행위(임대차) : 유효
  - 타인권리매매계약 : 유효

- 물권행위(처분행위)
  - 직접 물권의 변동을 가져오는 법률행위
  - 예) 소유권이전행위, 제한물권설정행위(지상권설정행위, 저당권설정행위)
  - 행위자에게 처분권한과 처분능력을 요한다.
  - 타인소유물건에 대한 소유권이전행위 : 행위자에게 처분권한이 없으면 무효

3. 준물권행위(처분행위)
- 물권 이외의 권리의 직접 발생·변경·소멸을 가져오는 법률행위
- 물권행위처럼 이행의 문제를 남기지 않는 법률행위
- 예) **채권양도**, 채무면제, 지식재산권의 양도

[기출] 채권양도는 의무부담행위에 해당한다. (X) 23회 → 준물권행위에 해당한다.
[기출] 지명채권의 양도는 준물권행위이다. (O) 34회

003 법률행위의 유효요건

└─ 법률행위가 성립하고 효과가 발생하기 위해서 필요한 요건을 말한다.

1. 성립요건

- 일반적 성립요건
  - 법률행위가 성립하기 위해서 공통적으로 요구되는 최소한의 요건
  - 당사자, 목적, 의사표시가 존재해야 한다.
- 특별성립요건
  - 법률행위가 성립하기 위해서 개개의 법률행위에 특별히 요구되는 요건
  - 예) 요식행위 : 혼인이나 이혼에서 신고 / 유언에서 법정의 방식이 구비되어야 성립한다.
  - 예) 요물계약 : 계약에서 요구하는 일정한 행위의 완료 또는 기타의 급부가 있어야 성립한다.

2. 일반적 효력발생요건

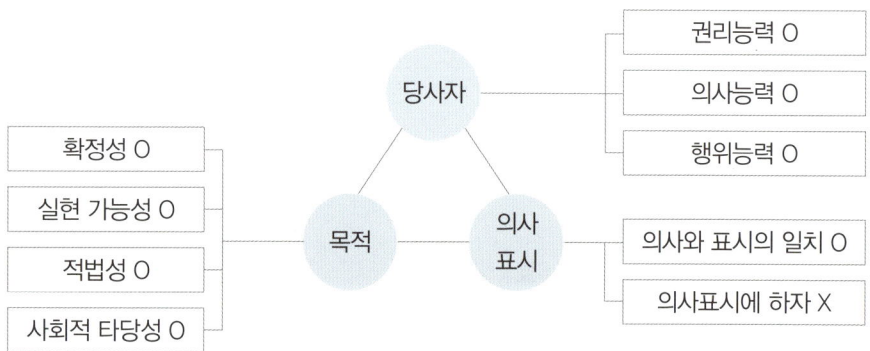

3. 특별효력발생요건 ★★

- 대리 : 대리권의 존재
- 조건과 기한이 부가된 법률행위 : 조건의 성취, 기한의 도래
- 유언 : 유언자의 사망
- 토지거래허가구역 내의 토지거래계약 : 관할관청의 허가
- 농지취득자격증명 : 법률행위의 효력발생요건이 아니다. (다만, 매수인이 이전등기를 한 경우에도 농지취득자격증명을 발급받지 못하면 그 소유권은 취득하지 못한다)

[기출] 대리행위에서 대리권의 존재는 법률행위의 효력이 발생하기 위한 요건이다. (O) 24회

[기출] 정지조건부 법률행위에서 조건의 성취는 법률행위의 효력이 발생하기 위한 요건이다. (O) 24회

[기출] 토지거래허가구역 내의 토지거래계약에 관한 관할관청의 허가는 법률행위의 효력이 발생하기 위한 요건이다. (O) 24회

[기출] 농지거래계약에서 농지취득자격증명은 법률행위의 효력이 발생하기 위한 요건이다. (X) 24회
→ 효력발생요건이 아니고 농지를 취득할 자격이 있다는 증명에 불과하다.

004 목적의 실현 가능성 ★

• 당사자가 의도하는 목적이 실현 가능해야 효과가 발생한다.

1. 원시적 불능 → 법률행위의 목적이 법률행위 성립 당시에 이미 불가능
- 무효
  - 계약에 따른 이행청구권 : 행사할 수 없다.
  - 채무불이행 : 발생하지 않는다.
  - 계약체결상 과실책임 : 발생한다(요건충족 시).

[기출] 계약이 체결된 후 매매목적 건물이 전소된 경우, 그 매매계약은 무효이다. (X) 20회
→ 계약체결 당시에는 실현 가능했으므로 유효이다.

2. 후발적 불능 → 법률행위의 목적이 법률행위 성립 이후 그 이행 전에 불가능
- 유효
  - 채무자에게 귀책사유 O : **채무불이행**의 문제가 발생한다.
  - 채무자에게 귀책사유 X : **위험부담**의 문제가 발생한다.

005 목적의 적법성 및 사회적 타당성

• 당사자가 의도하는 목적이 적법하고 사회적 타당성이 있어야 효과가 발생한다.

★ 1. 목적의 적법성
: 당사자가 의도하는 목적은 적법해야 효과 발생(유효)

- 법
  - 강행규정(강제되는 규정)
    - 효력규정 : 위반 시 **무효**
    - 단속규정 : 위반 시 **유효**
  - 임의규정(강제되지 않으므로 임의로 해도 되는 규정)

⇒ 강행규정은 특약으로 배제할 수 없지만, 임의규정은 특약으로 배제할 수 있다.

[기출] 「공인중개사법」상 개업공인중개사가 법령에 규정된 중개보수 등을 초과하여 금품을 받는 행위를 금지하는 규정은 효력법규에 해당한다. (O) 32회

[기출] 「공인중개사법」상 개업공인중개사가 중개의뢰인과 직접 거래를 하는 행위를 금지하는 규정은 단속법규에 해당한다. (O) 32회

[기출] 「부동산등기 특별조치법」상 중간생략등기를 금지하는 규정은 단속법규에 해당한다. (O) 32회

★★ 2. 목적의 사회적 타당성

- 목적
  - 사회적 타당성 O : 유효
  - 사회적 타당성 X (제103조, 제104조) → 절대적 무효
    - 선의의 제3자 보호 X
    - 무효행위의 추인 X
    - 무효행위의 전환 O(제104조만)

[기출] 불공정한 법률행위로서 무효인 경우, 무효행위 전환의 법리가 적용될 수 있다. (O) 29회

006 반사회질서의 법률행위(제103조) ★★★

• 당사자가 의도하는 목적이 사회질서에 반하면 무효이다(판단시기: 법률행위 시 기준). 기출 반사회질서의 법률행위에 해당하는지 여부는 해당 법률행위가 이루어진 때를 기준으로 판단해야 한다. (O) 30회

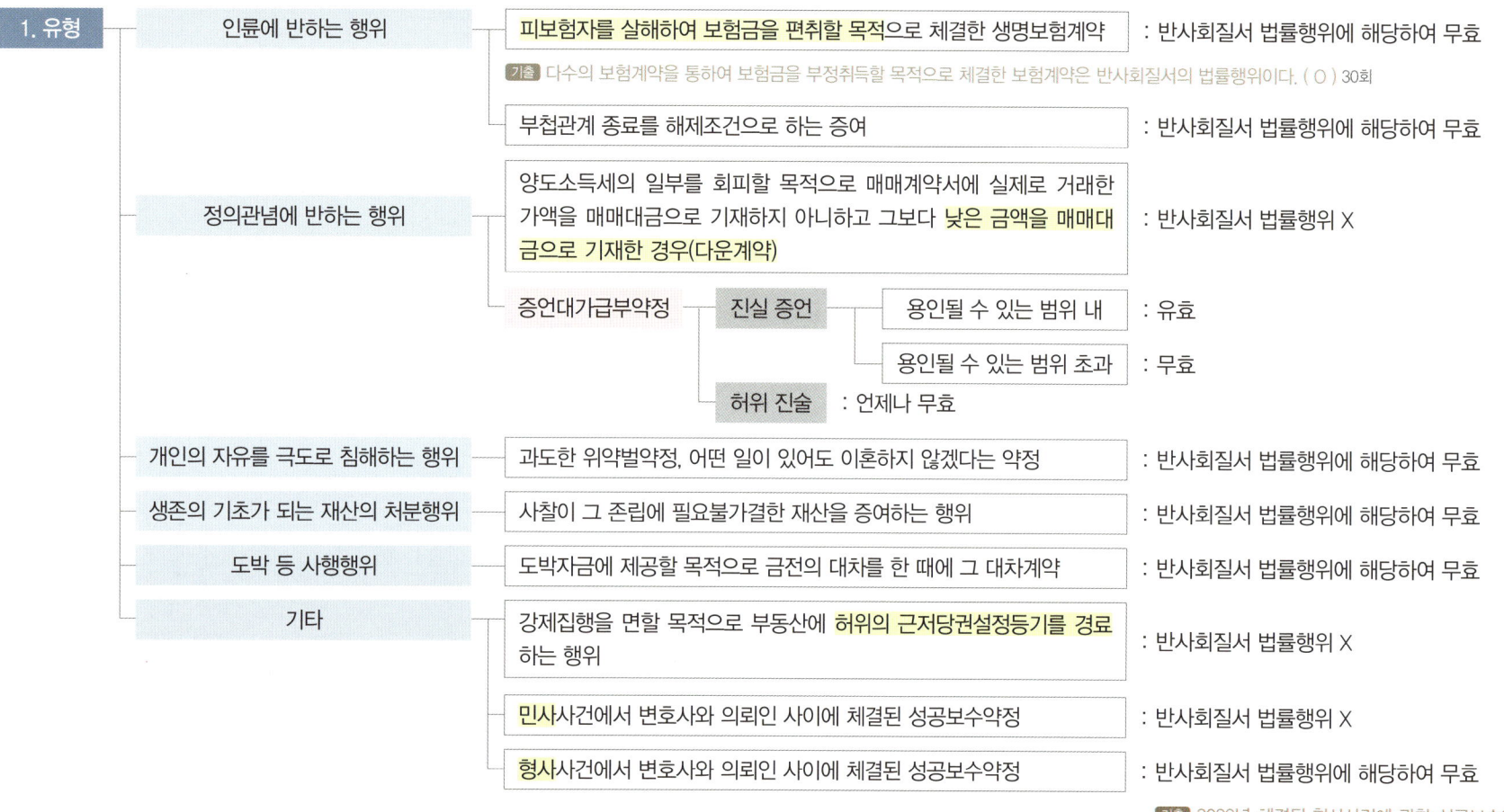

1. 유형

인륜에 반하는 행위
- 피보험자를 살해하여 보험금을 편취할 목적으로 체결한 생명보험계약 : 반사회질서 법률행위에 해당하여 무효
  - 기출 다수의 보험계약을 통하여 보험금을 부정취득할 목적으로 체결한 보험계약은 반사회질서의 법률행위이다. (O) 30회
- 부첩관계 종료를 해제조건으로 하는 증여 : 반사회질서 법률행위에 해당하여 무효

정의관념에 반하는 행위
- 양도소득세의 일부를 회피할 목적으로 매매계약서에 실제로 거래한 가액을 매매대금으로 기재하지 아니하고 그보다 낮은 금액을 매매대금으로 기재한 경우(다운계약) : 반사회질서 법률행위 X
- 증언대가급부약정
  - 진실 증언
    - 용인될 수 있는 범위 내 : 유효
    - 용인될 수 있는 범위 초과 : 무효
  - 허위 진술 : 언제나 무효

개인의 자유를 극도로 침해하는 행위
- 과도한 위약벌약정, 어떤 일이 있어도 이혼하지 않겠다는 약정 : 반사회질서 법률행위에 해당하여 무효

생존의 기초가 되는 재산의 처분행위
- 사찰이 그 존립에 필요불가결한 재산을 증여하는 행위 : 반사회질서 법률행위에 해당하여 무효

도박 등 사행행위
- 도박자금에 제공할 목적으로 금전의 대차를 한 때에 그 대차계약 : 반사회질서 법률행위에 해당하여 무효

기타
- 강제집행을 면할 목적으로 부동산에 허위의 근저당권설정등기를 경료하는 행위 : 반사회질서 법률행위 X
- 민사사건에서 변호사와 의뢰인 사이에 체결된 성공보수약정 : 반사회질서 법률행위 X
- 형사사건에서 변호사와 의뢰인 사이에 체결된 성공보수약정 : 반사회질서 법률행위에 해당하여 무효
  - 기출 2023년 체결된 형사사건에 관한 성공보수약정은 반사회질서 법률행위에 해당하지 않는다. (X) 34회
  → 민사사건에 관한 성공보수약정은 반사회질서 법률행위가 아니지만, 형사사건에 관한 성공보수약정은 반사회질서 법률행위에 해당한다.

2. 효과

- **무효**
  - 이행 전 : 이행할 필요 X
  - 이행 후 : 부당이득반환청구 X
- **절대적 무효**
  - 선의의 제3자 보호 X : 선의의 제3자에게 대항할 수 있다(선의의 제3자에게 무효를 주장할 수 있다).
  - 무효행위의 추인 X
- **일부무효의 법리** : 적용될 수 있다.

007 이중매매에서의 법률관계 ★★

• 원칙: 유효(이중매매에 대한 제2매수인의 선의·악의 불문) / 예외: 무효(매도인의 배임행위에 제2매수인이 적극 가담한 경우)

1. 유효인 경우 (제2매수인 명의로 등기가 된 경우)
: 제2매수인이 소유권을 취득한다.

- 제1매수인과 매도인의 관계 : 제1매수인은 매도인에게 채무불이행책임을 물을 수 있다(이행불능).
- 제1매수인과 제2매수인의 관계
  - 제1매수인은 제2매수인에게 불법행위책임을 물을 수 없다.
  - 제1매수인은 제2매수인에게 채무불이행책임을 물을 수 없다.

기출 특별한 사정이 없는 한, 먼저 등기한 매수인이 목적 부동산의 소유권을 취득한다. (O) 32회

기출 제2매수인이 이중매매사실을 알았다는 사정만으로 제2매매계약을 반사회적 법률행위에 해당한다고 볼 수 없다. (O) 32회

2. 무효인 경우 (제2매수인 명의로 등기가 된 경우)
: 제2매수인은 소유권을 취득하지 못한다.

- 제1매수인과 매도인의 관계 : 제1매수인은 매도인에게 채무불이행책임을 물을 수 있다(이행지체).
- 제1매수인과 제2매수인의 관계
  - 제1매수인은 제2매수인에게 **불법행위책임을 물을 수 있다.**
  - 제1매수인은 채권자대위권 행사 O(매도인의 말소등기청구권을 **대위행사 O** / 직접 이전등기나 말소등기청구 X)
  - **채권자취소권 행사 X**(제1매수인은 제2매매계약을 취소 X)
- 매도인과 제2매수인의 관계 : 제2매수인의 등기는 매도인이 **추인하더라도 무효**이다.
- 제2매수인과 거래한 선의의 제3자
  - 선의의 제3자 보호 X(소유권취득 X)
  - **선의의 제3자가 이중매매의 유효를 주장 X**

기출 반사회적 법률행위에 해당하는 이중매매의 경우, 제1매수인은 제2매수인에 대하여 직접 소유권이전등기말소를 청구할 수 없다. (O) 32회

기출 반사회적 법률행위에 해당하는 제2매매계약에 기초하여 제2매수인으로부터 그 부동산을 매수하여 등기한 선의의 제3자는 제2매매계약의 유효를 주장할 수 있다. (X) 32회 → 절대적 무효이므로 선의의 제3자도 유효를 주장할 수 없다.

008 불공정한 법률행위(제104조) ★★★

= 폭리행위 / 판단시기: 법률행위 시 기준

1. 제103조와 관계 : 제103조(반사회질서의 법률행위)의 예시규정이다.

2. 객관적 요건
- 급부와 반대급부의 현저한 불균형 존재
  - 기출 급부와 반대급부 사이에 현저한 불균형이 존재하는지는 특별한 사정이 없는 한 법률행위 당시를 기준으로 판단하여야 한다. (O) 29회
- 증여(기부행위, 무상행위) : 제104조 성립 X

3. 주관적 요건
- 피해자의 궁박·경솔·무경험 중 어느 하나가 존재해야 한다.
  - 기출 궁박은 정신적·심리적 원인에 기인할 수도 있다. (O) 29회
  - 기출 무경험은 거래일반에 대한 경험의 부족을 의미한다. (O) 29회
  - 궁박 : 경제적·물질적 궁박 O, 정신적·심리적 궁박 O
  - 무경험 : 거래일반에 대한 무경험 의미(특정 영역 X)
- 폭리행위의 악의(이용의사)가 있어야 한다.
  - 기출 계약의 피해당사자가 급박한 곤궁 상태에 있었다면 그 상대방에게 폭리행위의 악의가 없었더라도 불공정한 법률행위는 성립한다. (X) 34회
  - → 불공정한 법률행위가 성립하기 위해서는 반드시 폭리행위의 악의가 필요하다.

4. 대리인을 통해서 법률행위를 한 경우
- 궁박 : 본인 기준
- 경솔, 무경험 : 대리인 기준

5. 입증책임
- 요건은 추정 X
- 무효 주장자 : 모든 요건을 입증해야 한다.

6. 적용범위
- 무효행위의 전환 : 무효행위의 전환(제138조) 적용 O
  - 기출 무효행위 전환에 관한 규정은 불공정한 법률행위에 적용될 수 있다. (O) 31회
- 경매 : 불공정한 법률행위 성립 X
  - 기출 경매에는 불공정한 법률행위에 관한 규정이 적용되지 않는다. (O) 31회

7. 효과
- 이행 전 : 이행할 필요 X
- 이행 후
  - 피해자 : 부당이득반환청구 O
  - 폭리행위자 : 부당이득반환청구 X
- 무효행위의 추인 : 인정 X

POINT 03 의사표시

009 진의 아닌 의사표시(제107조) ★★

= 거짓 의사표시(거짓말) / 의사와 표시의 불일치에 대해서 상대방과 통정이 없다는 점에서 통정허위표시와 구별되며, 의사와 표시의 불일치에 대해서 표의자 스스로 알고 있다는 점에서 착오와 구별된다.

1. 의의
- 의사와 표시의 불일치를 표의자가 알고 하는 의사표시
- 진의는 특정한 내용의 의사표시를 하고자 하는 표의자의 생각(표의자가 진정으로 마음속에서 바라는 사항이 아니다)
  - [기출] 진의란 특정한 내용의 의사표시를 하고자 하는 표의자의 생각을 말하는 것이지 표의자가 진정으로 마음속에서 바라는 사항을 뜻하는 것은 아니다. (O) 27회

2. 요건
- 의사표시의 존재
- 의사(진의)와 표시의 불일치 : 표시행위로부터 추단되는 효과의사에 상응하는 의사가 존재하지 않아야 한다.
- 의사(진의)와 표시의 불일치를 표의자가 알고 있을 것(상대방과 통정은 필요 X)

3. 효과
- 원칙: **유효**
  - 표시된 대로 효력 발생 O
  - 상대방이 선의 그리고 무과실인 경우
    - [기출] 매매계약에서 비진의표시는 상대방이 선의이며 과실이 없는 경우에 한하여 유효하다. (O) 25회
- 예외: **무효**
  - 상대방의 악의 또는 과실이 있는 경우
    - [기출] 비진의의사표시는 상대방이 표의자의 진의 아님을 알 수 있었을 경우 취소할 수 있다. (X) 32회 → 무효이다.

4. 입증책임
- 상대방이 표의자의 진의 아님을 알았거나(악의) 알 수 있었을 경우(과실) : **무효를 주장하는 자가 입증**
  - [기출] 상대방이 표의자의 진의 아님을 알았다는 것은 무효를 주장하는 자가 증명하여야 한다. (O) 25회

5. 선의의 제3자 보호 여부
- 제3자가 선의인 경우에는 보호 O
- 무효인 경우에도 표의자는 선의의 제3자에게 대항 X
  - [기출] 진의 아닌 의사표시의 효력이 없는 경우, 법률행위의 당사자는 진의 아닌 의사표시를 기초로 새로운 이해관계를 맺은 선의의 제3자에게 대항하지 못한다. (O) 27회

010 통정한 허위의 의사표시 (제108조) ★★★

= 통정허위표시, 상대방과 짜고 하는 거짓말

1. 의의
- 상대방과 짜고(통정) 하는 진의 아닌 의사표시
- 통정허위표시가 성립하기 위하여는 의사표시의 진의와 표시가 일치하지 아니하고, 그 불일치에 관하여 상대방과의 사이에 **합의가 있어야 한다.**
  - [기출] 통정허위표시가 성립하기 위해서는 진의와 표시의 불일치에 관하여 상대방과 합의가 있어야 한다. (O) 30회

2. 은닉행위
- 의의 : 허위표시에 의해서 숨겨진 법률행위
- 효과
  - 가장행위: 무효 / 은닉행위: 유효
    - [기출] 가장행위가 무효이면 당연히 은닉행위도 무효이다. (X) 33회
    - → 은닉행위도 법률행위에 해당하므로 요건이 충족되면 유효가 될 수 있다.
  - 당사자가 통정하여 증여를 매매로 가장한 경우
    - 매매 : **무효**
    - 증여 : **유효**
      - [기출] 당사자가 통정하여 증여를 매매로 가장한 경우, 증여와 매매 모두 무효이다. (X) 30회 → 매매는 무효지만 증여는 유효이다.

3. 성립요건
- 의사표시의 존재
- 진의와 표시의 불일치
- 진의와 표시의 불일치를 표의자가 알고 할 것
- 진의와 표시의 불일치에 관하여 상대방과 합의(통정)할 것
  - [기출] 통정허위표시는 표의자가 의식적으로 진의와 다른 표시를 한다는 것을 상대방이 알았다면 성립한다. (X) 33회
  - → 상대방의 단순 악의만으로 성립하지 않고, 상대방과의 합의가 있어야 한다.

4. 적용범위
- 계약, 상대방 있는 단독행위 : 적용 O
- 상대방 **없는** 단독행위 : **적용 X**
- 가족법상의 법률행위 : 적용 X

5. 효과
- (1) 채권자에 대한 관계
  - **채권자취소권의 대상 O** (채권자취소권 행사 O)
    - [기출] 통정허위표시로서 무효인 법률행위라도 채권자취소권의 대상이 될 수 있다. (O) 30회
  - 채권자는 무효를 주장하고 채권자대위권 행사 O

(2) 당사자 간 법률관계

- 허위표시는 무효
- 무효(권리는 변동 X)
  - 이행하기 전 : 이행할 필요 없다.
  - 이미 이행한 경우 : 권리는 변동 X
- 부당이득반환청구권 : 불법원인급여가 아니므로 부당이득반환청구권이 인정된다.

(3) 제3자와의 법률관계

제3자에 해당하기 위한 요건

① 허위표시의 당사자나 포괄승계인이 아닌 자
② **가짜의 외형**이 형성
③ 가짜의 외형을 기초로 해서 **실질적으로 새로운 법률상 이해관계를 맺은 자**

[기출] 통정허위표시의 무효로 대항할 수 없는 제3자의 범위는 통정허위표시를 기초로 새로운 법률상 이해관계를 맺었는지 여부에 따라 실질적으로 파악해야 한다. (O) 30회

제3자에 해당하는 자

① 가장양수인으로부터 목적부동산을 다시 양수한 자
② 가장양수인으로부터 소유권이전등기청구권 보전을 위한 가등기를 경료받은 자
③ 가장양수인으로부터 저당권을 설정받은 자
④ 가장채권을 가압류한 자
⑤ 가장저당권설정행위에 의한 저당권의 실행에 의해서 부동산을 경락받은 자
⑥ 가장소비대차의 대주가 파산선고를 받은 경우에 그 **파산관재인**
⑦ 가장전세권자의 전세권부 채권을 가압류한 자

[기출] 가장소비대차에 따른 대여금채권의 선의의 양수인은 민법 제108조 제2항에 따라 보호받는 제3자가 아니다. (X) 33회 → 보호받는 제3자이다.

[기출] 통정허위표시의 무효로 대항할 수 없는 제3자에 해당하는지의 여부를 판단할 때, 파산관재인은 파산채권자 모두가 악의로 되지 않는 한 선의로 다루어진다. (O) 30회

[기출] 통정허위표시의 무효로 대항할 수 없는 제3자에 해당하는지를 판단할 때, 파산관재인은 파산채권자 일부가 선의라면 선의로 다루어진다. (O) 32회

제3자에 해당하지 않는 자

① 가장의 제3자를 위한 계약에서 **수익자**
② 가장양수인의 **상속인**
③ 채권의 가장양도에서 **채무자**(채권의 가장양도에서 가장양수인에게 변제 전의 채무자)
④ 저당권의 가장포기 시 기존의 후순위저당권자
⑤ 주식이 가장양도된 경우에 회사
⑥ 채권의 가장양수인으로부터 추심을 위한 채권양수인
⑦ 가장매매에 의한 손해배상청구권의 양수인
⑧ 가장양수인의 일반채권자
⑨ 차주와 통정하여 가장소비대차계약을 체결한 금융기관으로부터 **그 계약을 인수한 자**

[기출] 차주와 통정하여 가장소비대차계약을 체결한 금융기관으로부터 그 계약을 인수한 자는 제3자에 해당한다. (X) 34회
→ 계약을 인수한 경우에는 당사자지위를 그대로 승계한 것에 불과하기 때문에 제3자에 해당하지 않는다.

제3자의 선의에서의 쟁점

① 선의만으로는 부족하고 무과실까지 인정되어야 하는지 여부: **선의이면 충분, 선의이면 과실이 있더라도 보호 O**
② 제3자는 스스로 선의임을 증명해야 하는지 여부: 선의는 추정 O, 제3자가 선의임을 증명할 책임 X
③ 선의의 제3자가 적극적으로 허위표시의 무효를 주장할 수 있는지 여부: 허위표시의 무효 주장 O
④ **악의의 제3자로부터 매수한 전득자**가 선의인 경우: 보호 O(소유권 취득)

[기출] 통정허위표시의 무효에 대항하려는 제3자는 자신이 선의라는 것을 증명하여야 한다. (X) 32회
→ 제3자의 선의는 추정된다. 따라서 제3자가 스스로 입증할 책임은 없고, 무효주장자가 입증해야 한다.

011 착오로 인한 의사표시(제109조) ★★

└─ 원하지 않은 계약을 체결한 착오자는 취소할 수 있다.

1. 의의 : 의사(진의)와 표시의 불일치를 표의자가 모르고 하는 의사표시

2. 동기의 착오
- 원칙 : 취소 X
- 예외(취소 O)
  - 동기가 **표시된 경우**
    - 동기를 표시 O + 법률행위의 내용 O + 중요부분의 착오 O
    - 동기를 의사표시 내용으로 하는 합의 : 합의까지는 필요 없다.
  - 상대방에 의해서 **유발된 동기의 착오** : 동기가 표시되지 않은 경우에도 취소 O(중요부분의 착오 O)
    - [기출] 상대방에 의해 유발된 동기의 착오는 동기가 표시되지 않았더라도 중요부분의 착오가 될 수 있다. (O) 23회

3. 취소권 발생의 요건

- 법률행위(의사표시) 내용의 착오
- 법률행위 내용의 중요부분의 착오
  ① 주관적 현저성 + 객관적 현저성(경제적 불이익이 있어야 한다)
     표의자에게 **경제적 불이익 X**: 착오를 이유로 그 의사표시를 **취소 X**
  ② 중요부분 착오 O ─ **토지의 현황 및 경계에 관한 착오**
     ├─ 채무자란이 백지로 된 근저당설정계약에서 채무자의 동일성에 대한 착오
     └─ 재건축 설계용역계약에서 재건축조합 측의 **건축사 자격 유무에 관한 착오**
  ③ 중요부분 착오 X ─ **시가에 관한 착오**
     └─ 지분의 다소 부족

  - [기출] 착오에 의한 의사표시로 표의자가 경제적 불이익을 입지 않더라도 착오를 이유로 그 의사표시를 취소할 수 있다. (X) 26회
    → 경제적 불이익이 없다면 중요부분의 착오가 아니므로 착오를 이유로 그 의사표시를 취소할 수 없다.

- 표의자에게 중대한 과실이 없을 것(중대한 과실이 있으면 원칙적으로 취소할 수 없다)
  ① 중대한 과실: 보통 요구되는 주의를 현저히 결여하는 것
  ② 상대방이 표의자의 **착오를 알면서 이용**한 경우 → 표의자에게 **중대한 과실이 있어도 취소할 수 있다.**
  ③ 표의자에게 경과실만 있는 경우: 취소권 O
  ④ 중대한 과실 O ─ 공장 부지를 매입하면서 공장을 건축할 수 있는지 여부를 관할관청에 알아보지 않은 경우
                  └─ 대출금이 전액 상환되지 않았음에도 금융기관이 조사하지 않고 보증계약을 해지한 경우
  ⑤ 중대한 과실 X ─ 재건축 설계용역계약 시 재건축조합 측에서 **건축사 자격 유무에 관해서 확인하지 않은 경우**
                  └─ 고려청자인 줄 알고 매수했는데 모조품인 경우

  - [기출] 상대방이 표의자의 착오를 알고 이용한 경우, 표의자는 착오가 중대한 과실로 인한 것이더라도 의사표시를 취소할 수 있다. (O) 31회
  - [기출] 경과실로 인해 착오에 빠진 표의자가 착오를 이유로 의사표시를 취소한 경우, 상대방에 대하여 불법행위로 인한 손해배상책임을 진다. (X) 31회
    → 착오를 이유로 취소하는 것은 적법행위이다. 따라서 불법행위로 인한 손해배상책임은 지지 않는다.

- 취소권 배제사유가 없을 것
  ① 제109조는 **임의규정 O** / 당사자가 **특약**을 통해서 취소권을 배제할 수 있다.
  ② 당사자가 착오를 이유로 의사표시를 **취소하지 않기로 약정**한 경우: 표의자는 의사표시를 **취소할 수 없다.**

4. 입증책임

- **중요부분의 착오** : 법률행위의 효력을 부인하는 자(효력을 다투는 자, 착오자)
- **중대한 과실** : 법률행위의 효력 발생을 원하는 자(상대방)
  > [기출] 표의자의 중대한 과실 유무는 착오에 의한 의사표시의 효력을 부인하는 자가 증명하여야 한다. (X) 26회 → 효력 발생을 원하는 자가 증명하여야 한다.

5. 착오의 효과

- **취소권의 발생**
- **취소의 효과**
  - 소급해서 무효
  - **선의의 제3자** : 취소를 가지고 선의의 제3자에게 대항 X(선의의 제3자 보호 O)
  - 착오자가 상대방에게 손해배상책임을 지는지 여부
    ① 착오를 이유로 취소하는 것은 불법행위 X
    ② 표의자는 상대방에게 불법행위책임 X(손해배상책임 X)

6. 다른 제도와의 관계

- **착오와 사기의 관계** : 선택 O
- **착오와 담보책임의 관계** : 선택 O
  ① 매매계약 내용의 중요부분에 착오가 있는 경우 매수인은 매도인의 하자담보책임이 성립하는지와 상관없이 착오를 이유로 매매계약을 취소 O
  ② 매도인의 하자담보책임이 성립하더라도 착오를 이유로 한 매수인의 취소권은 배제 X
  > [기출] 매도인의 하자담보책임이 성립하더라도 착오를 이유로 한 매수인의 취소권은 배제되지 않는다. (O) 31회
- **해제와 착오취소의 관계** : 매도인이 매수인의 중도금지급채무 불이행을 이유로 매매계약을 적법하게 해제한 후라도 매수인은 착오를 이유로 취소권을 행사할 수 있다(매매계약은 전부 무효가 된다).
  > [기출] 매도인이 매수인의 채무불이행을 이유로 계약을 적법하게 해제한 후에는 매수인은 착오를 이유로 취소권을 행사할 수 없다. (X) 31회
  → 취소권을 행사할 수 있다.

012 사기, 강박에 의한 의사표시(제110조) ★★★

• 의사결정의 자유가 침해를 받았기 때문에 취소할 수 있다.

1. 사기에 의한 의사표시
: 속아서 하는 의사표시

- 사기자의 **고의** : 과실이 있는 경우에는 **사기취소 X**
- 기망행위
  - 교환계약에서 시가를 고지 X(기망행위가 아니다) : 사기취소 X(법률상 고지의무가 없다)
    - [기출] 교환계약의 당사자 일방이 자기 소유 목적물의 시가를 묵비한 것은 특별한 사정이 없는 한 기망행위가 아니다. (O) 25회
  - 아파트분양자가 아파트단지 인근에 **공동묘지**가 조성되어 있다는 사실을 분양계약자에게 **고지 X(기망행위 O)** : 사기취소 O(법률상 고지의무가 있다)
    - [기출] 아파트분양자가 아파트단지 인근에 공동묘지가 조성되어 있다는 사실을 분양계약자에게 고지하지 않은 경우에는 기망행위에 해당한다. (O) 27회
- 기망행위의 위법성
- 착오 : 착오는 주관적인 것으로도 충분, 동기의 착오(사기를 원인으로 취소할 수 있다)
- 의사표시
- 인과관계의 존재

2. 강박에 의한 의사표시
: 공포심에 빠져서 하는 의사표시

- 강박자의 고의
- 강박행위
  - 강박의 종류나 방법은 불문 / 재산적·비재산적인 것 불문
  - 강박에 의해 **의사결정의 자유가 완전히 박탈** : **무효** [기출] 강박으로 의사결정의 자유가 완전히 박탈되어 법률행위의 외형만 갖춘 의사표시는 무효이다. (O) 25회
  - 강박이 의사결정의 자유를 제한하는 정도 : 취소
- 강박행위의 위법성 : 강박의 **수단이 위법**하거나 강박에 의해서 달성하려고 하는 **목적이 위법**하면 강박행위의 **위법성 인정 O**
- 공포심 : 공포심에 빠지지 않은 경우, 강박을 이유로 취소할 수 없다.
- 의사표시
- 인과관계의 존재

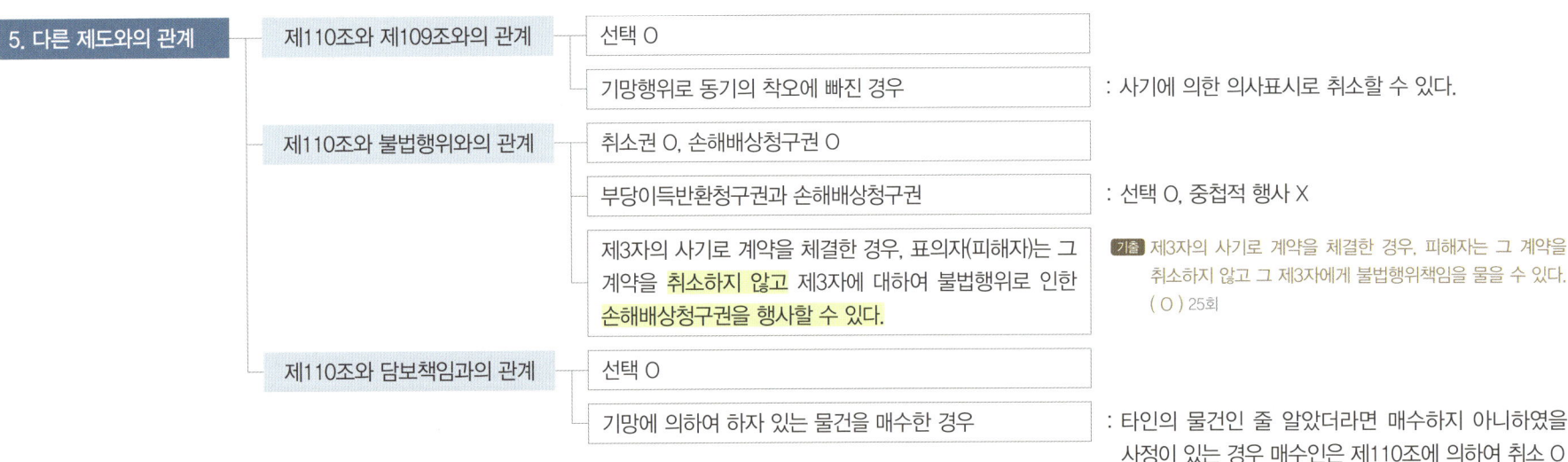

013 의사표시의 효력발생 ★★

• 본인은 대리인의 대리권에 제한을 둘 수 있다.

1. 의사표시의 효력발생시기

의사표시의 효력발생시기(제111조)
① 상대방이 있는 의사표시는 상대방에게 도달한 때에 그 효력이 생긴다.
② 의사표시자가 그 통지를 발송한 후 사망하거나 제한능력자가 되어도 의사표시의 효력에 영향을 미치지 아니한다.

2. 도달의 개념

: 도달이라 함은 사회관념상 채무자가 통지의 내용을 알 수 있는 객관적 상태에 놓여졌다고 인정되는 상태를 지칭한다고 해석되므로, 채무자가 이를 현실적으로 수령하였다거나 그 통지의 내용을 알았을 것까지는 필요로 하지 않는다.

3. 적중판례

① 내용증명우편물이 발송되고 반송되지 아니하면, 특단의 사정이 없는 한, 그 무렵에 송달되었다고 볼 것이다.
② 내용증명우편이나 등기우편과는 달리, 보통우편의 방법으로 발송되었다는 사실만으로는 그 우편물이 상당기간 내에 도달하였다고 추정할 수 없고 송달의 효력을 주장하는 측에서 증거에 의하여 도달사실을 입증하여야 한다.
③ 상대방이 정당한 사유 없이 통지의 수령을 거절한 경우에도 그가 통지의 내용을 알 수 있는 객관적 상태에 놓인 때에 의사표시의 효력이 생긴다.

4. 의사표시의 상대방이 제한능력자인 경우

제한능력자에 대한 의사표시의 효력(제112조)
의사표시의 상대방이 의사표시를 받은 때에 제한능력자인 경우에는 의사표시자는 그 의사표시로써 대항할 수 없다. 다만, 그 상대방의 법정대리인이 의사표시가 도달한 사실을 안 후에는 그러하지 아니하다.

POINT 04 법률행위의 대리

014 대리 개관

• 본인 스스로 법률행위를 하지 않고 타인(대리인)을 통해서 법률행위를 하는 것

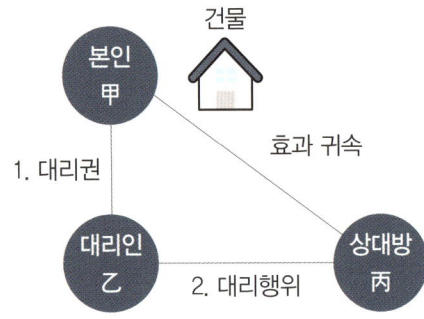

1. 대리권

(1) 임의대리권의 범위

① 부동산의 소유자로부터 매매계약을 체결할 대리권을 수여받은 대리인은 특별한 사정이 없는 한 그 매매계약에서 약정한 바에 따라 중도금이나 잔금을 수령할 권한도 있다.
② 매매계약의 체결과 이행에 관하여 포괄적으로 대리권을 수여받은 대리인은 특별한 다른 사정이 없는 한 상대방에 대하여 약정된 매매대금지급기일을 연기하여 줄 권한도 가진다.
③ 계약을 대리하여 체결하였던 대리인이 체결된 계약의 해제 등 일체의 처분권과 상대방의 의사를 수령할 권한은 없다.

기출 매매계약체결의 대리권을 수여받은 대리인은 특별한 사정이 없는 한 중도금과 잔금을 수령할 권한이 있다. (O) 27회

문's 암기포인트
보이개

(2) 대리권 범위가 불분명한 경우 (제118조)
- 보존행위 : 무제한 가능
- 이용행위, 개량행위 : 대리의 목적인 물건이나 성질이 변하지 않는 범위에서 할 수 있다.

기출 임의대리인이 본인 소유의 미등기부동산의 보존등기를 하기 위해서는 본인에 의한 특별수권이 있어야 한다. (X) 23회 → 본인의 특별수권을 요하지 아니한다.

기출 권한을 정하지 아니한 대리인은 보존행위만을 할 수 있다. (X) 30회 → 이용행위, 개량행위도 할 수 있다.

(3) 대리권의 남용

(4) 대리권의 제한
- 자기계약, 쌍방대리
  - 원칙 : 금지
  - 예외 : 허용(본인의 허락, 채무의 이행)
- 공동대리제한
  - 원칙 : 각자대리(대리인이 수인인 경우)
  - 예외 : 공동대리(법률이나 수권행위를 통해)

- (5) 대리권의 소멸사유
  - 공통된 소멸사유(제127조)
    - 본인 : 사망
    - 대리인 : 사망, 성년후견의 개시, 파산
  - 임의대리의 특유한 소멸사유(제128조)
    - 원인된 법률관계의 종료
    - 수권행위의 철회

문's 암기포인트

본사가면 대사성파

[기출] 원인된 법률관계가 종료하기 전에는 본인은 수권행위를 철회하여 대리권을 소멸시킬 수 없다. (X) 31회 → 수권행위의 철회도 가능하다.

2. 대리행위

- 현명주의
  - 현명한 경우
  - 현명하지 않은 경우
- 대리행위의 하자
- 대리인의 능력
- 대리행위의 효과
  - 모든 효과가 본인에게 귀속
  - 주된 효과
    - 소유권이전등기청구권
    - 대금지급청구권
  - 부수적 효과
    - 취소권
    - 해제권
    - 원상회복청구권
    - 손해배상청구권
- 원상회복의무
  - 본인과 상대방 O
  - 대리인과 상대방 X

3. 복대리

- 임의대리인
  - 복임권
  - 책임범위
- 법정대리인
  - 복임권
  - 책임범위
- 대리권의 범위, 존속 및 현명
- 복대리권 소멸사유

015 대리권의 남용 ★

1. 의의 : 대리인이 대리권의 범위 내에서 대리행위를 하였지만, 그 행위가 실질적으로는 본인을 위한 것이 아니라 오직 대리인 자신이나 제3자의 이익을 위하여 행해진 경우

2. 효과
- 원칙 : 유효(본인에게 효과귀속 O)
- 예외
  - 무효(제107조 제1항 단서 유추적용)
  - 대리인의 대리권 남용을 상대방이 알았거나 알 수 있었을 경우 : 대리행위는 본인에게 효력 X
    - 기출 대리인의 대리권 남용을 상대방이 알았거나 알 수 있었을 경우, 대리행위는 본인에게 효력이 없다. (O) 25회
    - 기출 대리인이 자기의 이익을 위하여 배임적 대리행위를 하였고 상대방도 이를 안 경우, 대리인의 대리행위는 본인에게 효력을 미친다. (X) 34회 → 대리권의 남용에 해당하고 상대방이 그 사실을 알았거나 알 수 있었을 경우에는 무효이다. 즉, 본인에게 효과가 미치지 않는다.

016 대리권의 제한 ★★★

• 본인은 대리인의 대리권에 제한을 둘 수 있다.

1. 자기계약·쌍방대리
- 효과
  - 원칙: 금지
  - 예외: 허용 — 본인의 허락 / 채무의 이행
    - 기출 대리인은 본인의 허락이 있으면 당사자 쌍방을 대리할 수 있다. (O) 25회
- 적용범위 : 법정대리·임의대리 모두에 적용
- 위반의 효과 : 무권대리(확정적 무효가 아니다) ➡ 본인의 허락 없는 자기계약: 본인이 추인하면 유효한 대리행위
- 부동산 입찰절차에서 동일물건에 관하여 이해관계가 다른 2인 이상의 대리인이 된 경우 : 입찰은 무효
  - 기출 부동산 입찰절차에서 동일물건에 관하여 이해관계가 다른 2인 이상의 대리인이 된 경우에는 그 대리인이 한 입찰은 무효이다. (O) 20회
- 부동산 매도인과 매수인 쌍방을 대리한 등기신청행위 : 허용
  - 기출 부동산 매도인과 매수인 쌍방을 대리한 등기신청행위는 허용된다. (O) 20회

2. 공동대리
- 대리인이 수인인 경우
  - 원칙 : 각자대리
    - 기출 임의대리인이 수인(數人)인 경우, 대리인은 원칙적으로 공동으로 대리해야 한다. (X) 33회 → 각자대리가 원칙이다.
  - 예외 : 공동대리(법률의 규정이나 수권행위를 통해서)
- 공동의 의미 : '의사표시'의 공동이 아니라 '의사결정'의 공동을 의미한다.
- 위반의 효과 : 무권대리(확정적 무효가 아니다)
- 임의규정

문's 암기포인트: **수각대리**

017 현명주의(顯名主義) ★

1. 의의: 대리인이 상대방과 대리행위 시 본인을 위한 법률행위임을 표시하는 것

2. 현명의 방식
① 현명은 불요식행위, 방식에 제한 X: 명시·묵시, 서면·구두 모두 가능하다.
② 매매위임장을 제시하고 매매계약을 체결하면서 대리인의 이름만 기재: 본인을 대리하여 매매계약을 체결한 것으로 본다(유효한 대리행위, 본인에게 효력이 미친다).
③ 법률행위가 대리인을 위한 것이 아니라 타인을 위한 것(법률행위의 타인성)이라는 것만 표시하면 충분하다.

[기출] 매매위임장을 제시하고 자기의 이름으로 매매계약을 체결하는 자는 특별한 사정이 없는 한 본인을 대리하여 매매행위를 하는 것으로 보아야 한다. (O) 20회

3. 현명한 경우
① 대리행위의 모든 효과(주된 효과, 부수적 효과)가 직접 본인에게 귀속된다.
② 해제권, 취소권은 본인에게 귀속(대리인: 취소 X, 해제 X)된다.
③ 원상회복의무, 손해배상의무는 본인과 상대방이 부담(대리인은 원상회복의무, 손해배상의무가 없다)한다.

[기출] 대리행위의 하자로 인한 취소권은 원칙적으로 대리인에게 귀속된다. (X) 33회
→ 본인에게 귀속된다.

[기출] 상대방 丙의 채무불이행이 있는 경우, 대리인 乙은 특별한 사정이 없는 한 계약(대리행위)을 해제할 수 없다. (O) 29회

[기출] 상대방 丙이 매매계약(대리행위)을 적법하게 해제한 경우, 그 해제로 인한 원상회복의무는 본인 甲과 상대방 丙이 부담한다. (O) 29회

4. 현명하지 않은 경우
- 원칙
  - 대리인 자기를 위한 것으로 본다(대리인에게 효과 O).
  - 대리인은 착오를 이유로 대리행위를 취소할 수 없다.
- 예외: 대리인의 자격으로 행위한 것임을 상대방이 알았거나 알 수 있었을 때에는 본인에게 효과가 발생한다.

---

018 대리행위의 하자 ★★

1. 원칙: 의사표시의 효력이 의사의 흠결, 사기, 강박 또는 어느 사정을 알았거나 과실로 알지 못한 것으로 인하여 영향을 받을 경우에 그 사실의 유무는 대리인을 표준으로 한다.

2. 구체적 사례
① 대리인이 상대방으로부터 사기, 강박을 당한 경우: 본인은 취소할 수 있다.
② 대리인은 사기, 강박을 당하지 않았지만 본인이 당한 경우: 본인은 취소할 수 없다.
③ 상대방이 대리인으로부터 사기, 강박을 당한 경우: 본인이 선의·무과실인 경우에도 취소할 수 있다.
④ 상대방이 본인으로부터 사기, 강박을 당한 경우: 대리인이 선의·무과실인 경우에도 취소할 수 있다.

[기출] 대리인이 매도인의 배임행위에 적극 가담하여 이루어진 부동산의 이중매매는 본인인 매수인이 그러한 사정을 몰랐다면 반사회질서의 법률행위가 되지 않는다. (X) 30회
→ 매수인이 그러한 사정을 몰랐던 경우에도 반사회질서의 법률행위에 해당한다.

[기출] 대리인의 기망행위로 계약을 체결한 상대방은 본인이 그 기망행위를 알지 못한 경우, 사기를 이유로 계약을 취소할 수 없다. (X) 31회
→ 본인이 그 기망행위를 알지 못한 경우에도 상대방은 계약을 취소할 수 있다.

019 대리인의 능력

1. 대리인의 의사능력 필요 O : 의사능력이 없으면 무효 [기출] 의사능력 없는 대리인의 대리행위는 무효이다. (O) 19회

★★
2. 대리인의 행위능력 필요 X(제117조)
① 제한능력자도 유효하게 대리행위를 할 수 있다.
② 본인은 대리인이 대리행위를 할 당시 제한능력자였음을 이유로 대리행위를 취소할 수 없다.
③ 제한능력자인 대리인이 법정대리인의 동의 없이 대리행위를 하더라도 법정대리인은 그 대리행위를 취소할 수 없다.

[기출] 대리인 乙이 미성년자인 경우, 본인 甲은 乙이 제한능력자임을 이유로 계약(대리행위)을 취소할 수 있다. (X) 31회 → 제한능력자의 대리행위도 유효이므로 본인 甲은 대리행위를 취소할 수 없다.

020 복대리 ★★

1. 의의
① 대리인 자신의 권한 범위 내에서 대리인 자신의 이름으로 선임한 **본인의 대리인**
② 복임권: 복대리인을 선임할 수 있는 권한 / 복임행위: 복대리인을 선임하는 행위
③ 복대리인은 그 권한 내에서 **본인을 대리한다**.
④ 대리인이 복대리인을 선임하는 행위: **대리행위가 아니다**(대리인 자신 이름으로 선임하기 때문).
⑤ 복대리인은 수권행위를 통해서 발생한 대리인: 언제나 임의대리인 O
   ➡ 임의대리인과 동일한 방법으로 다시 복대리인을 선임할 수 있다.

[기출] 복대리인은 대리인이 자신의 이름으로 선임한 대리인의 대리인이다. (X) 33회 → 복대리인은 본인의 대리인이다.

2. 임의대리인의 복임권과 책임범위
- 복임권
  - 원칙: 복임권이 없다(복대리인을 선임할 수 없음).
  - 예외: 복임권이 있다(본인승낙, 부득이한 사유).
- 책임범위
  - 원칙: 선임·감독책임 [기출] 임의대리인이 본인의 승낙을 얻어서 복대리인을 선임한 경우, 본인에 대하여 그 선임·감독에 관한 책임이 없다. (X) 30회 → 선임·감독에 관한 책임이 있다.
  - 예외: 책임 경감(통지나 해임태만 책임) ➡ 본인의 지명에 의하여 선임한 경우

3. 법정대리인의 복임권과 책임범위
- 복임권: **언제나 복임권이 있다.**
  [기출] 법정대리인은 부득이한 사유가 없더라도 복대리인을 선임할 수 있다. (O) 30회
  [기출] 법정대리인은 특별한 사정이 없는 한 그 책임으로 복대리인을 선임할 수 있다. (O) 33회
- 책임범위
  - 원칙: 무과실책임
  - 예외: 책임 경감(선임·감독책임) ➡ 부득이한 사유로 선임한 경우

4. 복대리인의 대리권 범위 / 존속·현명	① 복대리인은 대리인의 대리권 범위에 구속되므로, 복대리인의 대리권은 대리인의 대리권 범위를 초과 X ② 선임한 대리인의 대리권 존재에 의존하므로, 대리인의 대리권이 소멸하면 복대리인의 대리권도 소멸한다. ③ 대리인이 선임했으므로 대리인의 지시·감독을 받는다. ④ 복대리인은 본인의 대리인: 본인의 이름을 현명해야 한다. ⑤ 본인이나 제3자에 대하여 대리인과 동일한 권리·의무가 있다.	**기출** 복대리인의 대리행위에 대하여도 표현대리에 관한 규정이 적용될 수 있다. (O) 30회 **기출** 복대리인은 본인에 대하여 대리인과 동일한 권리·의무가 있다. (O) 34회
5. 복대리권의 소멸사유	① 복대리인도 본인의 대리인이므로 대리권의 일반적 소멸사유(본인의 사망, 복대리인의 사망, 성년후견의 개시, 파산)에 의해 복대리권도 소멸한다. ② 대리인의 대리권 존재에 의존하므로 대리인의 대리권 소멸사유(제127조, 제128조)에 의해 소멸한다. ③ 대리인과 복대리인 사이에서 수권행위의 철회 또는 원인된 법률관계 종료로 소멸한다.	**기출** 대리인이 복대리인을 선임한 후 사망한 경우, 특별한 사정이 없는 한 그 복대리권도 소멸한다. (O) 30회

021 (계약의) 무권대리 ★★★

• 대리인이 대리행위를 했지만 대리권이 없는 경우(대리권 X / 대리의사 O)

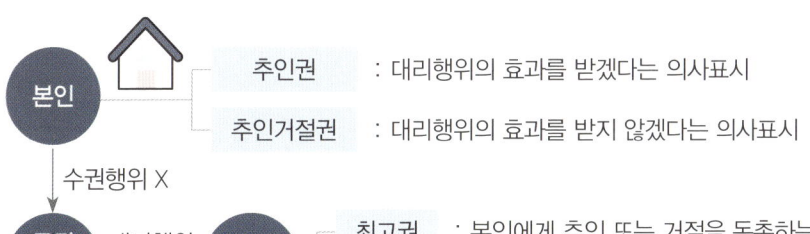

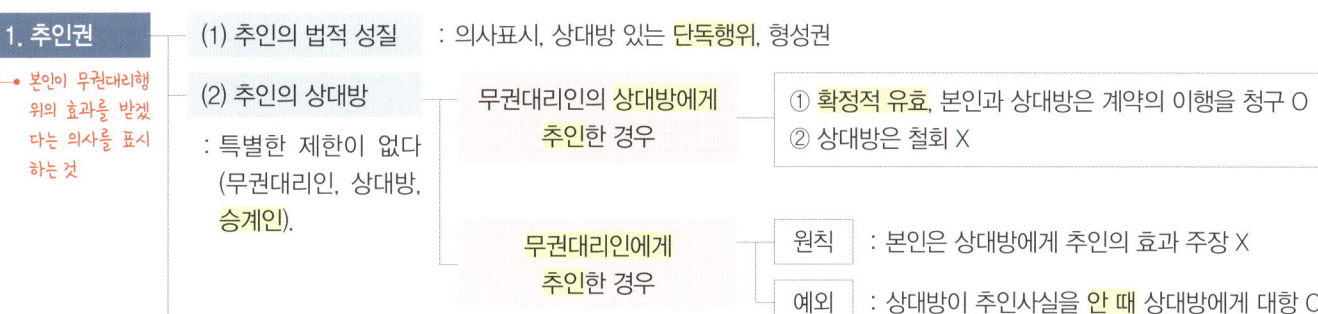

기출 본인 乙이 무권대리인 甲에 대해서만 추인의 의사표시를 하였더라도 상대방 丙은 본인 乙의 무권대리인 甲에 대한 추인이 있었음을 주장할 수 있다. (O) 33회

- (3) 추인의 방법(특별한 제한 X / **명시적·묵시적 추인 O**)

  : 법률행위 **전부**를 추인해야 추인효과가 있다. / **일부추인**이나 **변경**을 가한 추인은 상대방의 동의가 없으면 **추인효과가 없다.**

  ① 본인이 무권대리인으로부터 매매대금의 전부 또는 일부를 받은 경우
  ② 무권대리인이 처분한 토지의 매매대금으로 본인이 다른 토지를 매수한 경우
  ③ 변제기일에 채권자가 본인에게 그 변제를 독촉, 본인이 기한의 유예를 요청한 경우
  ④ 본인이 상대방에게 토지를 인도, 10년간 아무런 이의제기 X
  ⑤ **무권대리행위에 대해서 본인이 단순히 이의제기 없이 장시간 방치한 경우** ➡ (묵시적) **추인이 인정되지 않는다.**

  → 묵시적 추인이 인정된다.

- (4) 추인의 행사시기 : 선의의 상대방이 무권대리행위를 **철회하기 전까지**

- (5) 추인의 효과
  ① **처음부터** 유효한 대리행위(소급 O, **추인한 때로부터 X**)
  ② 확정적 유효(상대방: 최고, 철회 X)
  ③ 무권대리인이 유권대리인으로 전환 X

  [기출] 본인 乙이 상대방 丙에 대하여 추인하면 특별한 사정이 없는 한, 추인은 매매계약 체결 시에 소급하여 그 효력이 생긴다. (O) 33회

● 추인의사가 없음을 적극적으로 표시하여 확정적 무효로 하는 것

2. 추인거절권
- 상대방 : 무권대리인, 상대방
- 효과 : 확정적 무효 O / 본인은 더 이상 추인 X

3. 최고권
: 의사의 통지

- 의의 : 본인에게 추인 또는 거절을 독촉(촉구)하는 것
- 요건 : **선의 O / 악의 O**
- 상대방 : **본인 O** / 무권대리인 X
- 행사시기 : 본인의 추인권, 추인거절권 행사 전(유동적 무효)
- 최고의 효과: 당사자의 의사 X / 법률의 규정 O
  - 상대방이 상당한 기간을 정해서 본인에게 최고하고, **본인이 아무런 확답을 발**(발신주의)**하지 않으면 추인거절**로 본다(제131조). 즉, 유동적 무효가 확정적 무효 O
  - 본인이나 상대방은 서로에게 계약에 따른 이행을 청구 X

  [기출] 상대방은 상당한 기간을 정하여 본인에게 그 추인 여부의 확답을 최고할 수 있고, 본인이 그 기간 내에 확답을 발하지 아니한 때에는 추인을 거절한 것으로 본다. (O) 27회

4. 철회권
- 의의 : 무권대리인과의 계약을 적극적으로 소멸시키는 의사표시
- 요건 : **선의 O / 악의 X**
  [기출] 계약 당시에 대리권 없음을 안 상대방은 계약을 철회할 수 없다. (O) 27회
  [기출] 상대방은 무권대리인과 매매계약을 체결할 당시 무권대리인에게 대리권이 없음을 안 경우에도 본인의 추인이 있을 때까지 그 매매계약을 철회할 수 있다. (X) 34회 → 철회권은 선의의 상대방만 행사할 수 있다.
- 상대방 : **본인 O / 무권대리인 O**
- 행사시기 : 본인의 추인이 있기 전까지(유동적 무효)
- 효과 : 확정적 무효 / 본인은 더 이상 추인 X

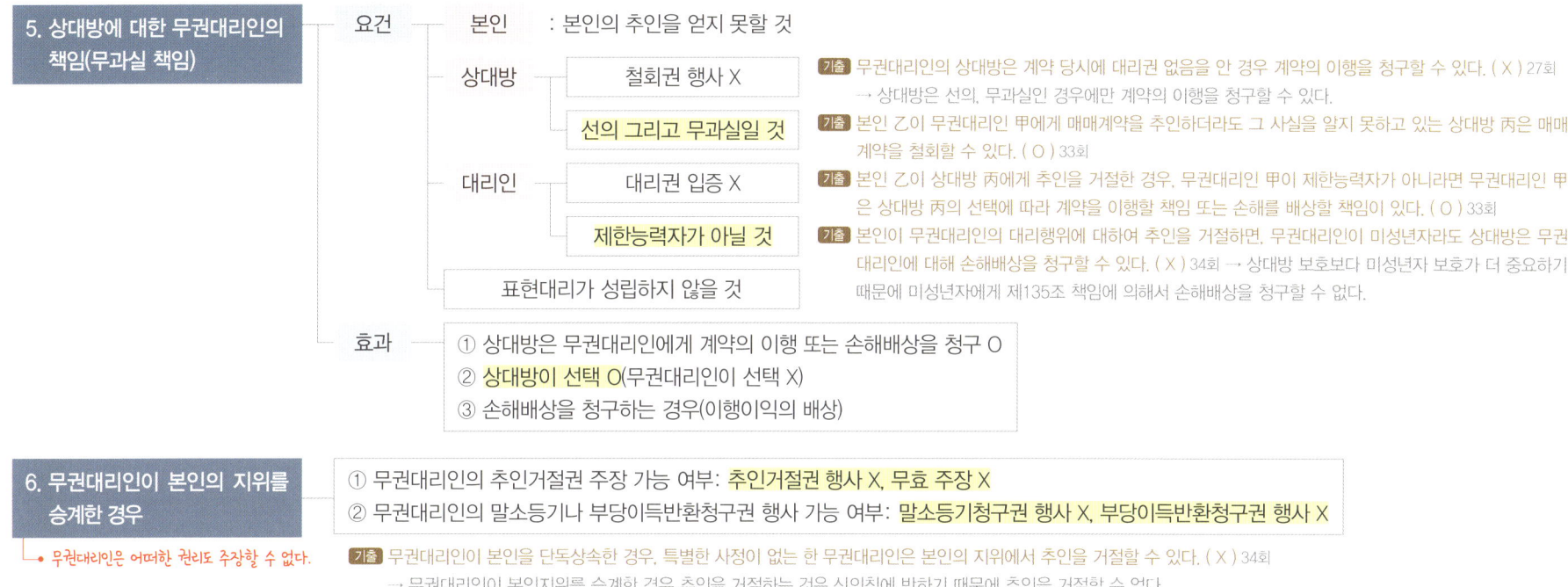

022 표현대리에서 기본 쟁점 ★

023 권한을 넘은 표현대리(제126조) ★★

1. 의의: 기본대리권의 범위를 초과해서 대리행위를 한 경우, 대리권이 있다고 믿을 만한 대리권 범위의 외관이 존재하는 경우, 이 외관을 믿고서 거래한 상대방을 보호하기 위해서 본인에게 효과를 귀속시키는 제도

2. 성립요건

(1) 대리인에게 일정한 대리권(기본대리권)이 있을 것

① 사자의 권한, 복대리권: 기본대리권이 될 수 있다.
② 임의대리와 법정대리: 표현대리가 성립할 수 있다.
③ 일상가사대리권: 기본대리권이 될 수 있다.
④ 공법상의 대리권
  ㉠ 공법상의 대리권을 기본대리권으로 사법상의 법률행위를 한 경우: 권한을 넘은 표현대리가 성립할 수 있다.
  ㉡ 기본대리권이 등기신청행위(공법상의 행위)라 할지라도 대리인이 그 권한을 유월하여 대물변제라는 사법상 법률행위를 한 경우: 권한을 넘은 표현대리가 성립할 수 있다.
  ㉢ 기본대리권이 권한을 넘은 대리행위와 동종 또는 유사할 필요는 없다.
⑤ 표현대리권
  ㉠ 표현대리권을 기본대리권으로 대리행위(법률행위)를 한 경우: 권한을 넘은 표현대리가 성립할 수 있다.
  ㉡ 대리인이 그 표시된 대리권의 범위를 초과해서 대리행위를 한 경우 / 대리인이 소멸 전의 대리권 범위를 초과해서 대리행위를 한 경우: 권한을 넘은 표현대리가 성립할 수 있다.

> [기출] 기본대리권이 처음부터 존재하지 않는 경우에도 표현대리는 성립할 수 있다. (X) 33회 → 표현대리가 성립하기 위해서는 반드시 기본대리권이 존재해야 한다.
> [기출] 복임권이 없는 대리인이 선임한 복대리인의 권한은 기본대리권이 될 수 없다. (X) 33회 → 될 수 있다.
> [기출] 대리행위가 강행규정을 위반하여 무효인 경우에도 표현대리는 성립할 수 있다. (X) 33회 → 성립할 수 없다.
> [기출] 권한을 넘은 표현대리의 기본대리권은 대리행위와 같은 종류의 행위에 관한 것이어야 한다. (X) 26회 → 동종 또는 유사할 필요는 없다.
> [기출] 민법 제129조의 표현대리를 기본대리권으로 하는 민법 제126조의 표현대리는 성립될 수 없다. (X) 32회 → 성립할 수 있다.

(2) 기본대리권을 넘는 대리행위가 있을 것(대리인에게 대리의사가 있어야 한다)

① 대리인이 기존에 가지고 있던 기본대리권을 넘는 대리행위를 한 경우: 권한을 넘은 표현대리가 성립한다.
② 담보권설정의 대리권을 수여받은 자가 그 부동산을 자신의 명의로 소유권이전등기를 한 후 제3자에게 다시 소유권이전등기를 경료한 경우: 권한을 넘은 표현대리는 성립할 수 없다(대리의사가 없기 때문).

> [기출] 대리권 소멸 후의 표현대리가 인정되고 그 표현대리의 권한을 넘는 대리행위가 있는 경우, 권한을 넘은 표현대리가 성립할 수 없다. (X) 26회 → 성립할 수 있다.

(3) 상대방은 대리인에게 대리권이 있다고 믿었고, 믿은 데 정당한 이유가 있을 것

① 정당한 이유: 선의 그리고 무과실을 의미한다.
② 정당한 이유의 유무 판단시기: 대리행위 시를 기준으로 한다.
③ 보호받는 제3자: 당해 표현대리행위의 직접 상대방이 된 자만을 의미한다(승계인은 보호받는 제3자 X).

> [기출] 상대방이 대리인에게 대리권이 있다고 믿을 만한 정당한 이유가 있는지의 여부는 대리행위 당시를 기준으로 판정한다. (O) 33회

3. 효과, 적용범위

① 권한을 넘은 표현대리가 성립하면 대리행위의 효과는 본인에게 귀속 O
② 권한을 넘은 표현대리가 성립하지 않더라도 대리인에게 기본대리권은 있으므로 기본대리권 범위 내의 대리행위에 대해서는 본인에게 효과 귀속 O
③ 임의대리뿐만 아니라 법정대리에 대해서도 성립 O(법정대리권을 기본대리권으로 권한을 넘은 표현대리가 성립할 수 있다)

> [기출] 법정대리권을 기본대리권으로 하는 표현대리는 성립할 수 없다. (X) 33회 → 성립할 수 있다.

법률행위의 무효와 취소

024 무효 ★★

• 법률행위가 성립했지만 처음부터 전혀 효과 발생 X

1. 법률행위 불성립과 구별

- 법률행위의 불성립
  - 법률행위가 성립 X : 계약체결상 과실책임이 발생할 수 없다.
  - 일부무효, 무효행위의 전환, 무효행위의 추인 문제는 발생할 수 없다.
- 무효 : 법률행위는 성립 O, 효과 발생 X

[기출] 계약이 불성립하였다면, 무효행위의 전환이나 무효행위의 추인 규정이 적용되지 않는다. (O) 19회

[기출] 법률행위의 일부분이 무효인 때는 원칙적으로 그 전부를 무효로 한다. (O) 21회

2. 일반적 효과

- 급부를 이행하기 전 : 이행할 필요 X
- 급부를 이미 이행한 경우
  - 불법원인급여인 경우 : 부당이득반환을 청구할 수 **없다**.
  - 불법원인급여가 아닌 경우 : 부당이득반환을 청구할 수 있다.

3. 무효사유와 취소사유

- 무효인 법률행위 : 의사무능력자의 법률행위, 원시적 불능의 법률행위, 강행규정에 위반한 법률행위, 반사회질서의 법률행위, 불공정한 법률행위, 상대방이 진의 아님을 알았거나 알 수 있었을 경우의 비진의표시, 통정한 허위의 의사표시, 불법조건이 붙은 법률행위
- 취소할 수 있는 법률행위 : 제한능력자의 법률행위, 착오에 의한 의사표시, 사기·강박에 의한 의사표시

4. 절대적 무효와 상대적 무효

• 무효행위의 추인이 인정되지 않는다.
• 무효행위의 추인이 인정된다.

- 절대적 무효 (모든 자에게 무효) : 의사무능력자의 법률행위, 반사회질서의 법률행위, 불공정한 법률행위, 강행법규 위반의 법률행위
- 상대적 무효 (선의의 제3자에게 무효 주장 X) : 상대방이 진의 아님을 알았거나 알 수 있었을 경우의 비진의표시, 통정한 허위의 의사표시

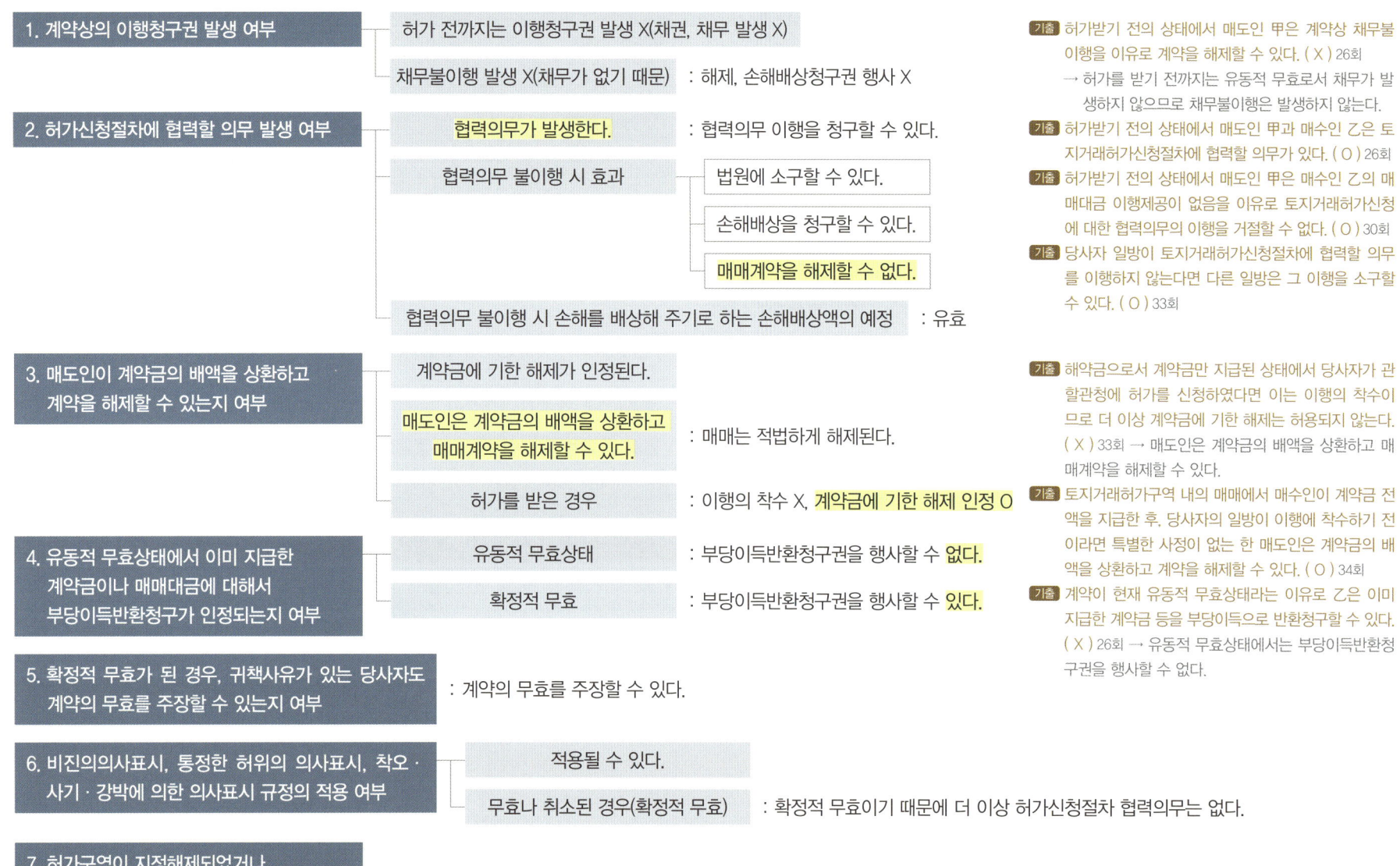

8. 확정적 무효가 되는 경우

- 불허가처분이 있는 경우
- 처음부터 토지거래허가를 잠탈하거나 배제할 목적의 계약
- 당사자 쌍방 모두 허가신청절차에 협력할 의무의 이행거절의사를 명백히 한 경우
- 정지조건부 계약에서 허가를 받기 전의 상태에서 불성취가 확정된 경우
- 매도인이 매수인에게 채무불이행을 이유로 해약 통지, 매수인이 계약금 상당액을 청구금액으로 토지에 대해 가압류한 경우

기출 허가받기 전의 상태에서 매도인의 채무가 이행불능임이 명백하고 매수인도 거래의 존속을 바라지 않는 경우, 위 매매계약은 확정적 무효로 된다. (O) 33회

---

026 무효행위의 추인 ★★

1. 의의
: 당사자가 무효임을 알고 유효로 하려는 의사가 있는 경우 새로운 법률행위로 인정하겠다는 의사표시

2. 추인의 요건
- 무효인 법률행위의 존재
- 추인(명시적·묵시적 방법 모두 가능)
  - 무효원인 소멸 후
  - 무효임을 알고 추인해야 한다.
- 추인 시 새로운 법률행위의 유효요건 O

기출 무효인 법률행위의 추인은 묵시적인 방법으로 할 수는 없다. (X) 32회
→ 묵시적인 방법으로도 할 수 있다.

기출 무효인 법률행위의 추인은 그 무효의 원인이 소멸한 후에 하여야 그 효력이 인정된다. (O) 32회

기출 무효인 법률행위는 무효임을 안 날로부터 3년이 지나면 추인할 수 없다. (X) 32회
→ 무효의 원인이 소멸한 후에 추인하면 되는 것이지, 안 날로부터 3년 안에 해야 한다는 규정은 없다.

3. 효과
무효행위를 추인함으로써 그때부터 새로운 법률행위를 한 것으로 본다.

- **원칙**
  - 소급효 인정 X (추인한 그때부터 새로운 법률행위로 본다)
  - 무효인 가등기를 유효인 등기로 전용하기로 한 약정에 의하여 그 가등기가 소급하여 유효한 등기로 전환될 수 있는지 여부
    : 가등기는 소급하여 유효한 등기 X, 추인한 그때부터 유효 O
- **예외** : 특약으로 소급효를 인정할 수 있다(처음부터, 계약체결 시부터 유효).

기출 무효인 가등기를 유효한 등기로 전용하기로 약정하면 그 가등기는 소급하여 유효한 등기가 된다. (X) 28회
→ 가등기는 그때부터 유효한 등기가 된다.

4. 추인의 한계
• 절대적 무효인 법률행위는 추인이 인정되지 않는다.

- 강행규정에 위반한 법률행위(토지거래허가구역에서 허가규정 위반) : 추인 인정 X
- 반사회질서의 법률행위(제103조) / 불법조건이 붙은 법률행위 : 추인 인정 X
- 불공정한 법률행위(제104조) : 추인 인정 X

기출 강행법규 위반으로 무효인 법률행위를 추인한 때에는 다른 정함이 없으면 그 법률행위는 처음부터 유효한 법률행위가 된다. (X) 32회
→ 강행법규 위반인 무효행위는 추인이 인정되지 않는다.

027 취소권자, 상대방, 방법 및 효과 ★★

1. 취소권자
- 취소권자는 법률의 규정에 의해서 정해진다(제140조).

- 제한능력자 : 단독으로 취소할 수 있다.
  - [기출] 제한능력자가 제한능력을 이유로 자신의 법률행위를 취소하기 위해서는 법정대리인의 동의를 받아야 한다. (X) 33회 → 제한능력자는 단독으로 자신의 법률행위를 취소할 수 있다.
- 착오, 사기·강박에 의하여 의사표시를 한 자
- 대리인
  - 법정대리인 O
  - 임의대리인(원칙: 취소권자 X)
- 승계인 (법률관계의 승계인)
  - 포괄승계인 O, 특정승계인 O
  - 취소권만의 승계는 인정 X

윤's 암기포인트
제 착(딱) 사강가면 대승이지

2. 취소의 상대방
- 취소할 수 있는 법률행위의 상대방이 확정된 경우 : 취소는 그 상대방에 대한 의사표시로 한다.
  - [기출] 취소할 수 있는 법률행위의 상대방이 확정된 경우, 그 취소는 그 상대방에 대한 의사표시로 하여야 한다. (O) 32회
- 법률행위에 의하여 취득된 권리가 제3자에게 양도된 경우 : 취소의 의사표시는 원래의 상대방에게 해야 하고, 제3자에게 하는 것은 아니다.

3. 취소의 방법(특정의 방식은 요하지 않음)
① 상대방에게 의사표시(상대방에 의해 인식 O)
② 취소를 당연한 전제로 한 소송상의 이행청구나 이를 전제로 한 이행거절: 취소의 의사표시가 포함된 것으로 본다.
③ 일부취소
  - 일부분에만 취소사유 + 가분적 + 가정적 의사: 일부취소가 인정된다.
  - 법률행위가 존재, 즉 성립한 경우에 인정된다.
④ 법률행위가 성립 X: 취소의 문제는 발생하지 않는다.

[기출] 법률행위의 취소를 당연한 전제로 한 소송상의 이행청구에는 취소의 의사표시가 포함되어 있다고 볼 수 있다. (O) 22회

4. 취소의 효과
① 소급적 무효(형성권: 일방적 의사표시만으로 무효가 된다) / 근로계약의 취소: 소급하지 않는다.
② 이행한 급부의 반환문제(부당이득반환의무)
  ㉠ 의의: 불법원인급여가 아닌 한 받은 급부를 서로에게 반환해야 할 의무 O
  ㉡ 부당이득반환범위의 일반원칙[제748조(수익자의 반환범위)]
    ⓐ 선의의 수익자는 그 받은 이익이 현존한 한도에서 전조의 책임이 있다.
    ⓑ 악의의 수익자는 그 받은 이익에 이자를 붙여 반환하고 손해가 있으면 이를 배상하여야 한다.
  ㉢ 제한능력자에 대한 특별규정(제141조 단서): 선의·악의를 불문하고 현존이익의 반환 / 의사능력의 흠결을 이유로 법률행위가 무효로 되는 경우에도 유추적용 O(선의·악의를 불문하고 현존이익의 반환)

[기출] 취소권의 법적 성질은 형성권이다. (O) 32회
[기출] 취소된 법률행위는 특별한 사정이 없는 한 처음부터 무효인 것으로 본다. (O) 33회
[기출] 제한능력을 이유로 법률행위가 취소된 경우, 제한능력자는 그 법률행위에 의해 받은 급부를 이익이 현존하는 한도에서 상환할 책임이 있다. (O) 33회

5. 제척기간(권리행사기간)
- 법원의 직권조사사항

제146조(취소권의 소멸): 취소권은 추인할 수 있는 날로부터 3년 내에, 법률행위를 한 날로부터 10년 내에 행사하여야 한다.

취소권은 추인할 수 있는 날로부터 10년이 경과한 경우 행사할 수 없다.

[기출] 취소권은 추인할 수 있는 날로부터 3년 내에, 법률행위를 한 날로부터 10년 내에 행사하여야 한다. (O) 33회

028 취소할 수 있는 법률행위의 추인: 취소권의 포기 ★

• 취소권자의 의사표시에 의한 추인

1. 의의: 취소하지 않고 유효로 하겠다는 의사의 표시로, 유동적 유효인 법률행위는 확정적으로 유효가 된다(이후에는 취소할 수 없다).

2. 요건
- 취소권자
  - ① 제한능력자: 능력자가 된 후
  - ② 착오 또는 사기, 강박에 의한 의사표시를 한 자: 그 상태에서 벗어난 후
- 취소원인이 종료한 이후
  : 취소원인 종료 전에도 취소할 수 있다.
  - 법정대리인 또는 후견인이 추인하는 경우: 제한 없다.
    ① 취소원인 소멸 전에도 추인할 수 있다.
    ② 제한능력자의 법률행위에 대한 법정대리인의 추인은 취소의 원인이 소멸되기 전에 한 경우에도 효력 O
  - [기출] 제한능력자의 법률행위에 대한 법정대리인의 추인은 취소의 원인이 소멸된 후에 하여야 그 효력이 있다. (X) 29회
    → 취소의 원인이 소멸되기 전에도 추인할 수 있다.
- 취소할 수 있는 법률행위임을 알고 할 것

3. 방법
① 추인의 방법은 특별한 방식의 제한 X(명시적·묵시적 추인 O)
② 추인은 상대방 있는 단독행위, 상대방에 대한 의사표시

4. 효과: 확정적 유효, 추인한 후에는 다시 취소 X(취소권은 소멸했기 때문)
- [기출] 취소할 수 있는 법률행위를 추인한 자는 그 법률행위를 다시 취소하지 못한다. (O) 22회
- [기출] 취소할 수 있는 법률행위에 대해 취소권자가 적법하게 추인하면 그의 취소권은 소멸한다. (O) 33회

029 법정추인: 취소권의 배제 ★★

• 법률의 규정에 의한 추인

1. 의의: 취소권자의 취소권포기의 의사표시가 없더라도 일정한 사유가 발생하면 취소권자의 의사와는 상관없이 당연히 추인한 것으로 간주함으로써 법률행위의 효력을 확정적으로 유효로 하는 제도(취소권자의 취소권을 법률의 규정에 의해서 배제시키는 것)

2. 요건
- 취소원인이 종료한 이후(추인할 수 있는 후)
- 다음 사유 중 어느 하나가 발생해야 한다.
- 이의를 보류하지 않을 것
- 취소권자가 취소권의 존재를 인식할 필요는 없다.

① 전부나 일부의 이행 ② 취소권자가 이행의 청구
③ 경개 ④ 담보의 제공
⑤ 취소권자가 취소할 수 있는 행위로 취득한 권리의 전부나 일부의 양도
⑥ 강제집행 / 혼동은 법정추인 사유 X

- [기출] 취소할 수 있는 법률행위는 추인할 수 있는 후에 취소권자의 이행청구가 있으면 이의를 보류하지 않는 한 추인한 것으로 본다. (O) 27회
- [기출] 상대방이 취소권자에게 이행을 청구한 경우, 법정추인이 인정된다. (X) 30회 → 취소권자가 상대방에게 이행을 청구한 경우에는 법정추인이 인정되지만, 상대방이 취소권자에게 이행을 청구한 경우는 법정추인이 아니다.
- [기출] 취소할 수 있는 행위로 취득한 권리를 취소권자가 타인에게 양도한 경우, 법정추인이 인정된다. (O) 30회
- [기출] 취소할 수 있는 법률행위에 관하여 법정추인이 되려면 취소권자가 취소권의 존재를 인식해야 한다. (X) 32회
  → 취소권의 존재를 인식할 필요는 없다.

3. 효과: 확정적 유효, 이후에는 다시 취소 X(취소권은 소멸했기 때문)

문's 암기포인트

이청경은 담양강에 산다.

POINT 06 법률행위의 부관

030 조건 ★★★

1. 의의 : 법률행위의 효력의 발생 또는 소멸을 장래의 불확실한 사실의 성부(成否)에 의존케 하는 법률행위의 부관

2. 기본 쟁점
- 법률행위 효력의 문제이지 성립의 문제가 아니다.
- 조건으로 인정되기 위해서는 조건의사와 그 표시가 필요하다(조건의사 O + 표시 X: 조건 X).
- 조건은 장래의 사실이어야 한다. / 과거나 현재의 사실은 조건이 아니다.
- 조건은 당사자가 임의로 부가한 것이어야 한다. / 법정조건은 조건이 아니다.

> [기출] 조건부 법률행위는 조건이 성취되었을 때에 비로소 그 법률행위가 성립한다. (X) 32회
> → 조건은 법률행위의 성립의 문제가 아니라 효력의 문제이다.

3. 조건과 친하지 않은 법률행위
- 조건을 붙일 수 없는 법률행위에 조건을 붙이면 그 법률행위는 전부 무효(조건만 무효 X)
- 단독행위(원칙: 조건을 붙일 수 없다 / 예외: 상대방의 동의 O, 채무의 면제나 유증처럼 상대방에게 이익만 주는 경우는 조건을 붙일 수 있다)
- 가족법상의 법률행위(원칙: 조건을 붙일 수 없다 / 예외: 유언에는 조건을 붙일 수 있다)
- 어음, 수표행위(원칙: 조건을 붙일 수 없다 / 예외: 어음보증에는 조건을 붙일 수 있다)

> [기출] 상대방이 동의하면 채무면제에 조건을 붙일 수 있다. (O) 28회

4. 조건의 종류
- 정지조건 : 조건을 성취하면 효력이 발생한다.
- 해제조건 : 조건을 성취하면 효력이 소멸한다.
- 가장조건
  ① 조건이 선량한 풍속 기타 사회질서에 위반한 것인 때에는 그 법률행위는 무효이다(절대적 무효, 조건만 무효가 아니라 법률행위 전부 무효).
  ② 조건이 법률행위의 당시 이미 성취한 것인 경우에는 그 조건이 정지조건이면 조건 없는 법률행위로 하고 해제조건이면 그 법률행위는 무효이다.
  ③ 조건이 법률행위의 당시에 이미 성취할 수 없는 것인 경우에는 그 조건이 해제조건이면 조건 없는 법률행위로 하고 정지조건이면 그 법률행위는 무효이다.

> [기출] 조건이 선량한 풍속 기타 사회질서에 위반한 경우, 그 조건만 무효이고 법률행위는 유효하다. (X) 34회
> → 법률행위에 불법조건이 붙어있는 경우에는 조건뿐만 아니라 법률행위 전부가 무효이다.

5. 반신의행위
① 조건의 성취로 인하여 불이익을 받을 당사자가 신의성실에 반하여 조건의 성취를 방해한 때에는 상대방은 그 조건이 성취한 것으로 주장할 수 있다.
② 조건의 성취로 인하여 이익을 받을 당사자가 신의성실에 반하여 조건을 성취시킨 때에는 상대방은 그 조건이 성취하지 아니한 것으로 주장할 수 있다.

6. 효력

- **성취 전**
  - 조건 있는 법률행위의 당사자는 조건의 성부가 미정한 동안에 조건의 성취로 인하여 생길 상대방의 이익을 해하지 못한다.
  - 조건의 성취가 미정한 권리·의무는 일반 규정에 의하여 처분, 상속, 보존 또는 담보로 할 수 있다.
- **성취 후**
  - 원칙 : 소급효 없다.
  - 예외 : 소급효 있다(성취 전에 소급하게 할 의사를 표시한 때).

7. 입증책임

- 정지조건부 법률행위에서 조건이 성취되었다는 사실 : 권리를 취득하고자 하는 자가 입증해야 한다.
- 법률행위에 (정지)조건이 붙어있다는 사실 (정지조건부 법률행위에 해당한다는 사실) : 법률효과의 발생을 다투려는 자(조건의 존재를 주장하는 자)가 입증해야 한다.
  - 기출 법률행위에 조건이 붙어있는지 여부는 조건의 존재를 주장하는 자에게 증명책임이 있다. (O) 34회

---

031 기한

1. 의의
: 법률행위의 당사자가 그 효력의 발생, 소멸 또는 채무의 이행을 장래에 발생하는 것이 확실한 사실에 의존하게 하는 부관

2. 종류
- 시기 : 기한이 도래하면 법률행위의 효력이 발생하는 것
  - 기출 시기(始期) 있는 법률행위는 기한이 도래한 때부터 그 효력을 잃는다. (X) 20회
  - → 시기는 도래하면 효력이 생긴다.
- 종기 : 기한이 도래하면 법률행위의 효력이 소멸하는 것
  - 기출 종기(終期) 있는 법률행위는 기한이 도래한 때로부터 그 효력을 잃는다. (O) 34회

3. 효력
: 언제나 소급효가 없다.

4. 기한의 이익
- 기한이 아직 도래하지 않음으로써 그동안 당사자가 받는 이익
- 기한은 채무자의 이익을 위한 것으로 추정된다.
  - 기출 기한은 채권자의 이익을 위한 것으로 추정하며, 기한의 이익은 포기할 수 있다. (X) 29회
  - → 기한은 채무자의 이익을 위한 것으로 추정된다.
- 기한의 이익은 포기할 수 있다. / 상대방의 이익을 해하지 못한다.

5. 기한의 이익 상실
: 기한이익 상실특약은 특별한 사정이 없는 한 형성권적 기한이익 상실의 특약으로 추정된다.
- 기출 기한이익 상실특약은 특별한 사정이 없는 한 정지조건부 기한이익 상실특약으로 추정된다. (X) 35회
- → 형성권적 기한이익 상실특약으로 추정된다.

문's 암기포인트
> 기상형(일어나 형)

PART 1 기출지문 OX로 민법총칙 마무리

01 임차인의 필요비상환청구권은 형성권에 해당한다. 34회 (O | X)

02 부동산 점유취득시효완성으로 인한 소유권 취득은 원시취득에 해당한다. 34회 (O | X)

03 부동산 매매에 의한 소유권 취득은 특정승계에 해당한다. 34회 (O | X)

04 저당권의 설정은 이전적 승계에 해당한다. 28회 (O | X)

05 손자에 대한 부동산의 유증은 상대방 없는 단독행위에 해당한다. 33회 (O | X)

06 농지거래계약에서 농지취득자격증명은 법률행위의 효력이 발생하기 위한 요건이다. 24회 (O | X)

07 계약이 체결된 후 매매목적 건물이 전소된 경우, 그 매매계약은 무효이다. 20회 (O | X)

08 「부동산등기 특별조치법」상 중간생략등기를 금지하는 규정은 단속법규에 해당한다. 32회 (O | X)

09 다수의 보험계약을 통하여 보험금을 부정취득할 목적으로 체결한 보험계약은 반사회질서의 법률행위이다. 30회 (O | X)

10 반사회질서의 법률행위의 무효는 선의의 제3자에게 대항할 수 없다. 36회 (O | X)

11 제2매수인이 이중매매사실을 알았다는 사정만으로 제2매매계약을 반사회적 법률행위에 해당한다고 볼 수 없다. 32회 (O | X)

12 급부와 반대급부 사이에 현저한 불균형이 존재하는지는 특별한 사정이 없는 한 법률행위 당시를 기준으로 판단하여야 한다. 29회 (O | X)

13 무효행위 전환에 관한 규정은 불공정한 법률행위에 적용될 수 있다. 31회 (O | X)

14 경락대금과 목적물의 시가에 현저한 차이가 있는 경우에도 불공정한 법률행위가 성립할 수 있다. 34회 (O | X)

15 대리인에 의한 법률행위에서 궁박과 무경험은 대리인을 기준으로 판단한다. 34회 (O | X)

16 대리행위에 있어서 진의 아닌 의사표시인지 여부는 대리인을 표준으로 결정한다. 27회 (O | X)

17 사직의사 없는 사기업의 근로자가 사용자의 지시로 어쩔 수 없이 일괄사직서를 제출하는 형태의 의사표시는 비진의표시이다. 25회 (O | X)

18 파산선고를 받은 가장채권자의 파산관재인은 통정허위표시를 기초로 새로운 법률상 이해관계를 맺은 제3자에 해당한다. 36회 (O | X)

19 통정허위표시의 무효로 대항할 수 없는 제3자에 해당하는지의 여부를 판단할 때, 파산관재인은 파산채권자 모두가 악의로 되지 않는 한 선의로 다루어진다. 30회 (O | X)

20 경과실로 착오에 빠진 표의자가 착오를 이유로 의사표시를 취소한 경우, 표의자는 그로 인해 손해를 입은 상대방에 대하여 불법행위로 인한 손해배상책임을 진다. 36회 (O | X)

정답

01 × 청구권에 해당한다. 02 O 03 O 04 × 설정적 승계에 해당한다. 05 O 06 × 효력발생요건이 아니고 농지를 취득할 자격이 있다는 증명에 불과하다. 07 × 계약체결 당시에는 실현 가능했으므로 유효이다. 08 O 09 O 10 × 반사회질서의 법률행위의 무효는 절대적 무효이기 때문에 선의의 제3자에게 대항할 수 있다. 11 O 12 O 13 O 14 × 경매에 대해서는 불공정한 법률행위가 성립할 수 없다. 15 × 궁박은 본인을 기준으로, 경솔과 무경험은 대리인을 기준으로 판단한다. 16 O 17 O 18 O 19 O 20 × 착오를 이유로 취소하는 것은 적법행위에 해당하기 때문에 착오자는 상대방에 대하여 불법행위로 인한 손해배상책임을 지지 않는다.

21 상대방이 표의자의 착오를 알고 이용한 경우, 표의자는 착오가 중대한 과실로 인한 것이더라도 의사표시를 취소할 수 있다. (○ | ×) 31회

22 착오로 인한 의사표시의 취소권은 당사자들이 합의에 의하여 배제할 수 없다. (○ | ×) 36회

23 매도인이 매수인의 채무불이행을 이유로 계약을 적법하게 해제한 후에는 매수인은 착오를 이유로 취소권을 행사할 수 없다. (○ | ×) 31회

24 강박으로 의사결정의 자유가 완전히 박탈되어 법률행위의 외형만 갖춘 의사표시는 무효이다. (○ | ×) 25회

25 제3자의 사기로 계약을 체결한 경우, 피해자는 그 계약을 취소하지 않고 그 제3자에게 불법행위책임을 물을 수 있다. (○ | ×) 25회

26 아파트 분양자가 아파트단지 인근에 대규모 공동묘지가 조성된 사실을 알면서 수분양자에게 고지하지 않은 경우, 이는 기망행위에 해당한다. (○ | ×) 35회

27 교환계약의 당사자가 목적물의 시가를 묵비한 것은 원칙적으로 기망행위에 해당한다. (○ | ×) 35회

28 '제3자의 강박'에 의한 의사표시에서 상대방의 대리인은 제3자에 포함되지 않는다. (○ | ×) 35회

29 원인된 법률관계가 종료하기 전에는 본인은 수권행위를 철회하여 대리권을 소멸시킬 수 없다. (○ | ×) 31회

30 대리인의 대리권 남용을 상대방이 알았거나 알 수 있었을 경우, 대리행위는 본인에게 효력이 없다. (○ | ×) 25회

31 부동산 입찰절차에서 동일물건에 관하여 이해관계가 다른 2인 이상의 대리인이 된 경우에는 그 대리인이 한 입찰은 무효이다. (○ | ×) 20회

32 임의대리인이 수인(數人)인 경우, 대리인은 원칙적으로 공동으로 대리해야 한다. (○ | ×) 33회

33 대리행위의 하자로 인한 취소권은 원칙적으로 대리인에게 귀속된다. (○ | ×) 33회

34 대리인의 기망행위로 계약을 체결한 상대방은 본인이 그 기망행위를 알지 못한 경우, 사기를 이유로 계약을 취소할 수 없다. (○ | ×) 31회

35 대리인 乙이 미성년자인 경우, 본인 甲은 乙이 제한능력자임을 이유로 계약(대리행위)을 취소할 수 있다. (○ | ×) 31회

36 임의대리인이 본인의 승낙을 얻어서 복대리인을 선임한 경우, 본인에 대하여 그 선임·감독에 관한 책임이 없다. (○ | ×) 30회

37 법정대리인은 부득이한 사유가 없더라도 복대리인을 선임할 수 있다. (○ | ×) 30회

38 법정대리인이 부득이한 사유로 복대리인을 선임한 경우, 본인에 대하여 그 선임감독에 관해서만 책임이 있다. (○ | ×) 36회

39 본인이 무권대리행위를 안 후 그것이 자기에게 효력이 없다고 이의를 제기하지 않고 이를 장시간 방치한 사실만으로는 추인하였다고 볼 수 없다. (○ | ×) 35회

40 본인 乙이 무권대리인 甲에 대해서만 추인의 의사표시를 하였더라도 상대방 丙은 본인 乙의 무권대리인 甲에 대한 추인이 있었음을 주장할 수 있다. (○ | ×) 33회

41 상대방은 상당한 기간을 정하여 본인에게 그 추인 여부의 확답을 최고할 수 있고, 본인이 그 기간 내에 확답을 발하지 아니한 때에는 추인을 거절한 것으로 본다. (○ | ×) 27회

정답

21 ○ 22 × 착오규정(민법 제109조)은 임의규정으로 특약으로 배제할 수 있다. 따라서 취소권을 배제할 수 있다. 23 × 취소권을 행사할 수 있다. 24 ○ 25 ○ 26 ○ 27 × 고지의무가 없으므로, 고지하지 않는 경우 기망행위에 해당하지 않는다. 28 ○ 29 × 수권행위의 철회도 가능하다. 30 ○ 31 ○ 32 × 각자대리가 원칙이다. 33 × 본인에게 귀속된다. 34 × 본인이 그 기망행위를 알지 못한 경우에도 상대방은 계약을 취소할 수 있다. 35 × 제한능력자의 대리행위도 유효이므로 본인 甲은 대리행위를 취소할 수 없다. 36 × 선임·감독에 관한 책임이 있다. 37 ○ 38 ○ 39 ○ 40 ○ 41 ○

42 본인이 무권대리인의 대리행위에 대하여 추인을 거절하면, 무권대리인이 미성년자라도 상대방은 무권대리인에 대해 손해배상을 청구할 수 있다. 34회 (O | X)

43 유권대리의 주장 속에는 표현대리의 주장이 포함되어 있다. 32회 (O | X)

44 본인이 타인에게 대리권을 수여하지 않았지만 수여하였다고 상대방에게 통보한 경우, 그 타인이 통보받은 상대방 외의 자와 본인을 대리하여 행위를 한 때는 민법 제125조의 표현대리가 적용된다. 32회 (O | X)

45 기본대리권이 처음부터 존재하지 않는 경우에도 권한을 넘은 표현대리는 성립할 수 있다. 33회 (O | X)

46 상대방이 대리인에게 대리권이 있다고 믿을 만한 정당한 이유가 있는지의 여부는 대리행위 당시를 기준으로 판정한다. 33회 (O | X)

47 법률행위의 일부분이 무효인 때는 원칙적으로 그 전부를 무효로 한다. 21회 (O | X)

48 허가받기 전의 상태에서 매도인의 채무가 이행불능임이 명백하고 매수인도 거래의 존속을 바라지 않는 경우, 위 매매계약은 확정적 무효로 된다. 33회 (O | X)

49 토지거래허가구역 내의 토지에 대한 매매계약 후 토지거래허가구역 지정이 해제되었다고 해도 그 계약은 여전히 유동적 무효이다. 33회 (O | X)

50 무효인 법률행위는 무효임을 안 날로부터 3년이 지나면 추인할 수 없다. 32회 (O | X)

51 무효인 가등기를 유효한 등기로 전용하기로 약정하면 그 가등기는 소급하여 유효한 등기가 된다. 28회 (O | X)

52 취소된 법률행위는 특별한 사정이 없는 한 처음부터 무효인 것으로 본다. 33회 (O | X)

53 제한능력을 이유로 법률행위가 취소된 경우, 악의의 제한능력자는 그 행위로 인하여 받은 이익이 현존하는 한도에서 상환할 책임이 있다. 36회 (O | X)

54 취소권은 추인할 수 있는 날로부터 3년 내에, 법률행위를 한 날로부터 10년 내에 행사하여야 한다. 33회 (O | X)

55 강박에 의한 의사표시를 한 자는 강박상태를 벗어나기 전에도 이를 취소할 수 있다. 35회 (O | X)

56 제한능력자의 법률행위에 대한 법정대리인의 추인은 취소의 원인이 소멸된 후에 하여야 그 효력이 있다. 29회 (O | X)

57 상대방이 취소권자에게 이행을 청구한 경우, 법정추인이 인정된다. 30회 (O | X)

58 조건부 법률행위는 조건이 성취되었을 때에 비로소 그 법률행위가 성립한다. 32회 (O | X)

59 기한은 채권자의 이익을 위한 것으로 추정하며, 기한의 이익은 포기할 수 있다. 29회 (O | X)

60 조건이 선량한 풍속 기타 사회질서에 위반한 경우, 그 조건만 무효이고 법률행위는 유효하다. 34회 (O | X)

61 불법조건이 붙은 법률행위는 법률행위 전부가 무효로 된다. 36회 (O | X)

62 종기(終期) 있는 법률행위는 기한이 도래한 때로부터 그 효력을 잃는다. 34회 (O | X)

정답

42 × 무권대리인이 제한능력자인 경우, 상대방은 무권대리인에게 책임을 물을 수 없다. 43 × 포함되어 있다고 볼 수 없다. 44 × 통보받은 상대방 외의 자와 거래한 경우에는 민법 제125조의 표현대리가 성립하지 않는다. 45 × 표현대리가 성립하기 위해서는 반드시 기본대리권이 존재하여야 한다. 46 ○ 47 ○ 48 ○ 49 × 토지거래허가구역 지정이 해제되면 확정적 유효가 된다. 50 × 무효의 원인이 소멸한 후에 추인하면 되는 것이지, 안 날로부터 3년 안에 해야 한다는 규정은 없다. 51 × 가등기는 그때부터 유효한 등기가 된다. 52 ○ 53 ○ 54 ○ 55 ○ 56 × 취소의 원인이 소멸되기 전에도 추인할 수 있다. 57 × 취소권자가 상대방에게 이행을 청구한 경우에는 법정추인이 인정되지만, 상대방이 취소권자에게 이행을 청구한 경우는 법정추인이 아니다. 58 × 조건은 법률행위 성립의 문제가 아니라 효력의 문제이다. 59 × 기한은 채무자의 이익을 위한 것으로 추정된다. 60 × 조건과 법률행위는 일체성이 인정된다. 따라서 법률행위 전부가 무효이다. 61 ○ 62 ○

02 물권법 체계도

POINT 01 물권 총론

POINT 02 점유권

POINT 03 소유권

POINT 04 용익물권

POINT 05 담보물권

INTRO 물권법 한눈에 보기

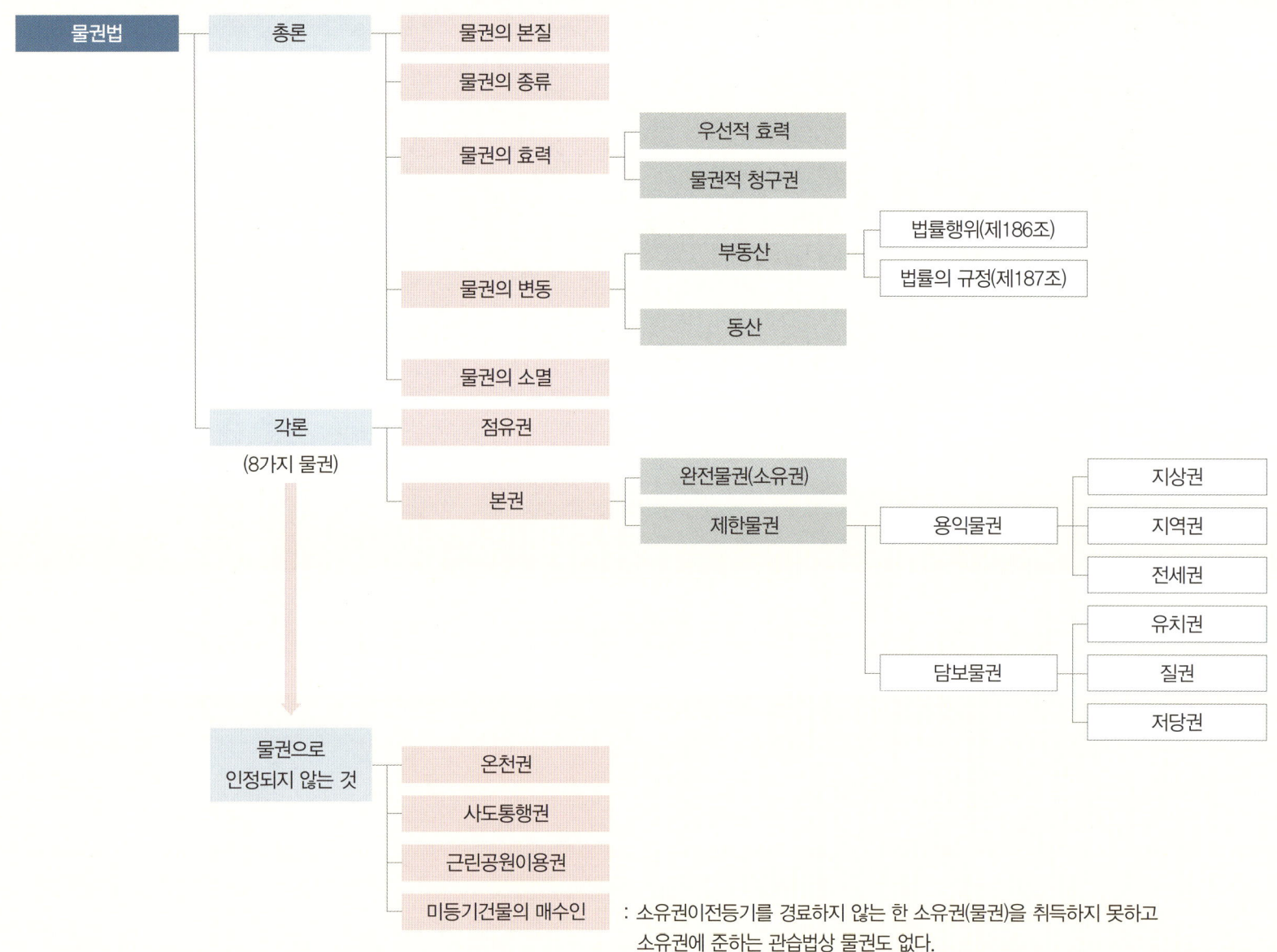

POINT 01 물권 총론

032 물권의 객체 및 종류 ★★

└─ 물권: 물건에 대한 권리 / 채권: 사람에 대한 권리

1. 의의 : 사람이 물건을 직접적·배타적으로 지배할 수 있는 권리

2. 특징
- 직접성 : 타인의 협력은 필요하지 않다.
- 배타성 : 독점해서 사용할 수 있다.
- 절대성 : 제3자에게 대항할 수 있다(모든 사람에게 주장할 수 있다).
- 양도성 : 제3자에게 처분할 수 있다.

3. 종류
- 민법상 물권 : 8가지 물권
- 특별법상 물권 : 선박저당권, 자동차저당권, 입목저당권 등
- 관습법상 물권 (관습법에 의한 물권도 인정될 수 있다)
  - 인정되는 것 : 분묘기지권, 관습법상의 법정지상권
  - 인정되지 않는 것 : 온천권, 사도통행권, 근린공원이용권
  - 미등기, 무허가건물의 양수인(이전등기 X) : 소유권취득 X, 소유권에 준하는 관습법상의 물권을 취득하지 못한다.

[기출] 온천에 관한 권리를 관습법상의 물권이라고 볼 수는 없다. (O) 32회
[기출] 근린공원을 자유롭게 이용한 사정만으로 공원이용권이라는 배타적 권리를 취득하였다고 볼 수는 없다. (O) 32회
[기출] 미등기 무허가건물의 양수인은 소유권이전등기를 경료받지 않아도 소유권에 준하는 관습법상의 물권을 취득한다. (X) 26회
→ 법률행위에 의한 부동산물권의 취득은 등기를 요한다.

• 물권은 지배하는 권리이기 때문에 지배대상, 즉 객체(목적물)가 필요하다.

4. 물권의 객체
- 원칙: 물건 : 현존 + 특정 + 독립된 물건 O(원칙적으로 물건의 일부나 구성부분은 물권의 객체가 될 수 없다)
- 예외: 권리 : (구분)지상권 O, 전세권 O[(구분)지상권이나 전세권은 저당권의 객체가 될 수 있다]

5. 독립한 물건(독립성)
- (1) 1동의 건물(건물은 토지에 부합되지 않음)
  - 원칙 : 1동 건물의 전부 [기출] 건물은 토지에 부합한다. (X) 29회 → 건물은 토지에 부합하지 않는다.
  - 예외 : 1동 건물의 **일부 O**(일부에 대해서도 **구분소유권, 전세권**이 성립할 수 있다)
- (2) 1필의 토지
  - 원칙 : 1필 토지의 전부
  - 예외 : 1필 토지의 **일부 O**(일부에 대해서도 **지상권, 지역권, 전세권**은 성립할 수 있다 / **저당권**은 성립할 수 **없다**)

[기출] 1동 건물의 일부도 구조상·이용상 독립성이 있으면 구분행위에 의하여 독립된 부동산이 될 수 있다. (O) 27회

- (3) 수목 / 수목의 집단
  - 독립성 X : 토지의 부합물 O
  - 독립성 O (공시방법을 갖춘 경우)
    - 부합 X(독립한 거래의 객체 O)
      - [기출] 토지에서 벌채되어 분리된 수목은 독립된 소유권의 객체로 된다. (O) 27회
    - 관습법상의 명인방법을 갖춘 경우 : 수목의 집단에 대해서 소유권이 성립할 수 있다.
    - 입목등기를 갖춘 경우 : 입목에 대해서 소유권, 저당권이 성립할 수 있다.

- (4) 미분리 과실 : 관습법상의 명인방법을 갖춘 경우(독립한 거래의 객체가 될 수 있다)
  - [기출] 미분리의 과실은 명인방법을 갖추면 독립된 소유권의 객체로 된다. (O) 27회

- (5) 농작물
  - 농작물의 소유권을 취득할 때는 명인방법은 필요 없다.
    - [기출] 농지 소유자의 승낙 없이 농작물을 경작한 경우 명인방법을 갖추어야만 토지와 별도로 독립된 소유권의 객체로 된다. (X) 27회
    - → 명인방법이 없어도 독립한 소유권의 객체가 될 수 있다.
  - 독립성이 인정된다. : 농작물은 토지에 부합하지 않는다.
    - [기출] 정당한 권원에 의하여 타인의 토지에서 경작·재배하는 농작물은 토지에 부합한다. (X) 29회 → 농작물은 토지에 부합하지 않는다.
  - 언제나 경작자 소유 : 명인방법이 없어도 경작자 소유(독립한 소유권의 객체가 될 수 있다)
  - 물권의 변동 : 농작물에 대해서 물권이 변동되기 위해서는 명인방법이 필요하다.

033 물권적 청구권 ★★★

• 물권: 주 / 물권적 청구권: 종(물권과 물권적 청구권은 운명을 함께한다) → 물권에 근거해서 청구하는 권리이기 때문에 반드시 물권이 있어야 행사할 수 있다.

1. 의의 : 물권이 침해받거나 침해받을 염려가 있는 경우, 침해자를 상대로 반환, 방해제거 또는 방해예방을 청구할 수 있는 권리

2. 민법 규정
   - 점유권 : 반환청구 O, 방해제거청구 O, 방해예방청구 O
   - 소유권 : 반환청구 O(제213조), 방해제거청구 O(제214조), 방해예방청구 O(제214조, 방해예방이나 손해배상의 담보청구) / 다른 물권에 준용
     - [기출] 소유자는 자신의 소유권을 방해할 염려 있는 행위를 하는 자에 대하여 그 예방이나 손해배상의 담보를 청구할 수 있다. (O) 33회
   - 지상권, 전세권 : 반환청구 O, 방해제거청구 O, 방해예방청구 O
     - [기출] 지상권을 설정한 토지의 소유자는 그 토지 일부의 불법점유자에 대하여 소유권에 기한 방해배제를 청구할 수 없다. (X) 33회 → 청구할 수 있다.
   - 지역권, 저당권 : 반환청구 X, 방해제거청구 O, 방해예방청구 O
     - [기출] 저당권자는 목적물에서 임의로 분리, 반출된 물건을 자신에게 반환할 것을 청구할 수 있다. (X) 31회 → 저당권자에게 반환청구권은 없다.

   운's 암기포인트
   저지역은 반환 못해

   - 유치권 : 유치권에 기한 물권적 청구권 인정 X / 점유권에 기한 물권적 청구권 인정 O
     - [기출] 유치권자는 점유권에 기한 물권적 청구권을 행사할 수 있다. (O) 30회

3. 소유권에 기한 방해배제·예방청구권
   - 비용청구
     - 방해배제비용·예방비용청구 X
       - [기출] 소유자는 물권적 청구권에 의하여 방해제거비용 또는 방해예방비용을 청구할 수 없다. (O) 29회
     - 비용을 청구할 수 있는 권리는 방해제거청구권(제214조)에 포함되지 않는다.
   - 방해배제청구 : 방해의 원인을 제거하는 것
     - [기출] 소유권에 기한 방해배제청구권에 있어서 방해에는 과거에 이미 종결된 손해가 포함된다. (X) 32회 → 방해는 현재에 지속되고 있는 침해를 말한다.
   - 손해배상청구 (불법행위, 금전청구)
     - 방해의 결과를 제거하는 것
       - [기출] 물권적 방해배제청구권의 요건으로 요구되는 방해는 개념상 손해와 구별된다. (O) 30회
     - 방해는 개념상 손해와 구별된다. : 방해는 현재에 지속되고 있는 침해 / 손해는 법익침해가 과거에 일어나서 이미 종결된 경우

4. 임차권에 의한 물권적 청구권

- **대항력이 있는 경우**: 임차권에 기한 물권적 청구권이 인정된다.
- **대항력이 없는 경우**
  - 점유 O: 점유권에 기한 물권적 청구권이 인정된다.
  - 점유 X: 임대인의 소유권에 기한 물권적 청구권을 대위할 수 있다(임차인이 직접 행사할 방법은 없다).
    - 기출 임차인은 임차목적물에 관한 임대인의 소유권에 기한 물권적 청구권을 대위행사할 수 없다. (X) 30회 → 대위행사할 수 있다.

5. 성질

- 물권에서 물권적 청구권만 분리하여 처분할 수 없다.
- 물권이 이전하면 물권적 청구권도 함께 이전한다.
- **소유권에 기한 물권적 청구권의 소멸시효 진행 여부**: 소멸시효는 진행하지 않는다.
  - 기출 소유권에 기한 물권적 청구권은 그 소유권과 분리하여 별도의 소멸시효의 대상이 된다. (X) 32회 → 소유권에 기한 물권적 청구권은 소유권의 내용이므로 그 소유권과 분리하여 별도로 소멸시효의 대상이 되지 않는다.
- 물권적 청구권에 손해배상청구권이 포함되어 있는지의 여부: 손해배상청구권은 불법행위에 근거하기 때문에 물권적 청구권에 포함되지 않는다.

6. 발생 및 행사요건

- 물권의 침해 또는 침해의 염려가 있을 것
- 침해자의 귀책사유(고의 또는 과실)는 요건이 아니다.
  (과실 없이 점유를 방해하는 자에게 방해배제를 청구할 수 있다): 불법행위 손해배상청구권은 침해자의 귀책사유를 요한다.
  - 기출 물권적 청구권을 행사하기 위해서는 그 상대방에게 귀책사유가 있어야 한다. (X) 32회 → 상대방의 귀책사유는 요건이 아니다.
- **청구권자(물권자)**
  - 미등기건물의 매수인(물권이 없다): 물권적 청구권 행사할 수 없다. / 불법점유자에게 직접 명도청구할 수 없다.
  - 소유권을 상실한 종전 소유자(물권이 없다): 물권적 청구권 행사할 수 없다.
    - 기출 토지의 소유권을 양도하여 소유권을 상실한 전(前)소유자도 그 토지 일부의 불법점유자에 대하여 소유권에 기한 방해배제를 청구할 수 있다. (X) 33회 → 청구할 수 없다.
  - 점유보조자(물권이 없다): 물권적 청구권 행사할 수 없다.
- **상대방**
  - 현재의 무단점유자 O: 직접점유자, 간접점유자 모두 상대방이 될 수 있다.
  - 무단신축된 미등기건물의 매수인: 대금을 지급하고 점유하고 있는 매수인은 상대방이 될 수 있다.
    - 기출 타인 토지에 무단으로 신축된 미등기건물을 매수하여 대금을 지급하고 점유하는 자는 건물철거청구의 상대방이 될 수 있다. (O) 31회
  - 불법점유자
    - 상대방이 될 수 있다.
    - 불법점유자가 이후에 물건을 인도, 현실적으로 점유하지 않는 경우: 현재의 무단점유자가 아니기 때문에 상대방이 될 수 없다.
  - 점유보조자 X (회사 직원, 경비원): 무단점유자가 아니기 때문에 상대방이 될 수 없다.

034 소유권이전등기청구권(채권적 청구권)의 쟁점정리 ★★

1. 매수인의 소유권이전등기청구권의 소멸시효 진행 여부

- 매수인이 토지를 인도받아 사용하고 있는 경우
  - ① 소멸시효 진행 X
  - ② 매수인이 토지를 인도받은 후 10년이 지난 경우에도 매도인에게 소유권이전등기를 청구할 수 있다.

- 매수인이 제3자에게 처분, 점유를 승계해 준 경우
  - ① 소멸시효 진행 X
  - ② 제3자(매수인)는 토지를 인도받은 후 10년이 지난 경우에도 매도인에 대한 매수인의 소유권이전등기청구권을 대위행사할 수 있다.

2. 시효완성자의 소유권이전등기청구권의 소멸시효 진행 여부

- 시효완성자가 점유를 계속하고 있는 경우 : 소멸시효 진행 X
- 시효완성자가 처분, 점유를 상실한 경우 : 소멸시효 진행 O, 10년 후에 소멸한다.

3. 매수인의 소유권이전등기청구권의 양도

- ① 매도인의 동의 필요 O
- ② 매도인(채무자)의 동의가 없는 경우, 이전등기청구권의 양도사실에 대한 양도인의 매도인(채무자)에 대한 통지만으로는 매도인(채무자)에게 대항력이 생기지 않는다.

4. 취득시효완성자의 소유권이전등기청구권의 양도

- ① 소유자의 동의 필요 X
- ② 소유자의 동의가 없어도 이전등기청구권의 양도사실에 대한 시효완성자의 소유자(채무자)에 대한 통지만으로 소유자(채무자)에게 대항력이 생긴다.

5. 甲소유 토지를 乙에게 매도, 매수인 乙이 대금을 완납하고 인도받아 사용하고 있지만 이전등기를 경료하지 않은 경우

- ① 甲은 乙에게 소유물반환을 청구할 수 있는가? ➡ 청구 X
- ② 甲은 乙에게 부당이득반환을 청구할 수 있는가? ➡ 청구 X
- ③ 乙의 甲에 대한 소유권이전등기청구권은 소멸시효가 진행하는가? ➡ 소멸시효 진행 X

6. 甲소유 토지를 乙에게 매도, 매수인 乙(등기 X)은 대금을 완납하고 인도받아 점유·사용 중 다시 丙에게 매도하여 丙이 점유·사용하고 있지만 이전등기를 경료하지 않은 경우

- ① 甲은 丙에게 소유물반환을 청구할 수 있는가? ➡ 청구 X
- ② 甲은 丙에게 부당이득반환을 청구할 수 있는가? ➡ 청구 X
- ③ 乙의 甲에 대한 소유권이전등기청구권은 소멸시효가 진행하는가? ➡ 소멸시효 진행 X

035 중간생략등기 ★★

• 중간매수인의 등기를 생략하고 최초매도인에서 최종매수인에게 바로 등기를 하는 경우를 말한다.

1. 중간생략등기가 이미 경료된 경우에 등기의 유효 여부
- 중간생략등기에 대한 합의가 있는 경우 : 유효등기
- 중간생략등기에 대한 합의가 없는 경우 : 유효등기
- 토지거래허가구역인 경우 : 무효등기

[기출] 3자 간에 중간생략등기의 합의가 있는 경우, 만약 X토지가 토지거래허가구역에 소재한다면, 최종양수인은 직접 최초양도인에게 허가신청절차의 협력을 구할 수 없다. (O) 31회

2. 최종양수인의 최초양도인에 대한 직접 등기청구 가능 여부
- 중간생략등기에 대한 합의가 있는 경우 : 최종양수인은 직접 등기를 청구할 수 있다.
- 중간생략등기에 대한 합의가 없는 경우 : 최종양수인은 직접 등기를 청구할 수 없다. / 중간 매수인을 대위한다.

[기출] 3자 간에 중간생략등기의 합의가 있는 경우, 최종양수인은 최초양도인에게 직접 소유권이전등기를 청구할 수 있다. (O) 31회

3. 최종양수인이 소유권이전등기청구권을 양도받은 경우 최초양도인에 대한 직접 등기청구 가능 여부
- 소유권이전등기청구권을 양도하기 위해서는 최초양도인의 동의나 승낙을 요한다.
- 최초양도인의 동의가 없는 경우: 최종양수인은 직접 등기를 청구할 수 없다.

[기출] 만약 중간생략등기의 합의가 없다면, 최종양수인 丙은 최초양도인 甲의 동의나 승낙 없이 중간매수인 乙의 소유권이전등기청구권을 양도받아 최초양도인 甲에게 소유권이전등기를 청구할 수 있다. (X) 31회
→ 최초양도인의 동의가 없다면 최종양수인은 직접 등기를 청구할 수 없다.

4. 중간생략등기의 합의가 있는 경우 중간매수인의 첫 매도인에 대한 소유권이전등기청구권 소멸 여부
① 중간매수인의 소유권이전등기청구권: 소멸하지 않는다.
② 첫 매도인의 매수인에 대한 소유권이전등기의무: 소멸하지 않는다.

[기출] 3자 간에 중간생략등기의 합의가 있는 경우, 중간매수인 乙의 최초양도인 甲에 대한 소유권이전등기청구권은 소멸하지 않는다. (O) 31회

5. 중간생략등기의 합의가 있는 경우 최초의 매도인이 중간자에 대하여 가지고 있는 매매대금청구권의 행사 제한 여부
: 매매대금청구권을 행사할 수 있다(제한을 받지 않는다).

[기출] 3자 간에 중간생략등기의 합의가 있는 경우, 최초양도인 甲의 중간매수인 乙에 대한 매매대금채권의 행사는 제한받지 않는다. (O) 31회

6. 중간생략등기의 합의가 있는 경우 매도인은 매수인에게 동시이행의 항변권을 행사할 수 있는지 여부
① 매도인은 매수인의 매매대금 미지급을 이유로 최종매수인 명의로의 소유권이전등기의무의 이행을 거절할 수 있다(동시이행의 항변권을 행사할 수 있다).
② 최초매도인은 인상된 매매대금이 지급되지 않았음을 이유로 최종매수인 명의로의 소유권이전등기의무의 이행을 거절할 수 있다(동시이행의 항변권을 행사할 수 있다).

036 가등기 ★★

• 물권변동의 청구권을 보전하기 위한 가등기, 즉 장차 행해질 본등기의 순위를 보전해 주는 효력을 가지는 등기를 말하며, 물권적 청구권을 보전하기 위한 가등기는 인정되지 않는다.

1. 본등기 전 효력

가등기만으로는 실체법상의 효력은 없음(단지 순위보전적 효력만 있다)
① 소유권이전등기를 청구할 법률관계 유무 추정 여부: **추정되지 않는다.**
② 중복된 소유권보존등기가 무효, 가등기권리자의 말소청구 여부: 말소등기를 청구할 수 없다.

> [기출] 소유권이전청구권 보전을 위한 가등기가 있으면, 소유권이전등기를 청구할 어떠한 법률관계가 있다고 추정된다. (X) 25회
> → 법률관계 유무는 추정되지 않는다.

물권변동청구권이 양도된 경우, 가등기상 권리의 이전등기를 가등기에 대한 부기등기형식으로 경료 가능 여부
① 순위보전의 대상이 되는 물권변동의 청구권은 그 성질상 **양도할 수 있다.**
② 양도인과 양수인의 공동신청으로 가등기에 대한 **부기등기의 형식으로 경료할 수 있다.**

> [기출] 가등기된 소유권이전청구권은 가등기에 대한 부기등기의 방법으로 타인에게 양도될 수 있다. (O) 32회

2. 본등기 후 효력

가등기 이후에 소유권자가 변동된 경우, 본등기는 누구를 상대로 청구할 수 있는지의 여부 : 가등기의무자였던 **가등기 당시의 소유자(양도인)에게 청구**

본등기 경료
- 가등기 후에 경료된 양수인의 등기 : 무효등기로 등기관이 **직권말소한다.**
- 양수인은 소유권을 상실한다.
- 소유권을 취득한 가등기권리자는 소유권을 상실한 양수인에게 **부당이득반환청구권을 행사할 수 없다.**

> [기출] 가등기 이후에 가압류등기가 마쳐지고 가등기에 기한 본등기가 된 경우, 등기관은 그 가압류등기를 직권으로 말소할 수 없다. (X) 22회
> → 등기관이 직권으로 말소한다.

본등기가 경료된 경우: 본등기의 순위, 물권변동의 시기
① 본등기의 순위: 가등기 시로 소급한다(**소급 O**).
② 물권변동의 시기: 본등기 시에 물권이 변동된다(**소급 X**).

> [기출] 소유권이전등기청구권의 보전을 위한 가등기에 기하여 본등기가 행해지면 물권변동의 효력은 본등기가 행해진 때 발생한다. (O) 30회

037 등기의 추정력 ★★

1. 의의 : 등기가 있으면 그에 상응하는 실체적 권리관계가 존재하는 것으로 평가를 받는 것
등기가 형식적으로 존재하기만 하면, 무효인 등기라도 그 원인무효가 입증되기 전까지는 그에 상응하는 실체적 권리관계가 존재하는 것으로 추정된다.

2. 물적 범위
- 등기가 있으면 등기원인과 절차는 적법하게 경료된 것으로 추정된다.
  - 기출) 소유권이전등기가 된 경우, 특별한 사정이 없는 한 이전등기에 필요한 적법한 절차를 거친 것으로 추정된다. (O) 25회
- 등기가 있으면 등기부상 권리가 존재하는 것으로 추정된다.
  (근저당권설정등기가 경료된 경우: 근저당권의 존재와 피담보채권의 존재가 추정된다 / 기본계약의 존재는 추정 X)
  - 기출) 근저당권등기가 행해지면 피담보채권뿐만 아니라 그 피담보채권을 성립시키는 기본계약의 존재도 추정된다. (X) 30회
    → 기본계약의 존재는 추정되지 않는다.
- 대리에 의한 매매를 원인으로 소유권이전등기가 경료된 경우: 대리권의 존재는 추정된다.
  - 기출) 대리에 의한 매매계약을 원인으로 소유권이전등기가 이루어진 경우, 대리권의 존재는 추정된다. (O) 30회
- **불법말소된 경우** — 물권은 소멸되지 않는다. / 말소된 등기의 최종명의인은 그 회복등기가 경료되기 전이라도 적법한 권리자로 추정된다.
  - 기출) 소유권이전등기가 불법말소된 경우, 말소된 등기의 최종명의인은 그 회복등기가 경료되기 전이라도 적법한 권리자로 추정된다. (O) 25회

3. 인적 범위
- 물권변동의 당사자 사이에 미치는지 여부 : 소유권이전등기가 경료되어 있는 경우 등기명의자는 제3자, 전 소유자에 대하여도 적법한 등기원인에 의하여 소유권을 취득한 것으로 추정 O
  - 기출) 소유권이전등기가 된 경우, 등기명의인은 전 소유자에 대하여 적법한 등기원인에 기한 소유권을 취득한 것으로 추정된다. (O) 25회
- 등기의 추정력 : 등기명의인뿐만 아니라 제3자도 원용할 수 있다.
  - 기출) 등기부상 권리변동의 당사자 사이에서는 등기의 추정력을 원용할 수 없다. (X) 31회
    → 등기명의자는 그 전 소유자(물권변동의 당사자)에 대하여도 적법한 등기원인에 의하여 소유권을 취득한 것으로 추정된다.

4. 보존등기
- 건물 소유권보존등기의 명의자가 신축한 것이 아니라면 그 등기의 권리추정력이 깨진다.
- 보존등기의 명의인이 전 소유자로부터 매수하였다고 주장, 전 소유자가 매도사실을 부인하는 경우에는 보존등기의 추정력이 깨진다.
  - 기출) 건물 소유권보존등기 명의자가 전(前) 소유자로부터 그 건물을 양수하였다고 주장하는 경우, 전(前) 소유자가 양도사실을 부인하더라도 그 보존등기의 추정력은 깨어지지 않는다. (X) 30회
    → 전 소유자가 양도사실을 부인하는 경우에는 보존등기의 추정력이 깨진다.

038 법률의 규정에 의한 부동산물권변동 ★★★

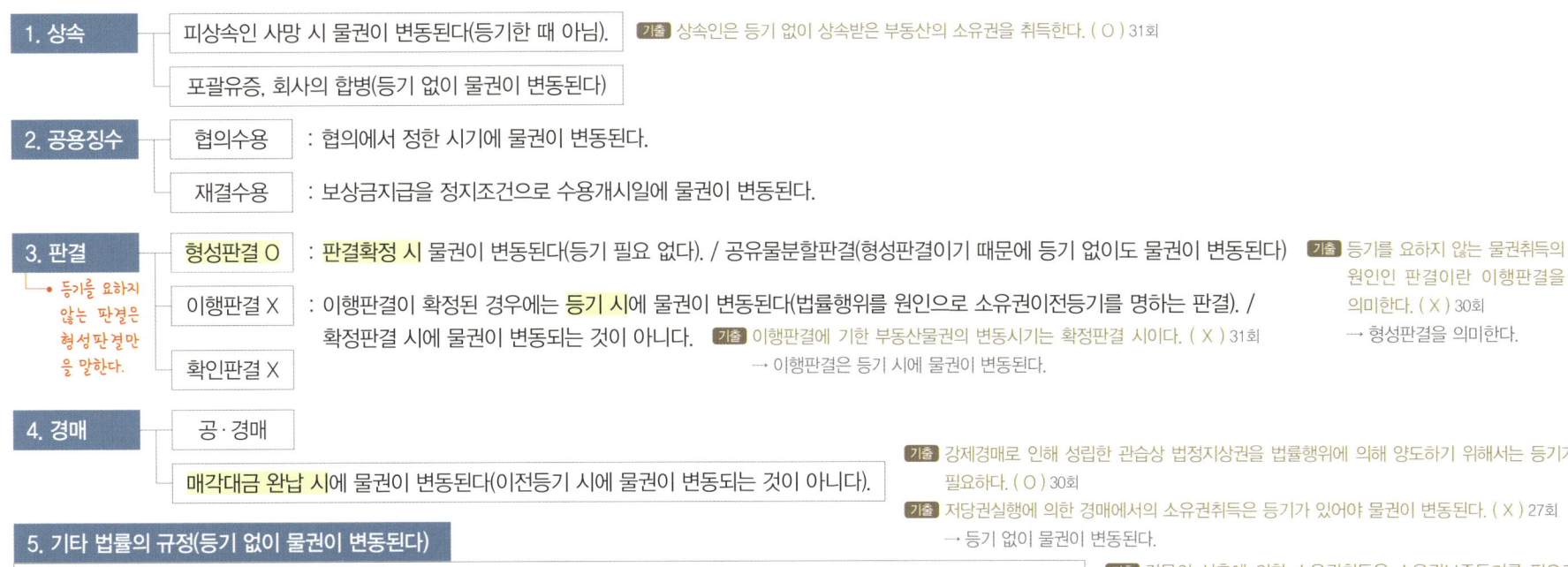

1. **상속**
   - 피상속인 사망 시 물권이 변동된다(등기한 때 아님). → 등기를 요하지 않는다(등기 없이 물권이 변동됨).
     - [기출] 상속인은 등기 없이 상속받은 부동산의 소유권을 취득한다. (O) 31회
   - 포괄유증, 회사의 합병(등기 없이 물권이 변동된다)

2. **공용징수**
   - 협의수용 : 협의에서 정한 시기에 물권이 변동된다.
   - 재결수용 : 보상금지급을 정지조건으로 수용개시일에 물권이 변동된다.

3. **판결** (등기를 요하지 않는 판결은 형성판결만을 말한다.)
   - 형성판결 O : 판결확정 시 물권이 변동된다(등기 필요 없다). / 공유물분할판결(형성판결이기 때문에 등기 없이도 물권이 변동된다)
     - [기출] 등기를 요하지 않는 물권취득의 원인인 판결이란 이행판결을 의미한다. (X) 30회 → 형성판결을 의미한다.
   - 이행판결 X : 이행판결이 확정된 경우에는 등기 시에 물권이 변동된다(법률행위를 원인으로 소유권이전등기를 명하는 판결). / 확정판결 시에 물권이 변동되는 것이 아니다.
     - [기출] 이행판결에 기한 부동산물권의 변동시기는 확정판결 시이다. (X) 31회 → 이행판결은 등기 시에 물권이 변동된다.
   - 확인판결 X

4. **경매**
   - 공·경매
   - 매각대금 완납 시에 물권이 변동된다(이전등기 시에 물권이 변동되는 것이 아니다).
     - [기출] 강제경매로 인해 성립한 관습상 법정지상권을 법률행위에 의해 양도하기 위해서는 등기가 필요하다. (O) 30회
     - [기출] 저당권실행에 의한 경매에서의 소유권취득은 등기가 있어야 물권이 변동된다. (X) 27회 → 등기 없이 물권이 변동된다.

5. **기타 법률의 규정(등기 없이 물권이 변동된다)**
   ① 건물의 신축(등기 없이도 신축자가 원시취득)
   ② 법정지상권의 취득, 관습법상 법정지상권의 취득: 등기 없이 취득한다. / 양도: 등기가 필요하다.
   ③ 원인행위의 실효(무효, 취소, 해제, 합의해제, 해제조건부 법률행위에서 해제조건의 성취)에 의한 물권의 복귀: 말소등기 없이 당연히 복귀된다.
   ④ 피담보채권의 소멸로 인한 저당권의 소멸: 말소등기 없이 당연히 소멸한다.
   ⑤ 목적물의 멸실, 혼동에 의한 물권(지상권, 저당권)의 소멸: 말소등기 없이 당연히 소멸한다.
   ⑥ 존속기간 만료로 인한 용익물권(지상권, 지역권, 전세권)의 소멸: 말소등기 없이 당연히 소멸한다.
   ⑦ 부합, 혼화, 가공에 의한 소유권의 취득: 등기 없이 당연히 취득한다.
   ⑧ 건물전세권의 법정갱신: 등기 없이 당연히 갱신효과가 발생한다.
   ⑨ 구분건물이 구조상·이용상 독립성이 있고 구분행위가 인정된다면 구분등기 없이도 구분소유권을 취득한다(독립된 부동산 O).
   ⑩ 집합건물의 구분소유권을 취득하는 자의 공용부분에 대한 지분: 등기 없이 당연히 취득한다.
   ⑪ 출연부동산 소유권의 법인의 귀속(출연자와 법인 사이: 등기 없이 당연히 법인에게 귀속한다)
   ⑫ 법정저당권의 취득, 분묘기지권의 취득: 등기 없이 당연히 취득한다.

   - [기출] 건물의 신축에 의한 소유권취득은 소유권보존등기를 필요로 하지 않는다. (O) 31회
   - [기출] 관습상 법정지상권은 설정등기 없이 취득한다. (O) 31회
   - [기출] 피담보채권이 소멸하더라도 저당권의 말소등기가 있어야 저당권이 소멸한다. (X) 26회 → 말소등기 없이 당연히 소멸한다.
   - [기출] 법정갱신된 경우의 전세권 취득은 등기가 있어야 물권이 변동된다. (X) 27회 → 등기 없이 당연히 갱신 효과가 발생한다.
   - [기출] 1동의 건물 중 구분된 건물부분이 구조상·이용상 독립성을 갖추고 구분행위로 인하여 구분소유권을 취득하는 경우에는 등기가 있어야 부동산물권을 취득한다. (X) 25회 → 구분등기 없이도 구분소유권을 취득한다.
   - [기출] 분묘기지권의 시효취득은 등기가 있어야 물권이 변동된다. (X) 27회 → 등기 없이 물권이 변동된다.

6. **제187조의 예외(등기 필요 O)** : 부동산의 점유취득시효는 시효완성만으로 물권을 취득하지 못하고, 등기해야 물권을 취득한다(소유권, 지역권의 시효취득).

POINT 02 점유권

039 점유의 관념화 ★★

1. 의의 : 점유권은 현재 사실상 지배하고 있기 때문에 인정되는 권리. 현재 사실상 지배하고 있음에도 불구하고 점유권이 인정되지 않는 경우(점유보조자), 현재 사실상 지배하고 있지 않음에도 불구하고 점유권이 인정되는 경우(간접점유자, 상속인의 점유)를 관념적 점유, 점유의 관념화라고 한다.

2. 상속인
- 점유권은 상속인에게 이전된다.
- 사실상 지배 X, 상속개시 사실을 모른 경우 : 상속인에게 점유권이 인정된다.

3. 점유보조자
- 점유권이 없다(점유자가 아니다). : 점유보호청구권을 행사할 수 없다.
- 자력구제권이 인정된다.
  - [기출] 점유보조자는 자력구제권을 행사할 수 없다. (X) 18회 → 행사할 수 있다.

4. 간접점유자 : 임대인, 전세권설정자
- 요건
  - 점유매개관계가 존재해야 한다.
    - 반드시 유효일 필요는 없다. : 무효인 경우도 간접점유가 인정될 수 있다.
      - [기출] 점유매개관계를 발생시키는 법률행위가 무효라 하더라도 간접점유는 인정될 수 있다. (O) 30회
    - 중첩적으로 발생할 수 있다.
    - 점유매개관계의 **직접점유자**(임차인, 전세권자) : **타주**점유
      - [기출] 점유매개관계의 직접점유자는 타주점유자이다. (O) 29회
      - [기출] 전세권, 임대차, 기타의 관계로 타인으로 하여금 물건을 점유하게 한 자는 간접으로 점유권이 있다. (O) 28회
  - 직접점유자가 존재해야 한다.
- 효과
  - 점유권이 인정된다.
    - 점유보호청구권이 인정된다.
    - 점유취득시효의 기초인 점유에 해당 O
  - 자력구제권은 없다.
  - [기출] 간접점유자에게는 점유보호청구권이 인정되지 않는다. (X) 30회 → 인정된다.
  - [기출] 취득시효의 요건인 점유에는 간접점유가 포함되지 않는다. (X) 33회 → 간접점유도 포함된다.

5. 직접점유자
- 점유권이 인정된다. : 점유보호청구권이 인정된다.
- 자력구제권이 인정된다.

040 점유의 종류 ★★

• 자주점유: 소유자와 동일한 지배를 사실상 행사하려는 의사를 가지고 하는 점유

1. 판단기준
- 소유의사가 있는지 여부 : 점유개시 시를 기준으로 판단
- 외형적·객관적으로 결정된다. : 내심의 의사에 의해서 결정되는 것이 아니다.
  - **기출** 점유자의 점유가 자주점유인지 타주점유인지의 여부는 점유자 내심의 의사에 의하여 결정된다. (X) 26회 → 외형적·객관적으로 결정된다.

2. 소유의사
- 소유의사가 있는 경우 : 자주점유 ➡ 소유자와 동일한 지배를 하려는 의사를 가지고 점유하는 것을 말한다. 소유권이 있다고 믿고서 하는 점유를 의미하는 것이 아니다.
- 소유의사가 없는 경우 : 타주점유

3. 매수인의 점유
- 자주점유(특별한 사정이 없으면)
- 등기를 수반하지 않은 경우(타인권리매매) : 자주점유
- 매수인이 인접토지를 침범해서 점유하고 있는 경우
  - 일부 침범 : 자주점유
  - 상당히 초과 : 타주점유
  - **기출** 실제 면적이 등기된 면적을 상당히 초과하는 토지를 매수하여 인도받은 때에는 특별한 사정이 없으면 초과부분의 점유는 자주점유이다. (X) 29회 → 상당히 초과한 경우는 타주점유이다.
- 매매가 무효인 경우
  - 모르고 점유하고 있는 경우 : 자주점유
    - **기출** 물건을 매수하여 점유하고 있으나 매매가 무효인 것을 모르는 매수인은 자주점유자이다. (O) 19회
  - 알고 점유하고 있는 경우 : 타주점유

4. 타주점유에 해당하는 경우
- 임차인, 전세권자, 유치권자의 점유
- 지상권자, 분묘기지권자의 점유
  - **기출** 타인의 토지 위에 분묘기지권을 취득한 점유자는 특별한 사정이 없는 한 타주점유자에 해당한다. (O) 15회
- 명의신탁에서 명의수탁자의 점유
  - **기출** 甲이 乙과의 명의신탁약정에 따라 자신의 부동산 소유권을 乙명의로 등기한 경우, 乙의 점유는 자주점유이다. (X) 29회 → 명의신탁에서 명의수탁자(乙)의 점유는 타주점유이다.
- 공유자 중 1인이 공유물 전부를 점유하고 있는 경우
  - 자기 지분범위 : 자주점유
  - 다른 공유자의 지분범위 : 타주점유
- 악의의 무단점유 : 자주점유 추정은 깨진다.
  - **기출** 부동산에 대한 악의의 무단점유는 점유취득시효의 기초인 자주점유로 추정된다. (X) 30회 → 악의의 무단점유는 타주점유에 해당한다.

5. 자주점유에서 타주점유로 전환되는 경우
- 부동산매도 후 매도인의 점유(매수인에게 인도의무를 부담한다)
  - **기출** 목적물의 인도의무를 지고 있는 매도인인 점유자는 특별한 사정이 없는 한 타주점유자에 해당한다. (O) 15회
- 경락결정 후의 종전 소유자의 점유(경락인에게 인도의무를 부담한다)

6. 타주점유에서 자주점유로 전환되는 경우: 타주점유자가 새로운 권원에 의해서 소유의 의사를 가지고 점유를 시작한 경우

7. 자주점유인지 타주점유인지 불분명한 경우: 소유의사로 점유하는 것으로 추정(자주점유 추정) [기출] 권원의 성질상 자주점유인지 타주점유인지 불분명한 점유는 자주점유로 추정된다. (O) 19회

041 점유의 추정력 ★★

1. 자주점유의 추정
- 점유자는 **소**유의 의사로 **선**의, **평**온 및 **공**연하게 점유한 것으로 **추**정된다.
  : 자주점유가 추정되기 때문에 점유자는 스스로 자주점유를 입증할 책임이 없다.
- 선의의 점유자라도 본권에 관한 소에 패소한 때에는 그 **소가 제기된 때로부터** 악의의 점유자로 본다(패소판결 확정 시 X).

[기출] 점유자는 소유의 의사로 과실 없이 점유한 것으로 추정한다. (X) 29회
→ 선의, 평온 및 공연하게 점유한 것으로 추정한다.

[기출] 선의의 점유자가 본권에 관한 소에 패소한 경우, 그 자는 패소가 확정된 때부터 악의의 점유자로 본다. (X) 33회 → 소가 제기된 때부터 악의의 점유자로 본다.

윤's 암기포인트

소공평은 **선추**

2. 점유계속의 추정
- 동일인이 전후양시에 점유한 경우 : 점유계속은 **추정된다**. [기출] 전후양시에 점유한 사실이 있는 때에는 그 점유는 계속한 것으로 추정한다. (O) 28회
- 전후 양 시점에 점유자가 **다른 경우** : 점유계속은 **추정된다**(점유의 승계가 입증된 경우). [기출] 전후 양 시점의 점유자가 다른 경우 점유승계가 증명되면 점유계속은 추정된다. (O) 32회

3. 권리적법의 추정
- 점유자가 점유물에 대하여 행사하는 권리는 적법하게 보유한 것으로 추정된다. [기출] 점유자가 점유물에 대하여 행사하는 권리는 적법하게 보유한 것으로 추정한다. (O) 28회
- 동산물권 : 권리적법 추정 규정이 **적용 O**
- 부동산물권 : 권리적법 추정 규정이 **적용 X**

4. 점유의 분리·병합
- 점유자의 승계인은 자기의 점유만을 주장하거나 자기의 점유와 전 점유자의 점유를 아울러 주장할 수 있다. : 점유의 분리·병합을 선택할 수 있다. / 포괄승계인: 자기의 점유만 주장 X
- 병합 시 하자도 승계 : 점유자의 특정승계인이 자기의 점유와 전 점유자의 점유를 아울러 주장하는 경우에는 **하자도 승계한다.**

[기출] 점유자의 특정승계인이 자기의 점유와 전(前) 점유자의 점유를 아울러 주장하는 경우, 그 하자도 승계한다. (O) 26회

043 점유물반환청구권(점유의 회수) 및 방해제거청구권(점유의 보유) ★★

• 점유자의 점유가 침탈당한 경우에 점유자를 보호하기 위해서 침탈자를 상대로 점유물의 반환을 청구할 수 있는 권리

1. 반환청구권 요건

- **점유의 침탈이 있어야 한다.**
  - 점유자의 의사에 반하여, 즉 점유자의 의사에 의하지 않고 점유를 상실하는 것
  - **사기**에 의해서 물건을 명도한 경우 : 침탈이 아니다. 반환청구권을 행사할 수 **없다**.
    - [기출] 점유자가 상대방의 사기에 의해 물건을 인도한 경우 점유침탈을 이유로 한 점유물반환청구권은 발생하지 않는다. (O) 32회
  - 직접점유자가 점유물을 **임의로 양도**한 경우 : 침탈이 아니다. 간접점유자는 반환청구권을 행사할 수 **없다**.
    - [기출] 직접점유자가 그 점유를 임의로 양도한 경우, 그 점유이전이 간접점유자의 의사에 반하더라도 간접점유가 침탈된 것은 아니다. (O) 30회

- **침탈자의 고의 또는 과실은 요건이 아니다.** : 침탈자의 고의 또는 과실이 없어도 점유권자는 반환청구권을 행사할 수 있다.

- **청구권자**
  - 점유권자(직접점유자, 간접점유자)
    - [기출] 제3자가 직접점유자의 점유를 방해한 경우, 특별한 사정이 없는 한 간접점유자에게는 점유권에 기한 방해배제청구권이 인정되지 않는다. (X) 33회 → 간접점유자도 점유물의 반환을 청구할 수 있다.
  - 점유보조자(점유권이 없다) : 청구권자 X, 점유물반환청구권 행사 X
    - [기출] 乙의 점유보조자 甲은 원칙적으로 점유물반환청구권을 행사할 수 없다. (O) 21회

- **상대방**
  - **현재** 점유를 **침해**하는 상태에 있는 자(직접무단점유자·간접무단점유자 모두)
    - [기출] 타인의 점유를 침탈한 뒤 제3자에 의해 점유를 침탈당한 자는 점유물반환청구권의 상대방이 될 수 있다. (X) 35회
    - → 현재 점유를 침해하고 있는 자를 상대로 청구해야 한다.
  - 침탈자 O / 침탈자의 포괄승계인 O(선의·악의 모두)
  - 침탈자의 특별승계인 악의: 상대방 O / 선의: 상대방 X

- **행사기간의 제한**
  - 침탈을 당한 날부터 1년
  - 1년(**출소기간**, 제척기간)
    - [기출] 甲이 점유하는 물건을 乙이 침탈한 경우, 甲은 침탈당한 날로부터 1년 내에 점유물의 반환을 청구하여야 한다. (O) 21회
  - 방해제거청구권: 1년(**출소기간**, 제척기간)

- **간접점유자의 점유물반환청구권**
  - 간접점유자도 행사할 수 있다.
  - **직접점유자**에게 반환할 것을 청구
  - 직접점유자가 그 물건의 반환을 받을 수 없거나 원하지 아니하는 때에는 간접점유자는 자기에게 반환할 것을 청구할 수 있다.

2. 반환청구권 효과
- 점유자는 점유물의 반환 및 손해배상을 청구할 수 있다.
- 손해배상청구 : 침탈자의 고의 또는 과실을 요한다(근거: 불법행위).

3. 방해제거청구권

점유의 보유(제205조)

① 점유자가 점유의 방해를 받은 때에는 그 방해의 제거 **및** 손해의 배상을 청구할 수 있다.
② 전항의 청구권은 방해가 종료한 날로부터 1년 내에 행사하여야 한다.
③ 공사로 인하여 점유의 방해를 받은 경우에는 **공사착수 후 1년을 경과하거나 그 공사가 완성한 때에는** 방해의 제거를 **청구하지 못한다**.

4. 점유의 소와 본권의 소와의 관계

점유의 소와 본권의 소와의 관계(제208조)

① 점유권에 기인한 소와 본권에 기인한 소는 서로 영향을 미치지 아니한다.
② 점유권에 기인한 소는 본권에 관한 이유로 **재판하지 못한다**.

POINT 03 소유권

044 상린관계

1. 총설
- 서로 인접한 **부동산** 소유자 상호 간의 이용관계를 규율
- 상린권은 독립된 권리가 아니라 소유권의 내용
- 상린권: 소멸시효에 걸리지 않는다.
- 임의규정
- 지상권, 전세권에 준용된다.

2. 인지사용청구권(제216조)
- 이웃토지 사용을 청구할 수 있다. : 승낙이 없으면 소송을 제기해서 판결로 승낙에 갈음할 수 있다.
- 주거사용을 청구할 수 있다. : 승낙이 없는 경우 소송을 제기할 수 없다(판결로 승낙에 갈음할 수 없다).

3. 주위토지통행권
: 주위의 토지를 통행하지 않으면 공로로 출입할 수 없거나 과다한 비용을 요하는 경우에 주위토지를 통행할 수 있는 권리를 말한다.

- 원칙: 유상주위토지통행권 : 보상의무 O
- 예외: 무상주위토지통행권 : 보상의무 X
  - 직접 분할자 상호 간, 일부양도 당사자 간에 인정
  - 특정승계인: 무상주위토지통행권 인정 X

4. 적중판례
① 이미 그 소유 토지의 용도에 필요한 통로가 있는 경우: 그 통로를 사용하는 것보다 더 편리하다는 이유만으로 다른 장소로 통행할 권리를 인정하지 않는다.
② 이미 기존의 통로가 있더라도 그것이 당해 토지의 이용에 부적합하여 실제로 통로로서의 충분한 기능을 하지 못하고 있는 경우: 주위토지통행권이 인정된다.
③ 주위토지통행권의 본래적 기능발휘를 위하여 그 통행에 방해가 되는 담장과 같은 축조물도 위 통행권의 행사에 의하여 철거되어야 하는 것이고, 그 담장이 비록 당초에는 적법하게 설치되었던 것이라 하더라도 그 철거의 의무에는 영향이 없다.
④ 일단 주위토지통행권이 발생하였다고 하더라도 나중에 그 토지에 접하는 공로가 개설됨으로써 주위토지통행권을 인정할 필요성이 없어진 때: 그 통행권은 소멸한다.

5. 상린관계 법조문

자연유수의 승수의무와 권리(제221조)
① 토지소유자는 이웃 토지로부터 자연히 흘러오는 물을 막지 못한다.

여수급여청구권(제228조)
토지소유자는 과다한 비용이나 노력을 요하지 아니하고는 가용이나 토지이용에 필요한 물을 얻기 곤란한 때에는 이웃 토지소유자에게 보상하고 여수의 급여를 청구할 수 있다.

경계표, 담의 설치권(제237조)
① 인접하여 토지를 소유한 자는 공동비용으로 통상의 경계표나 담을 설치할 수 있다.
② 전항의 비용은 쌍방이 절반하여 부담한다. 그러나 측량비용은 토지의 면적에 비례하여 부담한다.
③ 전2항의 규정은 다른 관습이 있으면 그 관습에 의한다.

담의 특수시설권(제238조)
인지소유자는 자기의 비용으로 담의 재료를 통상보다 양호한 것으로 할 수 있으며, 그 높이를 통상보다 높게 할 수 있고 또는 방화벽 기타 특수시설을 할 수 있다.

경계표 등의 공유추정(제239조)
경계에 설치된 경계표, 담, 구거 등은 상린자의 공유로 추정한다. 그러나 경계표, 담, 구거 등이 상린자 일방의 단독비용으로 설치되었거나 담이 건물의 일부인 경우에는 그러하지 아니하다.

수지, 목근의 제거권(제240조)
① 인접지의 수목가지가 경계를 넘은 때에는 그 소유자에 대하여 가지의 제거를 청구할 수 있다.
② 전항의 청구에 응하지 아니한 때에는 청구자가 그 가지를 제거할 수 있다.
③ 인접지의 수목뿌리가 경계를 넘은 때에는 임의로 제거할 수 있다.

경계선부근의 건축(제242조)
① 건물을 축조함에는 특별한 관습이 없으면 경계로부터 반미터 이상의 거리를 두어야 한다.
② 인접지소유자는 전항의 규정에 위반한 자에 대하여 건물의 변경이나 철거를 청구할 수 있다. 그러나 건축에 착수한 후 1년을 경과하거나 건물이 완성된 후에는 손해배상만을 청구할 수 있다.

차면시설의무(제243조)
경계로부터 2미터 이내의 거리에서 이웃 주택의 내부를 관망할 수 있는 창이나 마루를 설치하는 경우에는 적당한 차면시설을 하여야 한다.

지하시설 등에 대한 제한(제244조)
① 우물을 파거나 용수, 하수 또는 오물 등을 저치할 지하시설을 하는 때에는 경계로부터 2미터 이상의 거리를 두어야 하며 저수지, 구거 또는 지하실 공사에는 경계로부터 그 깊이의 반 이상의 거리를 두어야 한다.

045 부동산소유권의 점유취득시효 일반론 (국가나 지방자치단체도 부동산점유취득시효를 주장할 수 있다) ★★

• 어떤 물건에 대해서 어떤 자(권리가 없는 무권리자)가 권리를 가지고 있는 듯한 외관이 존재하고 이러한 상태로 일정한 기간이 경과한 경우에는 그것이 진실한 권리관계와 일치하는지의 여부를 불문하고 그 계속된 권리상태를 존중하여 그 외관상의 권리자에게 권리취득의 효과를 인정해 주는 제도

1. 객체(대상)

- **자기소유의 부동산** : 인정 O
- **1필 토지의 일부** : 인정 O, 분할절차를 통해 분필등기를 하면 소유권을 취득한다.
  - 기출) 1필의 토지 일부에 대한 점유취득시효는 인정될 여지가 없다. (X) 30회
  - → 분할절차를 통해 분필등기를 하면 점유취득시효가 인정될 수 있다.
- **국유재산** : 원칙(인정 X, 행정재산) / 예외(인정 O, 일반재산에 대해서만)
  - 기출) 국유재산도 취득시효기간 동안 계속하여 일반재산인 경우 취득시효의 대상이 된다. (O) 32회
- **공유지분** : 인정 O
- **집합건물의 공용부분** : 인정 X
  - 기출) 집합건물의 공용부분은 별도로 취득시효의 대상이 되지 않는다. (O) 30회

2. 인정되는 권리

- **인정 O** : 소유권, 지상권, 분묘기지권, 지역권(계속되고 표현된 지역권)
- **인정 X** : 점유권, 유치권, 저당권

3. 기산점 선택

- **원칙** : 임의선택 X(점유개시 시를 기산점으로 한다)
- **예외** : 임의선택 O(점유기간 중 소유자 변동이 없으면)

4. 성립요건

- **20년, 소유의사로 평온, 공연히 점유(직접·간접점유 모두 포함)** : 타주점유자는 소유권을 시효취득할 수 없다.
  - 기출) 타주점유자는 자신이 점유하는 부동산에 대한 소유권을 시효취득할 수 없다. (O) 33회
- **자주점유는 추정되므로 점유자는 스스로 자주점유를 증명할 책임 X**
  - 기출) 시효취득을 주장하는 점유자는 자주점유를 증명할 책임이 있다. (X) 23회
  - → 자주점유는 추정되기 때문에 점유자는 증명할 책임이 없다.
- **명의수탁자** : 취득시효를 주장할 수 없다.
  - 기출) 부동산명의수탁자는 신탁부동산을 점유시효취득할 수 없다. (O) 22회
- **간접점유** : 간접점유를 통해서 취득시효를 주장할 수 있다.

5. 시효완성 효과

- **소유권이전등기청구권 취득** (소유권을 취득하는 것이 아니다) : 채권적 청구권(소유권이전등기를 경료하면 소유권을 취득한다) / 원소유자의 동의 없이도 소유권이전등기청구권을 양도할 수 있다.
  - 기출) 시효취득자는 취득시효의 완성으로 바로 소유권을 취득할 수 없고, 이를 원인으로 소유권이전등기청구권이 발생할 뿐이다. (O) 24회
  - 기출) 취득시효완성으로 인한 소유권이전등기청구권은 원소유자의 동의가 없어도 제3자에게 양도할 수 있다. (O) 31회
- **원시취득** : 승계취득 X
  - 기출) 시효완성으로 인한 소유권취득은 승계취득이다. (X) 20회 → 원시취득이다.
- **소급효 O** : 점유를 개시한 때로 소급한다.
  - 기출) 취득시효로 인한 소유권취득의 효과는 점유를 개시한 때에 소급한다. (O) 22회
- **미등기부동산** : 시효완성만으로 소유권을 취득하지는 못하고 등기해야 소유권을 취득한다.

046 부동산 점유취득시효의 유형별 쟁점정리 ★★★

1. 시효완성자(乙)와 시효완성 당시의 소유자(甲)의 법률관계

- 甲이 乙에게 부당이득반환청구권을 행사할 수 있을까? : 청구할 수 **없다**. / 취득시효기간 중 임대, 임료는 乙이 취득한다.
  - **기출** 취득시효완성 후 소유권이전등기를 마치지 않은 시효완성자는 소유자에 대하여 취득시효기간 중의 점유로 발생한 부당이득의 반환의무가 없다. (O) 32회
- 甲이 乙에게 불법행위에 의한 손해배상청구권을 행사할 수 있을까? : 청구할 수 **없다**.
- 甲이 乙에게 토지인도와 건물철거를 청구할 수 있을까? : 청구할 수 **없다**.
- 甲 명의의 등기가 **무효등기**인 경우
  - ① 甲은 소유권이전등기청구의 **상대방이 될 수 없다**.
    乙은 甲(진정소유자가 아님)을 상대로 소유권이전등기를 청구할 수 없다.
  - ② 乙은 진정소유자를 대위해서 말소등기를 청구 O(직접 말소등기청구할 수 없다)
  - **기출** 시효완성 당시의 소유권보존등기 또는 이전등기가 무효라면 원칙적으로 그 등기명의인은 시효완성을 원인으로 한 소유권이전등기청구의 상대방이 될 수 없다. (O) 20회
- 甲이 무단으로 담장을 설치한 경우 : 乙은 담장철거를 청구할 수 있다(점유권에 의한 방해제거청구).
  - **기출** 취득시효가 완성된 점유자는 토지소유자가 시효완성 후 당해 토지에 무단으로 담장 등을 설치하더라도 그 철거를 청구할 수 없다. (X) 23회
  → 철거를 청구할 수 있다.

2. 시효완성 전에 소유자가 변경된 경우의 법률관계

- 乙이 새로운 소유자에게 취득시효를 주장할 수 있을까? : **주장할 수 있다**.
- 취득시효기간 만료 전 소유자변경이 시효중단사유일까? : 취득시효 중단사유가 아니다(중단되지 않는다).
- 시효진행 중 부동산이 전전양도된 후 시효가 완성된 경우 시효완성을 주장할 수 있을까? : 시효완성한 자는 현재소유자(최종 등기명의인)에게 소유권이전등기를 청구할 수 있다(시효완성을 **주장할 수 있다**).
  - **기출** 시효진행 중에 목적부동산이 전전양도된 후 시효가 완성된 경우, 시효완성자는 최종등기명의자에 대해 이전등기를 청구할 수 있다. (O) 23회

3. 시효완성 후에 소유자가 변경된 경우의 법률관계

(1) 시효완성자(乙)와 제3자(丙)의 법률관계
- 원칙 : 乙은 丙에게 취득시효를 **주장할 수 없다**.
  - **기출** 취득시효완성 후 이전등기 전에 제3자 앞으로 소유권이전등기가 경료되면 시효취득자는 등기명의자에게 시효취득을 주장할 수 없음이 원칙이다. (O) 22회
- 예외 : 乙은 丙에게 취득시효를 **주장할 수 있다**.
  - ① 제3자의 등기가 무효등기인 경우: 乙은 甲을 **대위**해서 말소등기청구권을 행사(직접 말소등기청구 X)하고 순차적으로 甲을 상대로 소유권이전등기청구권을 행사하면 된다.
  - ② 제3자가 **상속인**인 경우: 乙은 상속인을 상대로 **직접** 소유권이전등기청구권을 행사할 수 있다.
  - ③ **甲이 다시 소유권을 회복**한 경우: 乙은 甲에게 소유권이전등기청구권을 **행사할 수 있다**.
  - ④ **재취득시효**: 丙에 대한 관계에서 20년이 경과하면 乙은 丙을 상대로 소유권이전등기청구권을 행사할 수 있다.

(2) 대상(代償)청구권
- 인정된다. : 불능 전(수용 전)에 시효완성자가 권리를 주장한 경우에 인정된다.
- 시효완성 후 등기 전에 수용된 경우 : 시효완성자는 보상금청구권의 **양도**를 청구할 수 있다.

(3) 시효완성자(乙)와 시효완성 당시의 소유자(甲)의 법률관계

- **채무불이행책임이 인정될까?**
  - 乙은 甲에게 채무불이행책임을 물을 수 없다.
  - 계약상의 채권·채무관계는 성립하지 않는다.

> [기출] 시효취득으로 인한 소유권이전등기청구권이 발생하면 부동산소유자와 시효취득자 사이에 계약상의 채권관계가 성립한 것으로 본다. (X) 24회 → 계약상의 채권·채무관계는 성립하지 않는다.

- **불법행위책임이 인정될까?**
  - 시효완성사실을 甲이 **알고** 처분한 경우 : 甲은 乙에게 불법행위책임을 부담한다.
  - 시효완성사실을 甲이 **모르고** 처분한 경우 : 甲은 乙에게 불법행위책임이 없다.

4. 시효완성 전에 점유자가 변경된 경우의 법률관계
: 점유를 승계한 사람은 시효완성을 주장할 수 있다.

5. 시효완성 후 점유자의 변경 (제3자 丙이 점유를 승계한 경우)
: 자기 또는 전 점유자의 점유 개시일 중 임의로 기산점을 선택할 수 있다(점유의 분리, 병합을 선택할 수 있기 때문).

- **丙이 甲에게 직접 소유권이전등기를 청구할 수 있을까?**
  - 丙이 乙의 취득시효완성의 효과를 주장하는 경우 : 丙은 직접 등기를 청구할 수 없고, 乙을 **대위**해서 등기를 청구하면 된다.
  - 丙이 자신의 취득시효완성의 효과를 주장하는 경우 : 丙은 甲에게 직접 등기를 청구할 수 있다.

- **소유권이전등기청구권의 소멸시효가 진행할까?**
  - 乙이 계속 점유, 사용하고 있는 경우 : 소멸시효는 **진행 X**
  - 乙이 점유를 상실한 경우 : 소멸시효는 **진행 O**(점유를 상실한 때부터) / 소유권이전등기청구권이 즉시 소멸되는 것은 아니고, 10년 후에 소멸한다.

> [기출] 시효취득자의 점유가 계속되는 동안 이미 발생한 소유권이전등기청구권은 시효로 소멸하지 않는다. (O) 24회

6. 관련 중요판례
시효완성 후, 甲이 제3자에게 근저당권을 설정하고 이후 시효완성자 乙이 채무를 변제한 경우, 乙은 甲에게 구상권을 행사하거나 부당이득반환을 청구할 수 있을까? ▶ 乙 자신을 위해서 변제를 한 것이기 때문에 甲에게 **구상권이나 부당이득반환청구권을 행사할 수 없다.**

---

047 등기부취득시효 ★

1. 점유자 명의의 등기가 있을 것
- 유효등기, 무효등기 모두 가능 : 1부동산 1등기기록주의에는 부합해야 한다.
- 이중의 무효등기(중복등기) : 등기부취득시효 **인정 X**

> [기출] 중복등기로 인해 무효인 소유권보존등기에 기한 등기부취득시효는 부정된다. (O) 31회

2. 소유의사, 10년 동안 점유, 등기
: 10년간 반드시 점유자 명의로 등기되어 있어야 하는 것은 아니고 앞 사람의 등기까지 아울러 그 기간 동안 부동산의 소유자로 등기되어 있으면 된다(등기의 승계가 인정된다).

3. 선의 그리고 무과실 점유
: 점유개시 시에만 있으면 충분하다.

> [기출] 등기부취득시효가 완성되기 위해서는 점유자 乙이 과실 없이 점유를 개시하여야 한다. (O) 19회

4. 시효완성 후 점유자 명의의 등기가 원인 없이 말소되거나 이전된 경우 소유권을 상실할까?
: 이미 취득한 **소유권을 상실하지 않는다.**

> [기출] 점유자 乙이 등기부취득시효의 완성으로 시효취득한 후에 그 부동산에 관한 乙 명의의 등기가 불법말소된 경우 乙은 소유권을 상실한다. (X) 19회 → 이미 취득한 소유권은 상실되지 않는다.

048 공유 ★★★ / 합유

- 조합체가 물건을 소유하는 형태(동업계약)
- 하나의 물건을 2인 이상이 공동의 목적 없이 우연한 기회에 지분을 가지고 소유하는 형태

1. 공유지분

- **지분비율** : 지분은 균등한 것으로 추정
- **지분의 처분**
  - 지분처분의 자유 O(지분에 저당권을 설정할 수 있다)
  - 합유지분의 처분 : 합유자 전원의 동의를 요한다.

  [기출] 공유자끼리 그 지분을 교환하는 것은 지분권의 처분이므로 이를 위해서는 교환당사자가 아닌 다른 공유자의 동의가 필요하다. (X) 33회
  → 지분은 동의 없이 자유롭게 처분할 수 있다.

- **지분의 탄력성**
  - 공유자가 지분을 포기, 상속인 없이 사망한 경우 : 지분은 다른 공유자에게 **지분비율**로 귀속된다.
  - 상속인이 있는 경우 : 상속인이 지분을 상속한다. / **합유**에서는 상속인이 지분을 **상속하지 못한다.**

  [기출] 합유자 중 1인이 사망하면 그의 상속인이 합유자의 지위를 승계한다. (X) 34회
  → 합유는 합유자 간의 신뢰관계가 중요하기 때문에 합유지분의 상속은 인정되지 않는다.

- **지분을 포기하는 행위**
  - 법률행위(상대방 있는 단독행위)
  - **등기해야** 지분포기의 효과가 있다.

  [기출] 부동산 공유 중 일부가 자신의 공유지분을 포기한 경우, 등기를 하지 않아도 공유지분 포기에 따른 물권변동의 효력이 발생한다. (X) 33회 → 등기하여야 효력이 발생한다.

2. 공유물의 **보존행위**

- 각자 **단독**으로 할 수 있다. : 합유에서도 동일하다(각자 단독).
- 공유물의 현상유지행위를 의미한다.
- 예 공유물에 대한 반환청구, 방해제거청구, 말소등기청구

[기출] 부동산 공유자 중 1인은 공유물에 관한 보존행위로서 그 공유물에 마쳐진 제3자 명의의 원인무효등기 전부의 말소를 구할 수 없다. (X) 28회 → 말소를 구할 수 있다.

3. 공유물의 **관리행위**

공유토지 위에 건물을 신축: 관리행위 아니다.

- 지분의 과반수로 결정한다. : 합유(합유자 과반수)
- 과반수지분권자가 공유물의 전부 또는 특정부분을 배타적 사용·수익하기로 정하는 것도 관리방법에 해당할까? : 관리행위에 해당하고 관리행위로 적법하다.
- 공유물에 대해서 임대차계약을 체결하거나 해지하는 행위가 관리행위에 해당할까? : 관리행위에 해당한다.

  [기출] 공유자 전원이 임대인으로 되어 공유물을 임대한 경우, 그 임대차계약을 해지하는 것은 특별한 사정이 없는 한 공유물의 보존행위이다. (X) 30회 → 관리행위에 해당한다.

- 「상가건물 임대차보호법」상 임차인의 계약갱신요구에 대해서 임대인이 갱신거절하는 행위가 관리행위에 해당할까? : 관리행위에 해당한다(지분의 과반수로 결정).
- **과반수**지분권자가 단독으로 공유물의 전부를 제3자에게 **임대**한 경우 : 임차인의 점유는 적법
  ① 관리방법으로 적법하다. / 다른 공유자는 **임차인에게** 공유물의 반환청구 X, 부당이득반환청구 X
  ② 다른 공유자는 **과반수지분권자에게** 부당이득반환청구 O(전부 X, 자기지분 범위 내에서 청구)

  [기출] 과반수지분권자가 단독으로 공유토지를 임대한 경우, 소수지분권자는 과반수지분권자에게 부당이득반환을 청구할 수 없다. (X) 30회
  → 자기지분 범위에서 부당이득반환을 청구할 수 있다.

4. 공유물의 변경, 처분행위

- 공유자 **전원 동의 요함**(합유에서도 동일) : 다른 공유자의 동의 없이 공유물을 처분, 변경할 수 없다.
- 공유토지 위에 **건물을 신축**하는 행위 : 공유물의 변경, 처분행위 O(**관리행위 X**)

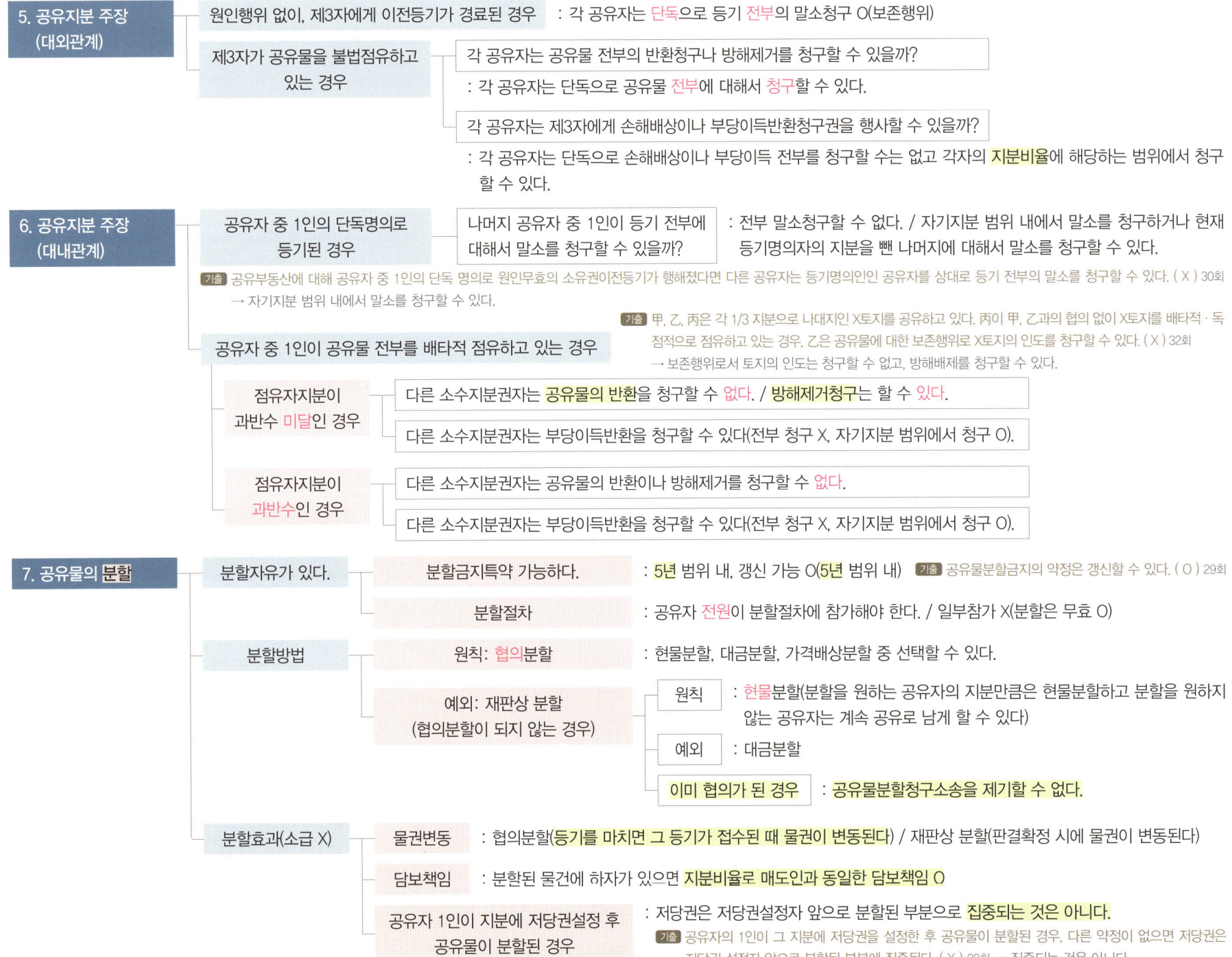

POINT 04 용익물권

049 지상권 ★★★

└ 타인의 토지 위에 건물 기타 공작물이나 수목을 소유하기 위하여 그 타인의 토지를 사용할 수 있는 권리

1. 담보지상권(판례): 저당권이 설정된 나대지의 담보가치 하락을 막기 위해 저당권자 명의의 지상권이 설정된 경우, 피담보채권이 변제로 소멸한 경우 저당권이 소멸하고, **지상권도 소멸한다.** [기출] 담보목적의 지상권이 설정된 경우 피담보채권이 변제로 소멸하면 그 지상권도 소멸한다. (O) 32회

2. 성질 및 객체
- 타물권
- 양도, 상속 가능하다. [기출] 지상권자는 토지소유자의 의사에 반하여도 자유롭게 타인에게 지상권을 양도할 수 있다. (O) 28회
- 객체(목적물)
  - • 토지(1필 토지 전부, 일부 O)
  - 지상권설정계약 당시 건물 기타 공작물이 없는 경우 : 지상권은 성립할 수 있다. [기출] 지상권설정계약 당시 건물 기타 공작물이 없더라도 지상권은 유효하게 성립할 수 있다. (O) 28회
  - 지상건물이 전부 멸실된 경우 : **지상권은 소멸 X, 존속한다.** [기출] 지상권설정이 목적이 된 건물이 전부 멸실하면 지상권은 소멸한다. (X) 23회 → 지상권은 소멸하지 않고 존속한다.

3. 존속기간
- 약정이 있는 경우
  - 최단기 제한 : 있다.
  - 최장기 제한 : 없다(**영구무한**의 지상권도 인정된다).
- 약정이 없는 경우
  - 지상물의 구조와 종류를 정한 경우 : 최단기간으로 본다(30년, 15년, 5년). [기출] 상당기간 내구력을 가지며 용이하게 해체할 수 없는 건물의 소유를 목적으로 하는 지상권의 존속기간은 약정이 없으면 30년이다. (O) 17회
  - 공작물의 종류와 구조를 정하지 않은 경우 : 15년으로 본다.

4. 지상권자의 토지사용권

: 지상권자는 토지를 배타적으로 점유하여 사용할 수 있다(지상권도 있고 점유권도 있다).

- 물권적 청구권이 인정될까? : 지상권에 기한 물권적 청구권이 인정된다. / **점유권**에 기한 물권적 청구권이 인정된다.
- 상린관계 규정이 준용될까? : 상린관계 규정이 지상권에도 준용된다.
- 지상권이 설정된 토지를 양수한 사람이 지상권 존속 중에 지상권자에게 토지인도를 청구할 수 있을까? : 지상권자에게 토지인도를 청구할 수 없다. [기출] 지상권이 설정된 토지를 양수한 자는 지상권자에게 그 토지의 인도를 청구할 수 없다. (O) 23회

5. 지상권의 처분
① 지상권의 양도, 임대(제282조): 지상권자는 타인에게 그 권리를 양도하거나 그 권리의 존속기간 내에서 그 토지를 임대할 수 있다.
② 지상권처분의 자유가 있다(절대적 보장).
③ 토지소유자의 의사에 반해서 지상권자는 지상권을 양도할 수 있다.
④ 강행규정: 처분금지특약은 무효이다.

6. 지료

- **지료의 지급은 지상권의 성립요소일까?** : 지료는 성립요소가 아니다(유상, 무상의 지상권 모두 가능하다).

  [기출] 지료의 지급은 지상권의 성립요소이다. (X) 31회 → 성립요소가 아니다.

- **지료지급약정이 있는 경우** : 지료지급의무가 있다(유상의 지상권이 성립한다).

- **지료연체의 효과**
  ① 지상권소멸청구(제287조): 지상권자가 **2년** 이상의 지료를 지급하지 아니한 때에는 지상권설정자는 지상권의 소멸을 청구할 수 있다(2년 미만의 약정: 무효).
  ② 저당권자에 대한 통지(제288조): 지상권이 저당권의 목적인 때 또는 그 토지에 있는 건물, 수목이 저당권의 목적이 된 때에는 지상권의 소멸청구는 저당권자에게 통지한 후 **상당한 기간이 경과**함으로써 그 효력이 생긴다.
  ③ 법정지상권, 관습법상 법정지상권자가 지료를 2년 이상 연체한 경우: 토지소유자는 지상권의 소멸을 청구할 수 있다.
  ④ 토지소유권 양도 전후에 지료의 연체가 있는 경우, 합산 주장 가능 여부: **합산 주장할 수 없다.** / 양수인(특정인)에 대한 관계에서 2년분 이상이면 지상권 소멸을 청구할 수 있다.

[기출] 지상권이 저당권의 목적인 경우 지료연체를 이유로 한 지상권소멸청구는 저당권자에게 통지하면 즉시 그 효력이 생긴다. (X) 28회 → 통지한 후 상당한 기간이 경과함으로써 그 효력이 생긴다.

[기출] 지상권자의 지료지급 연체가 토지소유권의 양도 전후에 걸쳐 이루어진 경우, 토지양수인은 자신에 대한 연체기간이 2년 미만이더라도 지상권의 소멸을 청구할 수 있다. (X) 32회 → 양수인은 자신에 대한 연체기간이 2년 이상이어야 지상권의 소멸을 청구할 수 있다.

[기출] 지료체납 중 토지소유권이 양도된 경우, 양도 전·후를 통산하여 2년에 이르면 지상권소멸청구를 할 수 있다. (X) 31회 → 양도 전후의 지료체납을 통산할 수는 없다.

7. 소멸의 효과

- **지상권자**
  ① 지상물을 수거하여 원상회복의무를 부담
  ② 계약갱신청구권을 행사하고 거절당하면 **지상물매수청구권을 행사할 수 있다**(형성권, 지상권설정자는 정당한 이유 없이 거절할 수 없다).

- **비용상환청구권** : 필요비는 청구할 수 없다. / 유익비는 청구할 수 있다.

- **지상권설정자** : **지상물매수청구권을 행사할 수 있다**(형성권, 지상권자는 정당한 이유 없이 거절할 수 없다).

[기출] 기간만료로 지상권이 소멸하면 지상권자는 갱신청구권을 행사할 수 있다. (O) 31회

---

050 특수지상권

1. 구분지상권(제289조의2)

지하 또는 지상의 공간은 상하의 범위를 정하여 건물 기타 공작물을 소유하기 위한 지상권의 목적으로 할 수 있다. 이 경우 설정행위로써 지상권의 행사를 위하여 토지의 사용을 제한할 수 있다.

- 수목 소유 목적 X
- 토지 상하 범위를 정해서 반드시 등기해야 함
- 지상권 규정이 구분지상권에도 준용 O(물권적 청구권, 상린관계)

051 지역권 ★★★

• 요역지의 편익을 위하여 승역지를 이용하는 용익물권 / 요역지(주)와 지역권(종)은 운명을 함께한다.

1. 의의 : 지역권자가 일정한 목적을 위하여 타인의 토지를 자기토지의 편익에 이용하는 권리

2. 기본 쟁점

- 요역지와 승역지
  - 요역지 : 1필 토지의 전부 O, 1필 토지의 일부 X 〔기출〕 요역지는 1필의 토지 일부라도 무방하다. (X) 33회 → 1필 토지의 전부만 인정된다.
  - 승역지 : 1필 토지의 전부 O, 1필 토지의 일부 O(1필 토지 일부에 지역권을 설정할 수 있다)

- 지료지급이 지역권의 성립요소일까?
  - 성립요소 X(유상, 무상의 지역권 모두 가능하다) 〔기출〕 지역권은 유상, 무상을 불문하고 설정될 수 있다. (O) 16회
  - 지료지급약정이 있는 경우 : 지료지급의무가 있다(유상의 지역권).

- 존속기간의 제한이 있을까?
  - 최단기 제한 : 없다.
  - 최장기 제한 : 없다(**영구무한의 지역권이 인정된다**). 〔기출〕 지역권의 존속기간을 영구무한으로 약정할 수는 없다. (X) 33회 → 영구무한도 가능하다.

3. 부종성

① **지역권은 요역지 소유권에 부종하여 이전**하며 또는 요역지에 대한 소유권 이외의 권리의 목적이 된다. 그러나 다른 약정이 있는 때에는 그 약정에 의한다. ➡ 지상권자나 전세권자도 지역권을 행사할 수 있다.
② 지역권은 요역지와 **분리하여 양도**하거나 **다른 권리의 목적으로 하지 못한다**. ➡ 지역권만 분리해서 저당권의 목적으로 하지 못한다.

〔기출〕 요역지의 소유권이 이전되어도 특별한 사정이 없는 한 지역권은 이전되지 않는다. (X) 33회 → 지역권은 요역지 소유권에 부종하여 이전된다.
〔기출〕 지역권은 요역지와 분리하여 따로 양도하거나 다른 권리의 목적으로 하지 못한다. (O) 32회

4. 불가분성

① 토지공유자의 1인은 지분에 관하여 그 토지를 위한 지역권 또는 그 토지가 부담한 지역권을 **소멸하게 하지 못한다.**
② 취득과 불가분성(제295조): **공유자의 1인이 지역권을 취득**한 때에는 **다른 공유자도 이를 취득한다.** / 점유로 인한 지역권 취득기간의 중단은 지역권을 행사하는 모든 공유자에 대한 사유가 아니면 그 효력이 없다.
③ 소멸시효의 중단, 정지와 불가분성(제296조): 요역지가 수인의 공유인 경우에 그 **1인에 의한 지역권 소멸시효의 중단 또는 정지는** 다른 공유자를 위하여 효력이 있다.

〔기출〕 요역지 공유자의 1인은 지분에 관하여 그 토지를 위한 지역권을 소멸하게 하지 못한다. (O) 33회
〔기출〕 요역지의 공유자 중 1인이 지역권을 취득한 경우, 요역지의 다른 공유자도 지역권을 취득한다. (O) 32회
〔기출〕 점유로 인한 지역권취득기간의 중단은 지역권을 행사하는 모든 공유자에 대한 사유가 아니면 그 효력이 없다. (O) 31회

5. 지역권의 취득

- 지역권설정계약 + 등기 : 지역권취득
- 취득시효 : 계속되고 표현된 지역권만 인정된다. / 등기해야 지역권을 취득한다. **기출** 계속되고 표현된 지역권은 시효취득의 대상이 될 수 있다. (O) 32회
- 통행지역권의 취득시효
  - 요건
    - 승역지 위에 통로를 개설하고 20년간 사용
    - 토지의 소유자, 지상권자, 전세권자 등 토지사용권을 가진 자에게 인정 O(불법점유자는 시효취득을 주장할 수 없다)
  - 효과
    - 등기해야 지역권을 취득 O
    - 시효취득자는 승역지 소유자가 입은 손해를 보상해야 한다.

기출 요역지의 불법점유자도 통행지역권을 시효취득할 수 있다. (X) 34회 → 불법점유자는 보호가치가 없기 때문에 시효취득을 주장할 수 없다.

기출 승역지에 관하여 통행지역권을 시효취득한 경우, 특별한 사정이 없는 한 요역지 소유자는 승역지 소유자에게 승역지의 사용으로 입은 손해를 보상해야 한다. (O) 31회

6. 물권적 청구권

① 소유권에 기한 반환청구권 규정이 준용되지 않는다(지역권에 기한 반환청구권은 인정되지 않는다).
② 방해제거청구권과 방해예방청구권은 인정된다.

기출 지역권에 기한 승역지 반환청구권은 인정되지 않는다. (O) 32회
기출 지역권자는 승역지를 권원 없이 점유한 자에게 그 반환을 청구할 수 있다. (X) 33회
→ 지역권에 기한 반환청구권은 인정되지 않는다.

---

052 전세권 ★★★

- 전세권자가 전세금을 지급하고 타인의 부동산을 점유하여 그 부동산의 용도에 좇아 사용·수익하며, 그 부동산 전부에 대하여 후순위권리자 기타 채권자보다 전세금의 우선변제를 받을 수 있는 권리
- 사용·수익권을 배제하고 채권담보목적으로만 전세권을 설정할 수는 없다.

1. 성질

- 용익물권적 성질과 담보물권적 성질을 가지고 있다. 존속 중: 용익물권 / 존속기간 만료 후: 담보물권
- 존속기간이 만료하면 용익물권적 권능은 소멸한다.
  - 건물의 전부, 일부 모두 전세권 가능
- 타물권: 타인소유 건물과 토지에 대해서 성립한다.
  - 토지의 전부, 일부 모두 전세권 가능

기출 전세권은 용익물권적 성격과 담보물권적 성격을 겸비하고 있다. (O) 27회

2. 전세금

① 전세금 지급은 전세권의 성립요소 O
② 전세금은 반드시 현실적으로 수수될 필요는 없고 기존의 채권으로 전세금지급에 갈음할 수 있다.
③ 존속기간 중 전세목적물의 소유자가 변경된 경우, 전세금반환의무자: 현재 소유자 O(전세권설정자 지위를 승계한다) / 종전 소유자는 더 이상 전세금반환의무가 없다.
④ 전세금 증감청구권 O(전세권자: 감액청구 / 전세권설정자: 증액청구)
⑤ 목적물의 인도는 전세권의 성립요소가 아니다.

기출 전세금의 지급은 전세권 성립의 요소이다. (O) 32회
기출 전세금의 지급은 반드시 현실적으로 수수되어야 하고, 기존의 채권으로 갈음할 수 없다. (X) 27회
→ 전세금의 지급이 반드시 현실적으로 수수될 필요는 없고, 기존의 채권으로 갈음할 수 있다.
기출 전세권의 존속기간 중 전세목적물의 소유권이 양도되면, 그 양수인이 전세권설정자의 지위를 승계한다. (O) 32회

3. 존속기간

- **약정이 있는 경우**
  - 최장기 제한(10년) : 토지전세와 건물전세 모두 **10년의 제한이 있다.**
    - 기출 토지전세권을 처음 설정할 때에는 존속기간에 제한이 없다. (X) 33회 → 10년의 제한이 있다.
  - 최단기 제한(1년) : 건물전세만 1년의 제한 있다(토지전세는 제한이 없다).
    - 기출 토지전세권의 존속기간을 1년 미만으로 정한 때에는 1년으로 한다. (X) 33회 → 토지전세는 최단기 제한이 없다. 즉, 건물전세권의 존속기간을 1년 미만으로 정한 때에는 1년으로 한다.

- **약정이 없는 경우**
  - 전세권자와 전세권설정자는 언제든지 전세권 소멸을 통고할 수 있다.
  - 통고받은 날로부터 6월 경과 : 전세권은 소멸한다.

- **약정갱신**
  - 계약갱신청구권은 인정되지 않는다.
  - 10년 제한 O(기간은 갱신한 날로부터 10년을 넘을 수는 없다)
    - 기출 토지전세권의 설정은 갱신할 수 있으나 그 기간은 갱신한 날로부터 10년을 넘지 못한다. (O) 33회
  - 등기해야 갱신의 효과 O

- **법정갱신**
  - **요건**
    ① 법정갱신제도는 **건물**전세만 있다. / 토지전세는 법정갱신제도가 없다.
    ② 존속기간 만료 전 6월~1월 사이에 전세권설정자가 전세권자에게 아무런 통지 X
  - **효과**
    ① 전전세와 동일한 조건으로 다시 전세권을 설정한 것으로 본다.
    ② 다만, 존속기간은 정함이 없는 것으로 본다(2년 X, 1년 X).
    ③ 등기 없이도 갱신효과가 있다(등기 없이 전세권을 취득한다).
    ④ 등기 없이도 제3자에게 대항할 수 있다.
    - 기출 토지전세권설정자가 존속기간 만료 전 6월부터 1월 사이에 갱신거절의 통지를 하지 않은 경우, 특별한 사정이 없는 한 동일한 조건으로 다시 전세권을 설정한 것으로 본다. (X) 33회 → 토지전세는 법정갱신제도가 없다.
    - 기출 건물에 대한 전세권이 법정갱신되는 경우 그 존속기간은 2년으로 본다. (X) 26회 → 정함이 없는 것으로 본다.
    - 기출 건물전세권이 법정갱신된 경우 전세권자는 전세권갱신에 관한 등기 없이도 제3자에게 전세권을 주장할 수 있다. (O) 32회

4. 전세권의 효력

- **건물의 전세권, 지상권, 임차권에 대한 효력(제304조)**
  ① 타인의 토지에 있는 건물에 전세권을 설정한 때에는 전세권의 효력은 그 건물의 소유를 목적으로 한 **지상권 또는 임차권에 미친다.**
  ② ①의 경우에 **전세권설정자는 전세권자의 동의 없이 지상권 또는 임차권을 소멸하게 하는 행위를 하지 못한다.**

- **법정지상권(제305조)**
  ① 대지와 건물이 동일한 소유자에 속한 경우에 건물에 전세권을 설정한 때에는 그 대지소유권의 특별승계인은 **전세권설정자**에 대하여 지상권을 설정한 것으로 본다. 그러나 지료는 당사자의 청구에 의하여 법원이 이를 정한다.
  ② ①의 경우에 대지소유자는 타인에게 그 대지를 임대하거나 이를 목적으로 한 지상권 또는 전세권을 설정하지 못한다.

- **유지, 수선의무는 누가 부담할까?** : **전세권자**는 목적물의 현상을 유지하고 그 통상의 관리에 속한 수선을 하여야 한다(전세권설정자 X).

- **상린관계와 물권적 청구권**
  - 상린관계 규정이 준용될까? : 준용된다.
    - 기출 건물의 사용·수익을 목적으로 하는 전세권에는 상린관계에 관한 규정이 준용되지 않는다. (X) 24회 → 준용된다.
  - 물권적 청구권이 인정될까?
    - 전세권에 기한 물권적 청구권 O
    - **점유권**에 기한 물권적 청구권 O
    - 기출 전세권자는 그의 점유가 침해당한 때에는 점유보호청구권을 행사할 수 있다. (O) 24회

- **전세권 처분의 자유**
  - 처분의 자유 O(원칙)
  - 처분금지특약 가능 : 처분금지특약은 유효하다(전세권을 처분할 수 없다).

5. 전세권의 소멸사유
- 목적물의 멸실, 혼동, 존속기간의 만료
- 전세권의 소멸청구(용법 위반)
- 전세권의 소멸통고(기간 정함 X)

6. 전세권 소멸 후 법률관계

- **동시이행관계** : 전세권설정자의 **전세금반환의무**와 전세권자의 **목적물 인도 및 말소등기의무**는 동시이행관계에 있다.

- **경매청구권**
  - 전세권설정자의 **이행지체**가 있는 경우 : 전세권자는 경매를 청구할 수 있다.
  - 전세권자는 배당에 참가해서 전세금에 대해서 우선변제 O

- **건물 일부에 전세권이 설정된 경우**
  - 경매청구권 : 건물 전부에 대해서 **경매청구 X** / 건물 일부에 대해서 경매청구 O
  - 우선변제권 : 건물 전부의 매각대금에 대해서 **우선변제권 인정 O**

  [기출] 건물의 일부에 대한 전세에서 전세권설정자가 전세금의 반환을 지체하는 경우, 전세권자는 전세권에 기하여 건물 전부에 대해서 경매청구할 수 있다. (X) 32회
  → 건물의 일부에 대해서 경매를 청구할 수 있고, 건물 전부에 대해서는 경매를 청구할 수 없다.

- **부속물매수청구권 (인정, 형성권)**
  - 전세권설정자의 **동의를 얻어 부속**, 전세권설정자로부터 매수한 부속물에 대해서 인정된다.
  - 존속기간 만료 후(전세권 소멸 후)
    - 전세권설정자 : 부속물매수청구권 인정 O
    - 전세권자 : 부속물매수청구권 인정 O

- **비용상환청구권**
  - 전세권자에게 **필요비**상환청구권 **인정 X** (현상유지, 통상의 수선에 필요한 비용 청구 X)
  - 전세권자에게 **유익비**상환청구권 **인정 O**

  [기출] 전세권자는 특약이 없는 한 목적물의 현상을 유지하기 위해 지출한 필요비의 상환을 청구할 수 있다. (X) 26회
  → 필요비상환청구권은 인정되지 않는다.

- **지상물 소유 목적의 토지전세권자** : 지상물매수청구권을 행사할 수 있다.

POINT 05 담보물권

053 유치권 ★★★

> 타인의 물건 또는 유가증권을 점유한 자가 그 물건이나 유가증권에 관하여 생긴 채권이 변제기에 있는 경우에 변제를 받을 때까지 그 물건 또는 유가증권을 유치할 수 있는 권리(인도 거절할 수 있는 권리)

1. 법적 성질

- **타물권**: 타인소유 물건에 대해서 성립 O / 자기소유 물건에 대해서는 유치권이 **성립할 수 없다.**
- **법정담보물권**: 법률의 규정을 통해서 발생하는 물권 ➡ 부동산유치권도 등기 없이 취득한다.
- **부종성, 수반성, 불가분성 인정 O / 물상대위성은 인정 X**
  - [기출] 부종성, 수반성, 불가분성, 물상대위성 모두 유치권에 인정된다. (X) 31회 → 물상대위성은 인정되지 않는다.
- **우선변제권 인정 X**: 경매 시 일반채권자보다 우선하여 배당받을 수 없다.
- **점유는 유치권의 성립요건 O, 존속요건 O**: 점유를 상실하면 유치권은 소멸한다.

2. 성립요건

(1) 목적물에 관한 요건
- 타인소유의 동산, 부동산, 유가증권 O : 타인은 반드시 채무자를 의미하는 것이 아니므로 채무자 이외의 자 소유에 속하는 물건에 대해서도 유치권은 성립할 수 있다. [기출] 유치권은 채무자 이외의 제3자 소유물에도 성립할 수 있다. (O) 23회
- 타물권 : 자기소유 물건에 대해서는 유치권은 **성립할 수 없다.**

(2) 채권에 관한 요건
- 채권이 존재해야 한다.
- 변제기가 도래해야 한다. : 변제기 도래 전이면 유치권은 성립할 수 없다.
- 채권과 목적물의 견련성이 인정되어야 유치권이 성립할 수 있다.

(3) 견련성이 인정되지 않는 경우
- 임차인의 임차보증금반환채권, 임차인의 권리금반환채권, 임차인의 부속물매매대금채권, 건축자재대금채권
  - → 유치권 성립 X
  - → 유치권의 피담보채권이 될 수 없다.
  - [기출] 건물의 임대차에서 임차인의 임차보증금반환청구권으로써 임차인이 그 건물에 유치권을 주장하는 경우, 견련관계가 인정된다. (X) 32회 → 인정되지 않는다.

(4) 채권자가 목적물을 점유할 것
- 채권자의 점유는 직접점유, 간접점유 모두 가능하다. : 채권자가 간접점유하고 제3자가 직접점유하는 경우에도 유치권 성립 O
- 채무자를 직접점유자로 하여 채권자가 간접점유하는 경우 : 유치권 성립 X [기출] 채권자가 채무자를 직접점유자로 하여 간접점유하는 경우에도 유치권은 성립한다. (X) 33회 → 성립하지 않는다.
- 채권자의 점유는 적법점유일 것 : 불법점유(유치권 성립 X)
- ① 채권 발생 / ② 점유취득 : 유치권 성립 O
- ① 점유취득 / ② 채권 발생 : 유치권 성립 O [기출] 목적물에 대한 점유를 취득한 뒤 그 목적물에 관하여 성립한 채권을 담보하기 위한 유치권은 인정되지 않는다. (X) 26회 → 인정된다.

(5) 유치권 배제특약이 없을 것
: 유치권 성립 O

- 유치권 포기특약이 있는 경우 : **특약은 유효**, 유치권 성립 X [기출] 유치권의 성립을 배제하는 특약은 유효하다. (O) 23회
- 유치권을 사후에 포기한 경우
  - 포기의사표시 즉시 소멸한다.
  - 제3자도 유치권 포기특약의 효력을 주장할 수 있다.

[기출] 유치권자와 유치물의 소유자 사이에 유치권을 포기하기로 특약한 경우, 제3자는 특약의 효력을 주장할 수 없다. (X) 31회
→ 주장할 수 있다.

3. 유치권의 효력

유치권자의 권리

- 목적물을 유치할 권리(인도거절권, 점유할 권리) : 모든 자에게 주장할 수 있다.

  ① 채무자뿐만 아니라 소유자, 양수인 그리고 경락인에 대해서도 대항 O
  ② 유치권자는 경락인에게 목적물의 인도를 거절할 수 있으나 경락인은 채무자가 아니므로 유치권자는 경락인에게 적극적으로 피담보채권의 변제청구 X
  ③ 소송법상의 효과: 원고일부승소판결, 상환이행판결

  [기출] 유치권자는 매수인(경락인)에 대해서도 피담보채권의 변제를 청구할 수 있다. (X) 23회
  → 경락인에게는 변제를 청구할 수 없다.

- 경매권과 간이변제충당권 : 인정 O   [기출] 유치권자는 유치물에 대한 경매신청권이 없다. (X) 33회 → 있다.

- 과실수취권 : 인정 O(유치물의 과실을 수취하여 다른 채권보다 먼저 채권변제에 충당할 수 있다)

- 비용상환청구권 : 인정 O   유치권자가 유치물에 대해서 필요비나 유익비를 지출한 경우: 소유자에게 상환청구 O, 유치권 성립 O

- 유치물의 사용권
  - 원칙 : 사용권 X
  - 채무자의 승낙이 있는 경우 : 사용, 대여, 담보제공 O
  - **보존**을 위한 사용
    - 승낙 없이 가능 O
    - 유치권자가 유치물인 주택에 거주, 사용
      : **보존을 위한 사용에 해당한다.**

[기출] 유치권자는 유치물에 관해 지출한 필요비를 소유자에게 상환청구할 수 없다. (X) 33회 → 청구할 수 있다.
[기출] 유치권자는 채무자의 승낙 없이 유치물을 담보로 제공할 수 있다. (X) 33회 → 채무자의 승낙이 있어야 한다.
[기출] 유치권자는 유치물의 보존에 필요하더라도 채무자의 승낙 없이는 유치물을 사용할 수 없다. (X) 26회
→ 보존을 위한 사용은 승낙 없이 가능하다.

유치권자의 의무

- 선량한 관리자의 주의로 유치물을 점유하여야 한다.
- 채무자의 승낙 없이 유치물의 사용, 대여 또는 담보제공을 하지 못한다.   ➡ 유치물의 보존에 필요한 사용: 승낙 없이 가능 O
- 의무위반 시 유치권이 당연히 소멸하는 것은 아니다. / 채무자가 유치권 소멸을 청구하면 소멸 O

4. 유치권의 소멸

- **소멸시효**
  - 유치권은 소멸시효에 걸리지 않는다.
  - 유치권을 행사하고 있는 경우 피담보채권의 소멸시효는 중단될까? : <mark>소멸시효 중단 X</mark>, 유치권자가 유치권을 행사하고 있을지라도 별도로 채권에 대해서 권리를 행사하지 않으면 채권의 소멸시효 진행 O
    - **[기출]** 유치권을 행사하는 동안에는 피담보채권의 소멸시효가 진행하지 않는다. (X) 23회 → 별도로 채권에 대해서 권리를 행사하지 않으면 소멸시효가 진행한다.

- **유치권의 특유한 소멸사유**
  - 유치권자의 의무 위반 시 채무자의 유치권 소멸청구
  - **타담보 제공에 의한 유치권 소멸청구(제327조)**
    ① 채무자는 상당한 담보를 제공하고 유치권의 소멸을 청구할 수 있다.
    ② 채무자가 다른 담보를 제공하고 유치권 소멸을 청구하는 경우, 유치권자의 승낙이 있어야만 유치권이 소멸한다.
    ③ 상당한 담보인지 여부
      - 채권 < 유치물가액: 채권에 상당하면 된다.
      - 채권 > 유치물가액: 유치물가액에 상당하면 된다.
    - **[기출]** 채무자는 상당한 담보를 제공하고 유치권의 소멸을 청구할 수 있다. (O) 31회
  - **점유의 상실(제328조)**
    ① 점유의 상실로 유치권은 일단 소멸한다.
    ② 그러나 유치물의 점유가 제3자에 의하여 침탈된 경우, 유치권자가 점유물반환청구권을 행사하여 점유를 회수하면 유치권은 소멸하지 않았던 것으로 된다.

5. 경매와 유치권

- 유치권성립 <mark>후 압류</mark>가 된 경우 : 유치권자는 경락인에게 <mark>대항할 수 있다.</mark>
- <mark>압류(경매개시결정기입등기)</mark> 이후에 유치권이 성립한 경우 : 유치권자는 경락인에게 <mark>대항할 수 없다.</mark>
- 목적물 점유 후 압류(경매개시결정기입등기), 그리고 이후에 채권이 발생한 경우 : 유치권 <mark>성립 O</mark> / 유치권자는 경락인에게 <mark>대항할 수 없다.</mark>

054 저당권 ★★★

• 채권자가 채무자 또는 제3자(물상보증인)로부터 채무의 담보로 제공받은 부동산 기타 목적물을 인도받지 않고 관념적으로만 지배하다가 변제기에 채무의 변제가 없으면 그 목적물로부터 우선변제를 받을 수 있는 담보물권

1. 성질 및 쟁점

- **약정담보물권** : 등기나 등록에 의해서 공시를 해야 한다. / 예외적으로 **법률의 규정**에 의해서도 성립할 수 **있다**(법정저당권).

- **우선변제권 인정** : 경매 시 배당에 참가해서 후순위권리자나 기타 채권자보다 우선해서 배당을 받을 수 있는 권리

- **교환가치 지배**

- **부종성, 수반성, 불가분성, 물상대위성 모두 인정** : 저당권은 채권 때문에 존재한다(채권이 주, 저당권은 종). 저당권은 채권과 운명을 함께한다.

  ① 저당권은 그 담보하는 채권과 **분리**하여 타인에게 **양도할 수 없다**.
  ② 저당권으로 담보한 **채권이 소멸하면 저당권도 소멸한다.**

  [기출] 저당권은 그 담보한 채권과 분리하여 타인에게 양도할 수 있다. (X) 28회 → 양도할 수 없다.
  [기출] 저당권으로 담보한 채권이 시효완성으로 소멸하면 저당권도 소멸한다. (O) 28회

- **물상대위성(권)**
  • 저당목적물이 멸실, 훼손, 공용징수로 목적물에 갈음하는 금전 기타 물건으로 변한 경우(가령 제3자의 불법행위에 의한 손해배상청구권, 수용보상금청구권, 보험금청구권)에도 담보물권의 효력이 그 목적물에 갈음하는 금전, 기타 물건에 대해서도 미치는 것

  - **압류** — 금전, 기타 물건이 지급 또는 인도되기 **전**에 **압류를 해야 한다.**
  - 저당권자가 압류, 제3자가 압류 : 모두 물상대위 인정 O(**채권자가 압류하든 제3자가 압류하든 상관 없다**)
  - 「공익사업을 위한 토지 등의 취득 및 보상에 관한 법률」(**협의취득**) : 보상금에 대해서 물상대위가 인정되지 않는 **예외**
    보상금에 대해서 물상대위권을 행사할 수 없다.
  - 매매대금에 대해서 물상대위권을 행사할 수 없다.

- **저당권의 객체** : 부동산 O(토지, 건물), (구분)**지상권 O, 전세권 O** / 지역권에 저당권설정 X [기출] 지상권은 저당권의 객체가 될 수 있다. (O) 28회

  ① 등기나 등록할 수 있는 것
  ② 토지의 일부나 건물의 일부: 저당권설정 X

- **저당권설정계약** : 조건이나 기한을 붙일 수 있다.

- **물권적 청구권**
  - 저당물의 **반환**청구권은 **인정 X**
  - 저당물의 방해배제청구권·방해예방청구권 인정 O : 교환가치의 실현이 방해될 염려가 있으면 공사중지를 청구할 수 있다.
    [기출] 저당권이 설정된 토지의 소유자가 그 위에 건물을 신축하는 경우, 저당권자는 교환가치의 실현이 방해될 염려가 있으면 공사의 중지를 청구할 수 있다. (O) 22회

5. 법정지상권 (제366조)

의의: 동일인 소유인 토지와 건물이 있고 건물이나 토지의 어느 한쪽에 저당권이 설정되거나 또는 건물과 토지 위에 모두 저당권이 설정된 경우 이후 저당권 실행으로, 즉 저당권자가 경매를 신청하여 토지와 건물의 소유자가 달라진 경우, 토지소유자가 건물소유자에게 지상권을 설정해 준 것으로 보아 건물소유자가 토지에 대해서 취득하는 지상권

성질
- 강행규정
- 배제약정의 효력 : 효력이 없다(무효). **[기출]** 저당목적물인 토지에 대하여 법정지상권을 배제하는 저당권설정 당사자 사이의 약정은 효력이 없다. (O) 29회

성립요건

(최선순위)저당권설정 당시 토지 위에 건물이 존재할 것

① 나대지에 저당권이 설정된 후 저당권설정자가 그 위에 건물을 건축하고 경매로 인하여 그 토지와 건물의 소유자가 달라진 경우, 법정지상권은 성립할 수 없다.
② 토지에 관한 저당권설정 당시 토지소유자에 의하여 그 지상에 건물이 건축 중이었던 경우, 법정지상권은 성립할 수 있다.
③ 미등기, 무허가건물에 대해서도 법정지상권은 성립할 수 있다.
④ 저당권설정 당시 일시사용을 위한 가설건축물이 존재하였던 경우 법정지상권은 성립하지 않는다.

[기출] 건물 건축 개시 전의 나대지에 저당권이 설정될 당시 저당권자가 그 토지소유자의 건물 건축에 동의한 경우, 저당토지의 임의경매로 인한 법정지상권은 성립하지 않는다. (O) 34회

저당권설정 당시 토지와 건물이 동일인 소유일 것

① 토지에 저당권을 설정할 당시 그 지상에 건물이 존재하였고 그 양자가 동일인의 소유였다가 그 후 저당권의 실행으로 토지가 낙찰되기 전에 건물이 제3자에게 양도된 경우, 건물을 양수한 제3자가 법정지상권을 취득할 수 있다.
② 미등기건물을 대지와 함께 매수하였으나 대지에 관하여만 소유권이전등기를 넘겨받고 대지에 대하여 저당권을 설정한 후 저당권이 실행된 경우, 민법 제366조 소정의 법정지상권은 성립할 수 없다.

토지나 건물의 어느 한쪽 또는 양쪽에 저당권이 설정되어 있을 것

경매로 토지와 건물소유자가 달라질 것

[기출] 甲이 乙로부터 乙소유의 미등기건물과 그 대지를 함께 매수하고 대지에 관해서만 소유권이전등기를 한 후, 건물에 대한 등기 전 설정된 저당권에 의해 대지가 경매되어 丙이 토지소유권을 취득한 경우에 甲에게 법정지상권이 인정된다. (X) 33회 → 저당권설정 당시 토지와 건물이 동일인 소유가 아니므로 법정지상권은 성립하지 않는다.

성립시기, 등기

- 법정지상권의 성립시기 : 매수인(경락인)이 매각대금을 완납했을 때
- 법정지상권을 취득하기 위해서 등기를 해야 할까? : 등기 없이도 법정지상권을 취득한다. / 처분하기 위해서는 등기를 해야 한다.

8. 저당권의 침해에 대한 구제

침해의 의의: 저당권의 목적물을 멸실, 훼손하거나 멸실, 훼손되는 것을 부당히 방치하는 행위 등으로 저당권자가 저당목적물의 교환가치로부터 우선변제 받는 것을 어렵게 만드는 일체의 행위

구제방법

- **물권적 청구권**
  - 반환청구권 인정 X / 방해제거·방해예방청구권 인정 O
    - [기출] 저당권자는 목적물 반환청구권을 갖지 않는다. (O) 26회
  - 침해자의 고의, 과실, 손해 발생은 요건이 아니다.
    - : 침해자의 고의, 과실이 없고 저당권자에게 손해가 없어도 물권적 청구권을 행사할 수 있다.

> **윤's 암기포인트**
> 물에 손담기

- **손해배상청구권**: 불법행위에 근거해서 손해배상을 청구하는 것(침해자의 고의 또는 과실이 필요하고 저당권자에게 손해가 발생해야 한다)

- **담보물보충청구권**
  - 원상회복 또는 상당한 담보제공을 청구할 수 있다(하나를 선택).
  - • 저당권설정자의 책임 있는 사유로 인하여 저당물의 가액이 현저히 감소된 때 청구하는 권리
  - 담보물보충청구권을 행사한 경우에는 별도로 손해배상청구권이나 즉시변제청구권은 행사할 수 없다.

- **기한의 이익상실 (즉시변제청구권)**
  - ① 채무자가 담보를 손상, 감소 또는 멸실하게 한 때
  - ② 채무자가 담보제공의 의무를 이행하지 아니한 때
    - [기출] 채무자가 저당물을 손상, 멸실하였을 때에는 기한의 이익을 상실한다. (O) 22회

- 저당권자는 채무자를 상대로 즉시변제를 청구할 수 있고 변제가 없으면 즉시 저당권을 실행할 수 있다.
- 저당권자는 즉시변제를 청구하면서 함께 손해배상을 청구할 수 있다.

---

055 근저당 ★★

1. 의의 및 특징

- **의의**
  ① 계속적인 거래관계로부터 발생·소멸하는 장래 불특정 다수의 채권을 장래의 결산기에 일정액 한도 내에서 담보하기 위한 저당권
  ② 담보되는 한도액, 즉 우선변제받을 수 있는 한도액을 채권최고액이라 한다.
  ③ 채무자가 아닌 제3자도 근저당권을 설정할 수 있다.
  - [기출] 채무자가 아닌 제3자도 근저당권을 설정할 수 있다. (O) 31회

- **특징**
  - 장래의 불특정채권을 담보한다.
  - **부종성의 완화**
    - 채무가 0인 경우 : 근저당권은 소멸하지 않는다.
    - 채권이 확정된 경우 : 근저당권은 일반저당권으로 전환되어 부종성이 인정된다.
  - **필요적 등기사항** — ① 채권최고액, ② 근저당이라는 취지, ③ 채무자 ⟹ 존속기간은 필요적 등기사항이 아니다.
    - [기출] 채권최고액은 필요적 등기사항이 아니다. (X) 23회 → 필요적 등기사항이다.

2. 근저당권의 효력

채권최고액
- 우선변제받는 한도를 의미한다.
  - 기출 채권최고액은 저당목적물로부터 우선변제를 받을 수 있는 한도액을 의미한다. (O) 24회
- 책임 한도가 아니다.
- 이자 : 최고액 범위에 포함된다.
  - 기출 근저당권에 의해 담보될 채권최고액에 채무의 이자는 포함되지 않는다. (X) 31회 → 최고액 범위에 포함된다.
- 지연배상 : 최고액 범위에서 무제한담보된다(1년분 제한 X).
  - 기출 1년분이 넘는 지연배상금이라도 채권최고액의 한도 내라면 전액 근저당권에 의해 담보된다. (O) 26회
- 근저당권의 실행비용 : 최고액에 포함되지 않는다. / 우선배당받는다.
  - 기출 근저당권의 실행비용은 채권최고액에 포함되지 않는다. (O) 20회

채권의 확정
- 계속적 거래관계가 종료된 경우(존속기간의 만료, 결산기 도래, 기본계약의 해지) : 채권은 확정된다.
  - 기출 근저당권설정자가 적법하게 기본계약을 해지하면 피담보채권은 확정된다. (O) 31회
- 근저당권자가 경매신청을 한 경우
- 경매개시결정이 있은 후 경매신청이 취하된 경우 : 채무확정의 효과는 번복되지 않는다.
  - 기출 근저당권자가 피담보채무의 불이행을 이유로 경매신청을 하여 경매개시결정이 있은 후에 경매신청이 취하된 경우에는 채무확정의 효과가 번복된다. (X) 20회 → 채무확정의 효과는 번복되지 않는다.
- 후순위근저당권자가 경매를 신청한 경우 : 선순위근저당권자의 피담보채권은 매각대금 완납 시에 확정 / 후순위근저당권자의 피담보채권은 경매신청 시에 확정된다.
  - 기출 근저당권자가 피담보채무의 불이행을 이유로 경매신청을 한 경우에는 경매신청 시에 피담보채권액이 확정된다. (O) 31회
- 선순위근저당권자가 경매를 신청한 경우 : 후순위근저당권자의 피담보채권은 매각대금 완납 시에 확정 / 선순위근저당권자의 피담보채권은 경매신청 시에 확정된다.
  - 기출 후순위근저당권자가 경매를 신청한 경우 선순위근저당권의 피담보채권은 매각대금이 완납된 때에 확정된다. (O) 26회
- 피담보채무 확정 전 : 채무자를 변경할 수 있다.

3. 채무총액이 최고액을 초과한 경우, 어느 범위까지 변제해야 말소등기를 청구할 수 있을까?

- 근저당권설정자가 채무자인 경우 : 채무총액을 변제하고 등기의 말소를 청구할 수 있다.
- 물상보증인 : 최고액만을 변제하고 등기의 말소를 청구할 수 있다.
  - 기출 물상보증인은 채권최고액을 초과하는 부분의 채권액까지 변제할 의무를 부담한다. (X) 34회 → 물상보증인은 채무자가 아니기 때문에 채권최고액까지 변제하면 말소등기를 청구할 수 있다.
- 제3취득자 : 최고액만을 변제하고 등기의 말소를 청구할 수 있다.

PART 2 기출지문 OX로 물권법 마무리

01 근린공원을 자유롭게 이용한 사정만으로 공원이용권이라는 배타적 권리를 취득하였다고 볼 수는 없다. 32회 (O | X)

02 온천권은 관습법상의 물권이라고 볼 수 없다. 36회 (O | X)

03 1동 건물의 일부도 구조상·이용상 독립성이 있으면 구분행위에 의하여 독립된 부동산이 될 수 있다. 27회 (O | X)

04 물건 이외의 재산권은 물권의 객체가 될 수 없다. 34회 (O | X)

05 1필의 토지의 일부를 객체로 하여 지상권을 설정할 수 없다. 34회 (O | X)

06 1필 토지의 일부에 대해서는 저당권이 성립할 수 없다. 35회 (O | X)

07 저당권자는 목적물에서 임의로 분리, 반출된 물건을 자신에게 반환할 것을 청구할 수 있다. 31회 (O | X)

08 물권적 청구권을 행사하기 위해서는 그 상대방에게 귀책사유가 있어야 한다. 32회 (O | X)

09 소유권에 기한 방해배제청구권은 현재 계속되고 있는 방해원인의 제거를 내용으로 한다. 34회 (O | X)

10 이행판결에 기한 부동산물권의 변동시기는 확정판결 시이다. 31회 (O | X)

11 건물의 신축에 의한 소유권취득은 소유권보존등기를 필요로 하지 않는다. 31회 (O | X)

12 부동산에 관한 합유지분의 포기는 등기 없이도 물권변동의 효력이 생긴다. 36회 (O | X)

13 매수인이 부동산을 인도받아 사용·수익하고 있는 이상 매수인의 이전등기청구권은 시효로 소멸하지 않는다. 34회 (O | X)

14 점유취득시효 완성으로 인한 이전등기청구권은 점유가 계속되더라도 시효로 소멸한다. 34회 (O | X)

15 3자 간에 중간생략등기의 합의가 있는 경우, 최종양수인은 최초양도인에게 직접 소유권이전등기를 청구할 수 있다. 31회 (O | X)

16 가등기된 소유권이전청구권은 가등기에 대한 부기등기의 방법으로 타인에게 양도될 수 있다. 32회 (O | X)

17 소유권이전등기가 된 경우, 등기명의인은 전 소유자에 대하여 적법한 등기원인에 기한 소유권을 취득한 것으로 추정된다. 25회 (O | X)

18 점유매개관계를 발생시키는 법률행위가 무효라 하더라도 간접점유는 인정될 수 있다. 30회 (O | X)

19 실제 면적이 등기된 면적을 상당히 초과하는 토지를 매수하여 인도받은 때에는 특별한 사정이 없으면 초과부분의 점유는 자주점유이다. 29회 (O | X)

20 선의의 점유자가 본권에 관한 소에 패소한 경우, 그 자는 패소가 확정된 때부터 악의의 점유자로 본다. 33회 (O | X)

21 점유물이 점유자의 책임 있는 사유로 멸실된 경우, 소유의 의사가 없는 점유자는 선의인 경우에도 손해의 전부를 배상해야 한다. 28회 (O | X)

정답

01 O 02 O 03 O 04 X 지상권이나 전세권은 저당권의 객체가 될 수 있다. 05 X 1필의 토지의 일부를 객체로 하여 지상권, 지역권, 전세권을 설정할 수 있다. 06 O 07 X 저당권자에게 반환청구권은 없다. 08 X 상대방의 귀책사유는 요건이 아니다. 09 O 10 X 이행판결은 등기 시에 물권이 변동된다. 11 O 12 X 합유지분의 포기는 법률행위에 해당하기 때문에 등기를 해야 물권변동의 효력이 생긴다. 13 O 14 X 점유가 계속되고 있다면 권리행사에 해당하기 때문에 시효로 소멸하지 않는다. 15 O 16 O 17 O 18 O 19 X 상당히 초과한 경우는 타주점유이다. 20 X 소가 제기된 때부터 악의의 점유자로 본다. 21 O

22	악의의 점유자는 특별한 사정이 없는 한 통상의 필요비를 청구할 수 있다. 34회	(○ | X)
23	점유자의 필요비상환청구에 대해 법원은 회복자의 청구에 의해 상당한 상환기간을 허여할 수 있다. 34회	(○ | X)
24	乙의 점유보조자 甲은 원칙적으로 점유물반환청구권을 행사할 수 없다. 21회	(○ | X)
25	부동산명의수탁자는 신탁부동산을 점유시효취득할 수 없다. 22회	(○ | X)
26	취득시효완성 후 소유권이전등기를 마치지 않은 시효완성자는 소유자에 대하여 취득시효기간 중의 점유로 발생한 부당이득의 반환의무가 없다. 32회	(○ | X)
27	시효완성 당시의 소유권보존등기가 무효라면 그 등기명의인은 원칙적으로 시효완성을 원인으로 한 소유권이전등기청구의 상대방이 될 수 없다. 34회	(○ | X)
28	중복등기로 인해 무효인 소유권보존등기에 기한 등기부취득시효는 부정된다. 31회	(○ | X)
29	공유부동산에 대해 공유자 중 1인의 단독 명의로 원인무효의 소유권이전등기가 행해졌다면 다른 공유자는 등기명의인인 공유자를 상대로 등기 전부의 말소를 청구할 수 있다. 30회	(○ | X)
30	공유자 사이에 이미 분할협의가 성립하였는데 일부 공유자가 분할에 따른 이전등기에 협조하지 않은 경우, 공유물분할소송을 제기할 수 없다. 35회	(○ | X)
31	합유자는 합유물의 분할을 청구하지 못한다. 34회	(○ | X)
32	합유자 중 1인이 사망하면 그의 상속인이 합유자의 지위를 승계한다. 34회	(○ | X)
33	합유물의 보존행위는 합유자 각자가 할 수 있다. 34회	(○ | X)
34	지상권설정의 목적이 된 건물이 전부 멸실하면 지상권은 소멸한다. 23회	(○ | X)
35	담보목적의 지상권이 설정된 경우, 피담보채권이 변제로 소멸하면 그 지상권도 소멸한다. 36회	(○ | X)
36	지상권자의 지료지급 연체가 토지소유권의 양도 전후에 걸쳐 이루어진 경우, 토지양수인은 자신에 대한 연체기간이 2년 미만이더라도 지상권의 소멸을 청구할 수 있다. 32회	(○ | X)
37	민법은 지역권의 존속기간을 규정하고 있지 않다. 36회	(○ | X)
38	요역지의 소유권이 이전되어도 특별한 사정이 없는 한 지역권은 이전되지 않는다. 33회	(○ | X)
39	요역지 공유자의 1인은 지분에 관하여 그 토지를 위한 지역권을 소멸하게 하지 못한다. 33회	(○ | X)
40	지역권은 표현된 것이 아니더라도 시효취득할 수 있다. 35회	(○ | X)
41	전세권설정자의 목적물 인도는 전세권의 성립요건이다. 34회	(○ | X)
42	타인의 토지에 있는 건물에 전세권을 설정한 경우, 전세권의 효력은 그 건물의 소유를 목적으로 한 지상권에 미친다. 34회	(○ | X)

정답

22 ○　23 X 유익비는 상환기간을 허여할 수 있지만, 필요비는 상환기간을 허여할 수 없다.　24 ○　25 ○　26 ○　27 ○　28 ○　29 X 자기지분 범위 내에서 말소를 청구할 수 있다.　30 ○　31 ○　32 X 잔존합유자의 합유가 된다. 즉, 합유지분은 상속되지 않는다.　33 ○　34 X 지상권은 소멸하지 않고 존속한다.　35 ○　36 X 양수인은 자신에 대한 연체기간이 2년 이상이어야 지상권의 소멸을 청구할 수 있다.　37 ○　38 X 지역권은 요역지 소유권에 부종하여 이전된다.　39 ○　40 X 지역권은 계속되고 표현된 지역권에 한하여 시효취득이 인정된다.　41 X 목적물 인도는 전세권의 성립요건이 아니다.　42 ○

43 전세권의 사용·수익 권능을 배제하고 채권담보만을 위해 전세권을 설정하는 것은 허용된다. 34회 (○ | ×)

44 전세금의 지급은 반드시 현실적으로 수수되어야 하고, 기존의 채권으로 갈음할 수 없다. 27회 (○ | ×)

45 전세금의 반환은 전세권말소등기에 필요한 서류를 교부하기 전에 이루어져야 한다. 35회 (○ | ×)

46 건물의 일부에 대한 전세에서 전세권설정자가 전세금의 반환을 지체하는 경우, 전세권자는 전세권에 기하여 건물 전부에 대해서 경매청구할 수 있다. 32회 (○ | ×)

47 유치권은 채무자 이외의 제3자 소유물에도 성립할 수 있다. 23회 (○ | ×)

48 채무자는 상당한 담보를 제공하고 유치권의 소멸을 청구할 수 있다. 31회 (○ | ×)

49 유치권자는 유치물에 대한 경매권이 있다. 34회 (○ | ×)

50 유치권 발생을 배제하는 특약은 무효이다. 34회 (○ | ×)

51 유치권에 의한 경매가 목적부동산 위의 부담을 소멸시키는 법정매각조건으로 실시된 경우, 그 경매에서 유치권자는 일반채권자보다 우선하여 배당을 받을 수 있다. 35회 (○ | ×)

52 건물신축공사를 도급받은 수급인이 사회통념상 독립한 건물이 되지 못한 정착물을 토지에 설치한 상태에서 공사가 중단된 경우, 수급인은 그 정착물에 대하여 유치권을 행사할 수 없다. 35회 (○ | ×)

53 저당권은 그 담보한 채권과 분리하여 타인에게 양도할 수 있다. 28회 (○ | ×)

54 토지에 저당권이 설정된 후 토지소유자가 그 토지에 매설한 유류저장탱크에 대해서 저당권의 우선변제적 효력이 미친다. 33회 (○ | ×)

55 저당권은 특별한 사정이 없는 한 저당권설정 후에 저당 목적물에 부합된 물건에는 그 효력이 미치지 않는다. 36회 (○ | ×)

56 저당토지가 저당권 실행으로 압류된 후 그 토지에 관하여 발생한 저당권설정자의 차임채권에 대해서 저당권의 우선변제적 효력이 미친다. 33회 (○ | ×)

57 저당물의 소유권을 취득한 제3자는 그 저당물의 보존을 위해 필요비를 지출하더라도 특별한 사정이 없는 한 그 저당물의 경매대가에서 우선상환을 받을 수 없다. 34회 (○ | ×)

58 근저당권자가 피담보채무의 불이행을 이유로 경매신청을 한 경우에는 경매신청 시에 피담보채권액이 확정된다. 31회 (○ | ×)

59 근저당권에 의해 담보될 채권최고액에 채무의 이자는 포함되지 않는다. 35회 (○ | ×)

정답

43 × 전세권은 용익물권이다. 따라서 사용·수익 권능을 배제하고 채권담보만을 위해 전세권을 설정하는 것은 허용되지 않는다. 44 × 갈음할 수 있다. 45 × 전세권설정자의 전세금반환의무와 전세권자의 목적물인도의무 및 말소등기에 필요한 서류의 교부의무는 동시이행관계에 있다. 46 × 건물의 일부에 대해서 경매를 청구할 수 있고, 건물 전부에 대해서는 경매를 청구할 수 없다. 47 ○ 48 ○ 49 ○ 50 × 유효이다. 51 × 유치권자에게 우선변제권이 인정되지 않는다. 52 ○ 53 × 양도할 수 없다. 54 ○ 55 × 저당권의 효력은 특별한 사정이 없는 한 저당권설정 전에 부합된 물건뿐만 아니라 저당권설정 후에 부합된 물건에도 그 효력이 미친다. 56 ○ 57 × 제3취득자는 비용상환청구권에 대해서 경매 시 우선상환받을 수 있다. 58 ○ 59 × 채권최고액에 이자도 포함된다. 즉, 경매 시 이자에 대해서 우선변제가 인정된다.

에듀윌이 너를 지지할게

ENERGY

일찍 책장을 덮지 말라.
삶의 다음 페이지에서 또 다른 멋진 나를 발견할 테니.

– 시드니 셀던(Sidney Sheldon)

03 계약법 체계도

POINT 01　계약 총론

POINT 02　계약 각론

INTRO 계약법 한눈에 보기

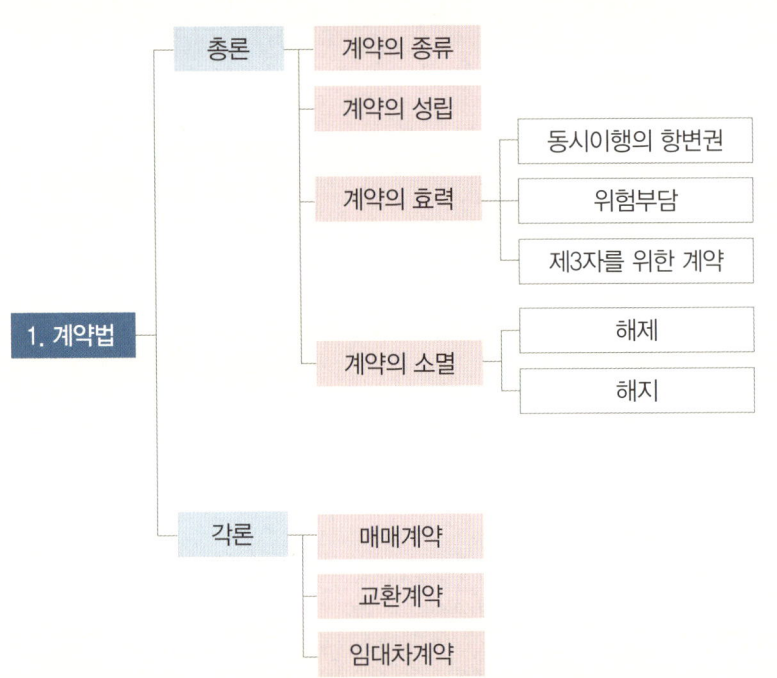

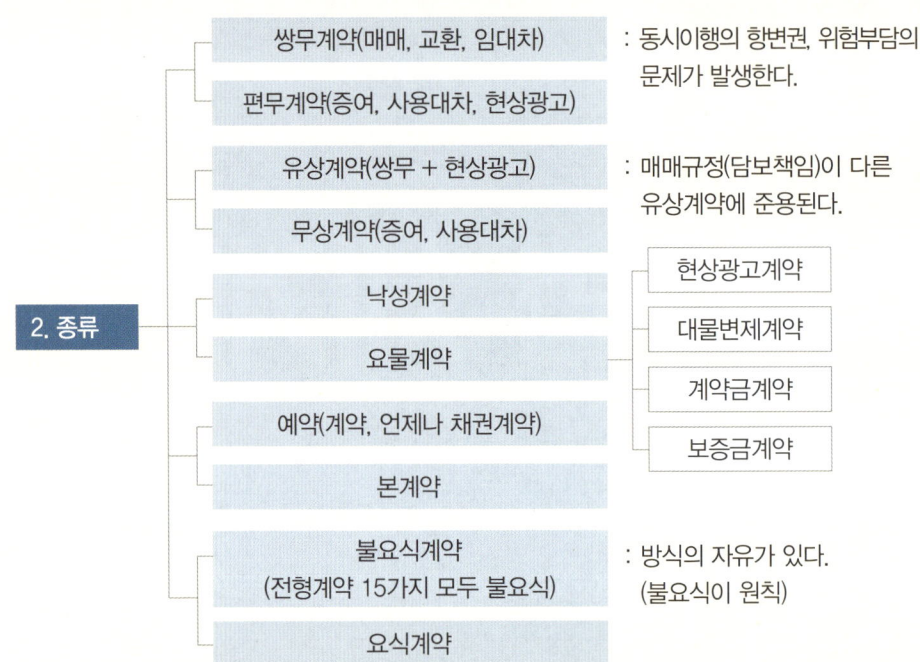

3. 유상계약과 쌍무계약의 관계

: 유상계약 = 쌍무계약 + 현상광고계약(유상, 편무)

➡ 쌍무계약은 유상계약에 포함
➡ 유상계약이 쌍무계약보다 큼

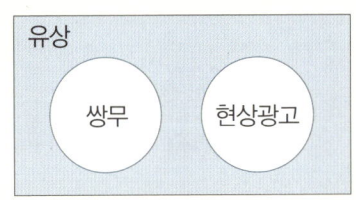

4. 편무계약과 무상계약의 관계

: 편무계약 = 무상계약 + 현상광고계약(편무, 유상)

➡ 무상계약은 편무계약에 포함
➡ 편무계약이 무상계약보다 큼

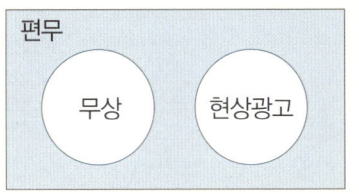

POINT 01 계약 총론

056 계약의 종류 ★★

1. 쌍무계약과 편무계약
   - 쌍무계약 — 매매, 교환, 임대차, 도급계약
     - 동시이행의 항변권, 위험부담문제가 발생한다.
   - 편무계약 — 증여, 사용대차, 현상광고계약, 무상임치

   기출 임대차계약은 편무계약이다. (X) 33회 → 쌍무계약이다.
   기출 도급계약은 쌍무계약에 해당한다. (O) 31회
   기출 매매계약은 쌍무계약이다. (O) 26회

2. 유상계약과 무상계약
   - 유상계약 — 쌍무계약 + 현상광고계약
     - 매매규정(담보책임)이 다른 유상계약에 준용된다.
   - 무상계약 — 증여, 사용대차계약

   기출 교환계약은 무상계약이다. (X) 33회 → 유상계약이다.
   기출 임대차계약은 유상계약에 해당한다. (O) 31회
   기출 사용대차계약은 무상계약에 해당한다. (O) 31회

3. 낙성계약과 요물계약
   - 낙성계약 — 전형계약 15가지 중 14가지 계약이 낙성계약
   - 요물계약 — 현상광고계약, 대물변제계약, 계약금계약, 보증금계약

   윤'S 암기포인트
   현대가에 계보

   기출 매매계약은 요물계약이다. (X) 35회 → 낙성계약이다.
   기출 증여계약은 낙성계약이다. (O) 33회
   기출 도급계약은 요물계약이다. (X) 33회 → 낙성계약이다.
   기출 교환계약은 요물계약이다. (X) 26회 → 낙성계약이다.
   기출 현상광고계약은 낙성계약에 해당한다. (X) 31회 → 요물계약에 해당한다.

4. 예약과 본계약
   - 예약 — 계약
     - 언제나 채권계약
   - 본계약

5. 요식계약과 불요식계약
   - 요식계약
   - 불요식계약 — 15가지 전형계약 모두 불요식계약에 해당한다.
     - 불요식계약이 원칙(방식의 자유)

057 계약의 성립 ★★★

→ 계약은 당사자 쌍방의 대립되는 의사표시의 합치, 즉 합의에 의해서 성립한다.

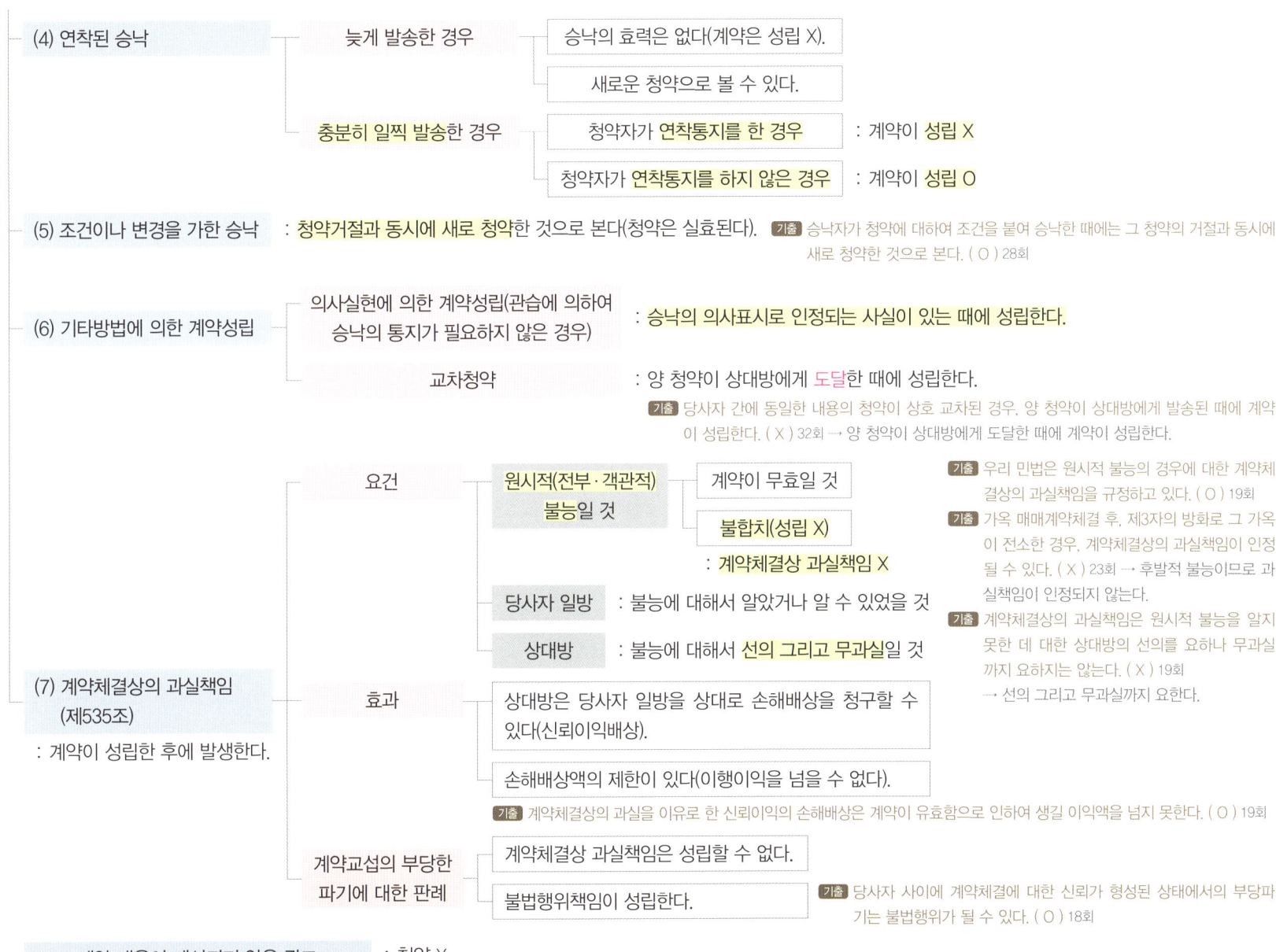

058 동시이행의 항변권(제536조) - 임의규정 ★★★

• 상대방이 채무를 이행할 때까지 당사자 일방이 자신의 채무이행을 거절할 수 있는 이행거절권

1. 성립요건

- **대가관계 있는 채무의 존재** : 동일한 쌍무계약으로부터 발생한 서로 대가적 의미 있는 채무가 존재해야 한다.
- **상대방 채무의 변제기 도래**
  - 선이행의무자에게 동시이행의 항변권이 인정되는지 여부
    ① 원칙: 동시이행의 항변권이 없다.
    ② 예외: 동시이행의 항변권이 있다(불안의 항변권 / 매수인이 중도금지급일자에 중도금을 지급하지 않다가 소유권이전등기 이행기가 도래한 경우).
- **상대방이 자기채무의 이행, 이행제공 없이 이행을 청구**

[기출] 선이행의무자가 이행을 지체하는 동안에 상대방의 채무의 변제기가 도래한 경우, 특별한 사정이 없는 한 쌍방의 의무는 동시이행관계가 된다. (O) 26회

[기출] 일방당사자가 선이행의무를 부담하더라도 상대방의 채무이행이 곤란할 현저한 사유가 있는 경우에는 동시이행항변권을 행사할 수 있다. (O) 25회

2. 효력

- **이행거절권 O** : 상대방이 채무를 이행할 때까지는 당사자 일방은 자신의 채무이행을 거절할 수 있다.
- **당연효 (주장할 필요 없음)** : 동시이행의 항변권의 존재만으로 이행지체는 성립하지 않으므로 주장하지 않더라도 당연히 이행지체책임을 면한다(이행지체책임 X).
- **재판상 효력 (소송상 효력)**
  - 법원의 직권조사사항이 아니다(당사자가 동시이행의 항변권의 존재에 대해서 주장해야 한다).
  - 상환이행판결(원고 일부승소)
- **상계**
  - 자동채권에 항변권이 존재하는 경우 : 상계할 수 없다.
  - 수동채권에 항변권이 존재하는 경우 : 상계할 수 있다.

문'S 암기포인트
민법선생님은 **자상**하지 않고 **수상**하다.

[기출] 동시이행의 항변권은 당사자의 주장이 없어도 법원이 직권으로 고려할 사항이다. (X) 26회
→ 당사자가 직접 주장하여야 한다.

[기출] 채권자의 이행청구소송에서 채무자가 주장한 동시이행의 항변이 받아들여진 경우, 채권자는 전부 패소판결을 받게 된다. (X) 26회
→ 일부승소판결을 받게 된다.

3. 적중판례

① 쌍무계약이 **무효(취소)**로 되어 각 당사자가 서로 취득한 것을 반환하여야 할 경우, 각 당사자의 반환의무는 **동시이행의 관계에 있다.**
② 계약해제로 인한 당사자 쌍방의 원상회복의무는 동시이행의 관계에 있다.
③ 가압류등기 등이 있는 부동산의 매매계약에서 매도인의 소유권이전등기의무와 아울러 가압류등기의 말소의무도 매수인의 대금지급의무와 동시이행관계에 있다.
④ **구분소유적 공유관계가 해소**되는 경우, 공유지분권자 상호 간의 지분이전등기의무는 **동시이행관계에 있다.**
⑤ **임대차 종료** 후 임대인의 보증금반환의무와 임차인의 임차목적물반환의무는 동시이행관계에 있다.
⑥ **전세권 소멸** 후 전세권설정자의 전세금반환의무와 전세권자의 목적물반환의무 및 전세권등기 말소서류 교부의무는 동시이행관계에 있다.
⑦ **주택임대차 종료** 후 임대인의 임대차보증금의 반환의무는 임차인의 「주택임대차보호법」 제3조의3 규정에 의한 임차권등기 말소의무보다 먼저 이행되어야 할 의무이다.
⑧ 채권을 담보하기 위하여 (근)저당권설정등기를 경료한 경우, **채무자의 채무변제의무가 선이행의무이다.**
⑨ 근저당권 실행을 위한 **경매가 무효**인 경우, 낙찰자의 채무자에 대한 소유권이전등기 말소의무와 근저당권자의 낙찰자에 대한 배당금반환의무는 동시이행관계가 아니다.
⑩ 매도인의 토지거래허가신청절차에 협력할 의무와 매수인의 매매대금지급의무는 동시이행관계가 아니다.

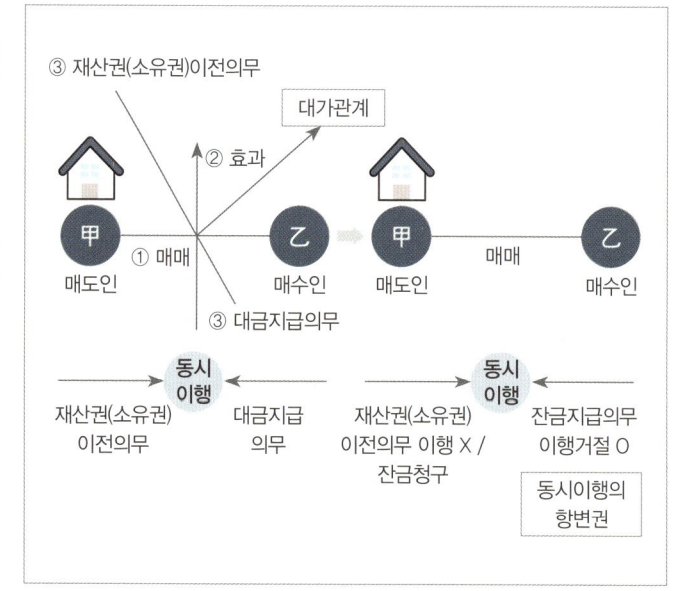

059 위험부담(제537조, 제538조) - 임의규정 ★★

• 쌍무계약에서 당사자 일방의 채무(급부의무)가 채무자 자신의 책임 없는 사유로 후발적 불능이 되어 소멸하는 경우, 채권자가 부담하고 있는 채무(반대급부의무)가 함께 소멸하는지, 아니면 소멸하지 않고 존재하는지의 문제

1. 채무자위험부담주의(제537조, 원칙) : 임의규정(다르게 정할 수 있다)
기출 계약당사자는 위험부담에 관하여 민법 규정과 달리 정할 수 있다. (O) 31회

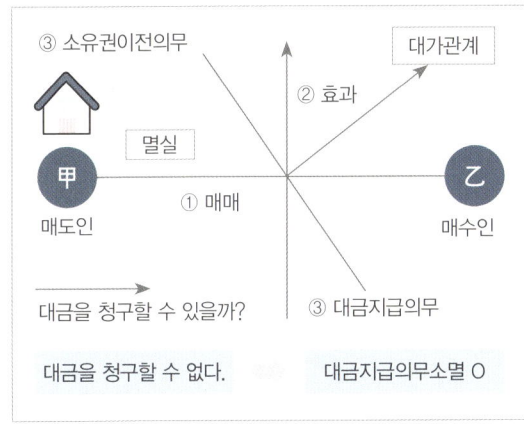

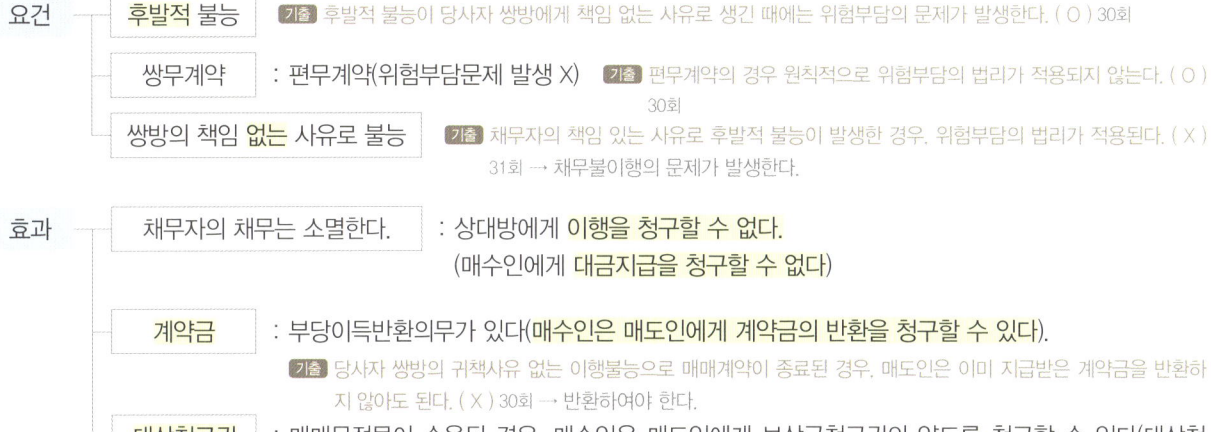

요건
- 후발적 불능 — **기출** 후발적 불능이 당사자 쌍방에게 책임 없는 사유로 생긴 때에는 위험부담의 문제가 발생한다. (O) 30회
- 쌍무계약 : 편무계약(위험부담문제 발생 X) — **기출** 편무계약의 경우 원칙적으로 위험부담의 법리가 적용되지 않는다. (O) 30회
- 쌍방의 책임 **없는** 사유로 불능 — **기출** 채무자의 책임 있는 사유로 후발적 불능이 발생한 경우, 위험부담의 법리가 적용된다. (X) 31회 → 채무불이행의 문제가 발생한다.

효과
- 채무자의 채무는 소멸한다. : 상대방에게 이행을 청구할 수 없다. (매수인에게 대금지급을 청구할 수 없다)
- 계약금 : 부당이득반환의무가 있다(매수인은 매도인에게 계약금의 반환을 청구할 수 있다).
  - **기출** 당사자 쌍방의 귀책사유 없는 이행불능으로 매매계약이 종료된 경우, 매도인은 이미 지급받은 계약금을 반환하지 않아도 된다. (X) 30회 → 반환하여야 한다.
- 대상청구권 : 매매목적물이 수용된 경우, 매수인은 매도인에게 보상금청구권의 양도를 청구할 수 있다(대상청구권이 인정된다). 대상청구권을 행사하기 위해서는 매수인도 매도인에게 대금을 지급해야 한다.
  - **기출** 매매목적물이 이행기 전에 강제수용된 경우, 매수인이 대상청구권을 행사하면 매도인은 매매대금지급을 청구할 수 있다. (O) 31회
  - **기출** 당사자 일방이 대상청구권을 행사하려면 상대방에 대하여 반대급부를 이행할 의무가 있다. (O) 30회

2. 채권자위험부담주의(제538조, 예외) : 임의규정(다르게 정할 수 있다)

요건
- 후발적 불능
- 쌍무계약
- 채권자의 책임 있는 사유 — **기출** 당사자 일방의 채무가 채권자의 책임 있는 사유로 불능이 된 경우, 채무자는 상대방의 이행을 청구할 수 있다. (O) 31회
- 채권자의 수령지체 중 쌍방의 책임 없는 사유 — **기출** 채권자의 수령지체 중 당사자 모두에게 책임 없는 사유로 불능이 된 경우, 채무자는 상대방의 이행을 청구할 수 있다. (O) 31회

효과
- 채무자의 채무는 소멸한다. : 상대방에게 이행을 청구할 수 있다. (매수인에게 대금지급을 청구할 수 있다)
- 계약금 : 매수인은 매도인에게 계약금의 반환을 청구할 수 없다.
- 채무자가 채무를 면함으로 이익을 얻은 때 : 그 이익은 채권자에게 상환해야 한다.

060 제3자를 위한 계약 ★★★

• 계약으로부터 생기는 급부청구권을 계약당사자가 아닌 제3자가 취득하도록 하는 계약

1. 甲 요약자 = 채권자

- 채무이행을 청구할 수 있다(낙약자를 상대).
- 낙약자의 채무불이행이 있는 경우 : 해제할 수 있다(제3자 동의는 필요 없다).
  - **[기출]** 요약자는 특별한 사정이 없는 한 수익자의 동의 없이 낙약자의 이행불능을 이유로 계약을 해제할 수 없다. (X) 33회 → 해제할 수 있다.
- 무효, 취소사유가 있는 경우 : 무효 주장 O, 취소권을 행사할 수 있다.
- 해제나 무효, 취소된 경우

> 해제 - 원상회복의무 / 무효, 취소 - 부당이득반환의무
> ① 원상회복의무나 부당이득반환의무는 요약자와 낙약자가 부담(수익자 부담 X)
> ② 수익자를 상대로 원상회복이나 부당이득반환을 청구할 수 없다.
> ③ 수익자에게 대금을 지급한 후 계약이 취소된 경우 낙약자는 수익자에게 부당이득반환을 청구할 수 없다.

[우측 도식]
- ① 제3자를 위한 계약(㉠ + ㉡)
- ② 보상관계(기본관계)(㉠)
  - ㉠ 유효한 계약(매매) + ㉡ 제3자 수익 약정
  - 효력에 영향을 미친다.
- 甲 요약자 = 채권자 — 제3자를 위한 계약 — 乙 낙약자 = 채무자
- 금전소비대차계약 = 원인관계(대가관계) / 수익관계(급부실현관계)
- 효력에 영향을 주지 않는다.
- 丙 수익자 = 제3자

2. 乙 낙약자 = 채무자

- **최고권**
  - 수익자에게 최고
  - 수익자의 확답이 없는 경우 : 수익 거절로 본다.
    - **[기출]** 낙약자가 상당한 기간을 정하여 제3자에게 수익 여부의 확답을 최고하였음에도 그 기간 내에 확답을 받지 못한 때에는 제3자가 수익의 의사를 표시한 것으로 본다. (X) 27회 → 수익 거절로 본다.
- **항변권**
  - 요약자와의 계약(기본관계, 보상관계)에서 발생하는 항변권 : 수익자에게 대항할 수 있다.
    - **[기출]** 낙약자는 특별한 사정이 없는 한 요약자와의 기본관계에서 발생한 항변으로써 수익자의 청구에 대항할 수 있다. (O) 33회
  - 대가관계에 기한 항변권 : 수익자에게 대항할 수 없다.
- **취소권**
  - 취소한 경우 : 무효, 수익자에게 이행 거절을 할 수 있다.
  - 취소하지 않은 경우 : 유효, 수익자에게 이행 거절을 할 수 없다.

3. 丙 수익자 = 제3자

(1) 당사자가 아니다.
- 계약체결 시 현존, 특정될 필요 없다(태아, 설립 중인 법인을 위해서 가능하다).
- 수익의사를 표시할 때에는 현존해야 한다.
- 취소권, 해제권, 원상회복청구권을 행사할 수 없다.

[기출] 제3자를 위한 계약의 당사자는 요약자, 낙약자, 수익자이다. (X) 33회 → 수익자는 당사자가 아니다.

[기출] 수익자는 계약체결 당시 특정되어 있어야 한다. (X) 33회 → 특정될 필요는 없다.

[기출] 수익자는 제3자를 위한 계약에서 발생한 해제권을 가지는 것이 원칙이다. (X) 33회 → 수익자에게 해제권은 인정되지 않는다.

[기출] 수익자는 계약의 해제를 원인으로 한 원상회복청구권이 없다. (O) 29회

- (2) 수익의 의사표시 ─ 수익자의 권리취득요건 O / 제3자를 위한 **계약의 성립요건 X** : 수익의사를 표시한 때 권리를 취득한다(소급 X).
  - 기출 제3자의 권리는 그 제3자가 채무자에 대해 수익의 의사표시를 하면 계약의 성립 시에 소급하여 발생한다. (X) 32회
    → 수익의 의사표시를 한 때 권리를 취득한다.
  - 상대방: 낙약자(낙약자에게 직접 이행을 청구할 수 있다) / 형성권 / 양도·상속 가능
  - 수익자가 권리취득한 이후에는 요약자와 낙약자는 **합의**를 통해서 수익자의 권리를 **변경·소멸시킬 수 없다**(원칙). / 처음부터 **유보**, 제3자 동의가 있는 경우에는 변경·**소멸시킬 수 있다**(예외).
    - 기출 제3자의 수익의 의사표시 후 특별한 사정이 없는 한, 계약당사자의 합의로 제3자의 권리를 변경시킬 수 없다. (O) 27회
- (3) 낙약자의 채무불이행이 있는 경우 : **해제할 수 없다.** / 손해배상은 청구할 수 있다. 기출 제3자는 채무자의 채무불이행을 이유로 그 계약을 해제할 수 없다. (O) 32회
- (4) 제3자 보호규정의 제3자에 해당하지 않는다.
  - 기출 요약자 甲과 낙약자 乙 간의 계약이 요약자 甲의 착오로 취소된 경우, 수익자 丙은 착오취소로써 대항할 수 없는 제3자의 범위에 속한다. (X) 30회 → 수익자는 민법에서 보호받는 제3자에 해당하지 않는다.
- (5) 제3자에 의한 사기·강박에서 제3자에 해당한다(당사자가 아니기 때문).

061 계약의 해제와 해지 ★★★

- 해제: 일단 유효하게 성립한 계약의 효력을 일정한 요건하에서 당사자 일방의 의사표시에 의해서 소급적으로 소멸(단독행위, 형성권)시켜서 그 계약이 처음부터 성립하지 않은 것으로 만드는 것
- 해지: 계속적 계약관계를 장래를 향해서 소멸시키는 것 기출 계약을 해제하면 계약은 처음부터 없었던 것으로 된다. (O) 24회

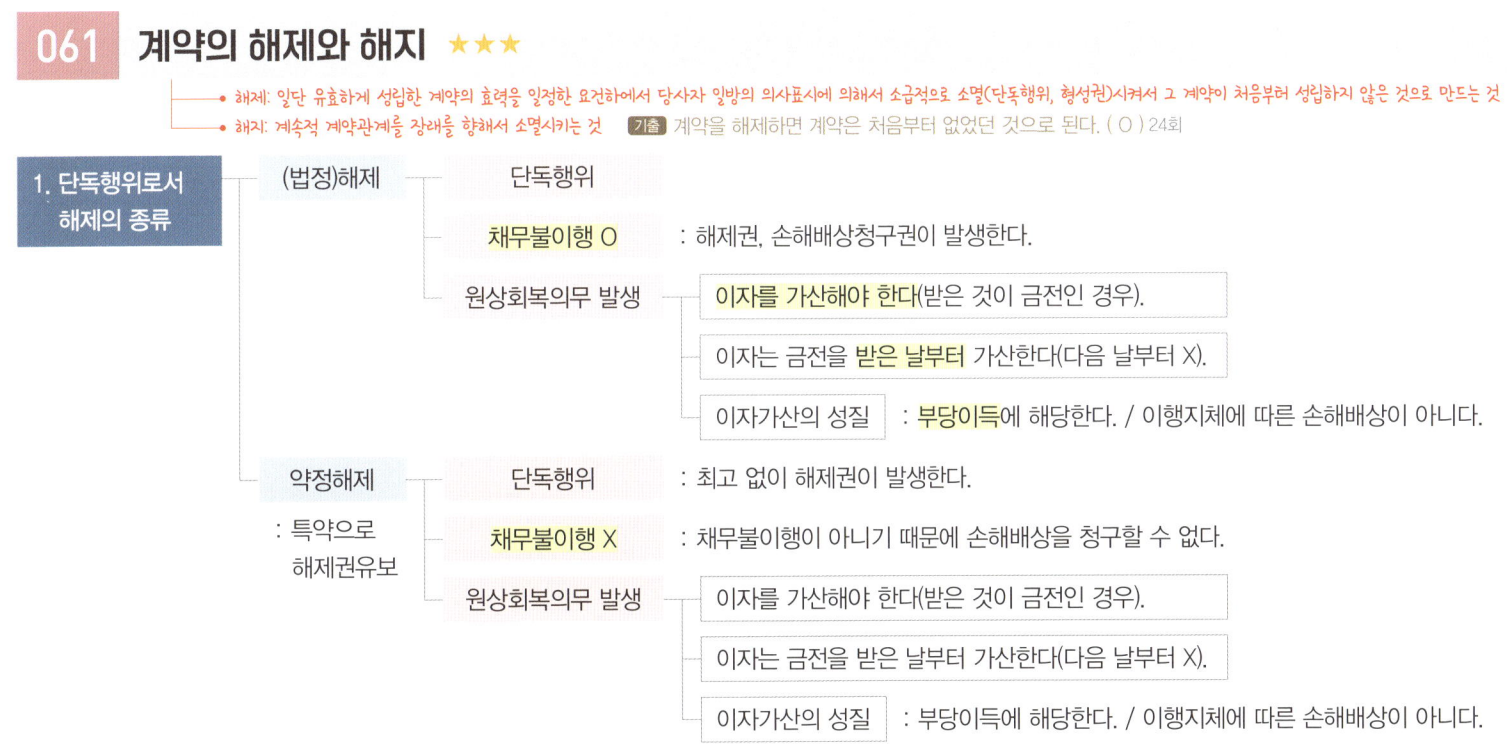

1. 단독행위로서 해제의 종류

- (법정)해제
  - 단독행위
  - **채무불이행 O** : 해제권, 손해배상청구권이 발생한다.
  - 원상회복의무 발생
    - **이자를 가산해야 한다**(받은 것이 금전인 경우).
    - 이자는 금전을 **받은 날부터** 가산한다(다음 날부터 X).
    - 이자가산의 성질 : **부당이득**에 해당한다. / 이행지체에 따른 손해배상이 아니다.
- 약정해제 : 특약으로 해제권유보
  - 단독행위 : 최고 없이 해제권이 발생한다.
  - **채무불이행 X** : 채무불이행이 아니기 때문에 손해배상을 청구할 수 없다.
  - 원상회복의무 발생
    - 이자를 가산해야 한다(받은 것이 금전인 경우).
    - 이자는 금전을 받은 날부터 가산한다(다음 날부터 X).
    - 이자가산의 성질 : 부당이득에 해당한다. / 이행지체에 따른 손해배상이 아니다.

5. 해제의 효과

- 계약은 소급해서 소멸한다. : 당사자는 원상회복의무가 있다(선의·악의, 이익의 현존 여부를 불문하고 **받은 이익 전부** / 사용이익도 반환할 의무 O).
  - [기출] 계약해제의 효과로 반환할 이익의 범위는 특별한 사정이 없으면 이익의 현존 여부나 선의·악의를 불문하고 받은 이익의 전부이다. (O) 24회

- 물권은 당연히 복귀(말소등기 없이)
  - [기출] 매도인으로부터 매수인에게 이전되었던 소유권은 매도인에게 당연히 복귀한다. (O) 31회

- 보호받는 제3자
  - 해제 전 이해관계 + 완전한 권리를 취득한 자[물권을 취득한 자, (가)등기경료 O]
  - 제3자에 해당하는 자
    - 목적물(부동산)의 가압류채권자
    - 주택을 매수한 소유자로부터 해제 전에 주택임차 + **대항요건을 갖춘** 임차인
  - 제3자에 해당하지 않는 자
    - 채권의 양수인, 소유권이전등기청구권을 압류한 자
    - 채권의 압류, 전부채권자
  - 확장 : 해제 후 말소등기 전에 이해관계를 맺은 선의의 제3자도 보호받는 제3자에 해당한다.

[기출] 甲 소유의 X토지와 乙 소유의 Y주택에 대한 교환계약에 따라 각각 소유권이전등기가 마쳐진 후 그 계약이 해제되었다. 계약의 해제 전 甲으로부터 Y주택을 임차하여 「주택임대차보호법」상의 대항력을 갖춘 임차인은 계약해제의 소급효로부터 보호되는 제3자에 해당한다. (O) 27회

[기출] 계약해제 전, 계약상의 채권을 양수하여 이를 피보전권리로 하여 처분금지가처분결정을 받은 채권자는 계약해제의 소급효로부터 보호될 수 있는 제3자에 해당한다. (X) 23회 → 해당하지 않는다.

[기출] 계약해제 전 그 계약상의 채권을 압류한 자는 계약해제 시 보호되는 제3자에 해당하지 않는다. (O) 30회

POINT 02 계약 각론

062 매매의 기본 쟁점 ★★★

1. 매매의 목차

- 성립 : 재산권이전약정 + 대금지급약정
- 성질 : 유상, 쌍무, **낙성**, 불요식계약
  - 기출 매매계약은 요물계약이다. (X) 30회 → 낙성계약이다.
  - 기출 매매계약은 유상·쌍무계약이다. (O) 30회
- 계약비용
- 과실취득권
- 대금지급장소
- 매매예약
- 계약금
- 매도인의 담보책임

2. 계약비용(제566조)

- 당사자 **쌍방이 균분**
  기출 매매계약에 관한 비용은 특별한 사정이 없는 한 당사자 쌍방이 균분하여 부담한다. (O) 30회
- **임의규정** : 특약을 통해서 다르게 정할 수 있다.
  기출 매매비용을 매수인이 전부 부담한다는 약정은 특별한 사정이 없는 한 유효하다. (O) 26회
- 계약비용에 포함 O : 측량비용, 평가비용, 계약서작성비용
  기출 측량비용, 등기비용, 담보권 말소비용 등 매매계약에 관한 비용은 특별한 사정이 없으면 당사자 쌍방이 균분하여 분담한다. (X) 24회 → 등기비용, 담보권 말소비용은 계약비용에 포함되지 않는다.
- 계약비용에 포함 X : 소유권이전등기비용, 말소등기비용

3. 과실의 귀속

: 매매계약 후 매매목적물에서 발생하는 과실을 누가 취득할까?

- 목적물인도 X, 대금완납 X : **매도인**이 취득
  기출 매매목적물이 인도되지 않고 대금도 완제되지 않은 경우, 목적물로부터 생긴 과실은 매도인에게 속한다. (O) 26회
- 목적물인도 X, 대금완납 O : **매수인**이 취득
- 목적물인도 O, 대금완납 X : **매수인**이 취득 / 대금을 지급할 때 인도받은 날부터 이자를 가산해야 한다.

4. 매수인의 대금지급의무 등

- **동일기한의 추정(제585조)** : 매매의 당사자 일방에 대한 의무이행의 기한이 있는 때에는 상대방의 의무이행에 대하여도 동일한 기한이 있는 것으로 추정한다.
  - 기출) 당사자 일방에 대한 의무이행의 기한이 있는 때에는 상대방의 의무이행에 대하여도 동일한 기한이 있는 것으로 추정한다. (O) 25회

- **대금지급장소(제586조)** : 매매의 목적물의 인도와 동시에 대금을 지급할 경우에는 그 인도장소에서 이를 지급하여야 한다.
  - 기출) 매매목적물의 인도와 동시에 대금을 지급할 때에는 특별한 사정이 없으면 그 인도장소에서 대금을 지급하여야 한다. (O) 24회

5. 매매의 예약

※ 합의를 통해서 성립하기 때문에 계약이다.

- **의의** : 장차 매매하기로 미리 약정하는 것
- **성질** : 예약은 언제나 채권계약이다.
  - 기출) 매매의 일방예약은 물권계약이다. (X) 28회 → 채권계약이다.
- **종류**
  - 편무, 쌍무예약 : 승낙의무를 누가 부담하는지를 기준으로 구별한다.
  - 일방, 쌍방예약 : 예약완결권을 누가 가지고 있는지를 기준으로 구별한다.
    - 기출) 매매의 일방예약은 상대방이 매매를 완결할 의사를 표시하는 때에 매매의 효력이 생긴다. (O) 28회
- **예약완결권** : 행사한 때부터 효력 발생 / 소급 X
  - 일방적 의사표시만으로 본계약을 체결시킬 수 있는 권리
    - 기출) 乙이 예약완결권을 행사하더라도 甲의 승낙이 있어야 비로소 매매계약은 그 효력이 발생한다. (X) 33회 → 승낙이 없어도 효력이 발생한다.
  - **형성권** → 상대방의 승낙 없이도 본계약이 성립
  - 가등기할 수 있다.
  - 가등기 후 부동산이 양도된 경우 : 예약완결권은 양도인에게 행사한다(양수인 X).
  - 예약완결권도 양도할 수 있다.
    - 기출) 예약완결권은 재산권이므로 특별한 사정이 없는 한 타인에게 양도할 수 있다. (O) 33회
  - 최고 : 예약상 의무자가 예약완결권자에게 최고할 수 있다. / 확답이 없으면 예약은 효력을 상실한다.
  - **행사기간(제척기간, 법원의 직권조사사항이다)**
    - 기출) 乙이 예약완결권을 행사기간 내에 행사하였는지에 관해 甲의 주장이 없다면 법원은 이를 고려할 수 없다. (X) 33회 → 법원의 직권조사사항이다.

    ① 행사기간을 약정하는 경우(행사기간은 제한 없이 정할 수 있다 / 약정한 경우에는 행사기간 내에 행사하면 된다)
    ② 행사기간의 약정이 없는 때(예약이 성립한 때부터 10년 이내에 행사해야 한다)

    - 기출) 예약완결권은 당사자 사이에 그 행사기간을 약정하지 않은 경우 그 예약이 성립한 날로부터 5년 내에 이를 행사하여야 한다. (X) 28회
      → 10년 이내에 행사해야 한다.
    - 기출) 예약완결권의 행사기간 도과 전에 예약완결권자가 예약목적물인 부동산을 인도받은 경우, 그 기간이 도과되더라도 예약완결권은 소멸되지 않는다. (X) 34회 → 예약완결권의 행사기간은 제척기간이기 때문에 그 기간이 경과하면 소멸한다.

063 계약금 ★★★

064 매도인의 담보책임 ★★★

- 매매의 목적인 권리에 하자가 있거나 물건에 하자(흠, 결함)가 있는 경우, 매도인이 매수인에게 져야 하는 책임으로, 담보책임규정은 임의규정에 해당하므로 특약을 통해서 면제할 수 있다. 다만, 담보책임을 면하는 특약을 한 경우에도 매도인이 알고 고지하지 아니한 경우에는 책임을 면할 수 없다.

1. 담보책임 목차

- 권리의 하자
  - 전부 타인 권리 매매담보책임
  - 일부 타인 권리 매매담보책임
  - 수량부족, 일부멸실담보책임
  - 제한물권 제한담보책임
  - 저당권, 전세권 행사담보책임
- 물건의 하자
  - 특정물 매매담보책임
  - 불특정물 매매담보책임
- 경매에서 담보책임

대금**감액**청구권 인정 ❶	**일**부타인, **수**량부족, 일부멸실
악의매수인도 담보책임을 물을 수 있는 경우 ❷	① **전**부타인(제570조): **해**제권 ② **일**부타인(제572조): 대금**감**액청구권 ③ **저**당권, **전**세권 행사(제576조): **해**제권, **손**해배상청구권
악의매수인은 담보책임을 물을 수 없는 경우 ❸	① **수**량부족, 일부멸실(제574조) ② **제**한물권 제한(제575조)

윤'S 암기포인트

❶ 일수감액 해줘

❷ 전해일감 저전손해

❸ 수제는 바보다

2. 물건의 하자에 대한 담보책임

- 목적물에 하자가 있을 것
- 하자에 대해서 매수인은 선의 그리고 무과실일 것
- 기준시기(하자 존재) : 계약 성립 시를 기준으로 판단한다.
- 법률적 하자가 있는 경우
  - 물건의 하자에 해당한다. / 권리의 하자가 아니다.
  - 건축을 목적으로 매매된 토지에 건축허가를 받을 수 없어 건축이 불가능한 경우 : 목적물의 하자에 해당한다.
- 책임내용
  - 특정물의 하자
    - 목적을 달성할 수 있는 경우 : 손해배상만 청구할 수 있다.
    - 목적을 달성할 수 없는 경우 : 해제와 함께 손해배상을 청구할 수 있다.
  - 종류물의 하자 (불특정물의 하자)
    - 목적을 달성할 수 있는 경우 : 손해배상만 청구할 수 있다.
    - 목적을 달성할 수 없는 경우 : 해제와 함께 손해배상을 청구하거나 또는 완전물급부청구권을 행사할 수 있다(선택 O).
- 행사기간의 제한(제척기간 O)
  - 6개월(안 날로부터)
  - 출소기간 X : 재판상, 재판 외 행사할 수 있다.

3. 담보책임 한방에 정리하기

담보책임			책임의 내용			
			대금감액청구권	해제권	손해배상청구권	제척기간
권리의 하자	전부 타인 권리 매매	선의		O	O	X
		악의		O	X	
	일부 타인 권리 매매	선의	O	O (잔존부분만이면 매수하지 아니하였을 경우)	O	1년 (선의: 안 날로부터 / 악의: 한 날로부터)
		악의	O	X	X	1년 (선의: 안 날로부터 / 악의: 한 날로부터)
	수량부족, 일부멸실	선의	O	O (잔존부분만이면 매수하지 아니하였을 경우)	O	1년 (선의: 안 날로부터)
		악의	X	X	X	
	제한물권의 제한	선의		O (목적 달성이 불가능한 경우)	O	1년 (선의: 안 날로부터)
		악의		X	X	
	저당권, 전세권 행사	선의		O (매수인이 소유권을 취득할 수 없거나 취득한 소유권을 상실한 경우)	O	X
		악의		O (매수인이 소유권을 취득할 수 없거나 취득한 소유권을 상실한 경우)	O	
물건의 하자	특정물 매매	선의·무과실		O (목적 달성이 불가능한 경우)	O	6개월
		악의·과실		X	X	
	불특정물(종류물) 매매	선의·무과실		O (목적 달성이 불가능한 경우)	O	6개월
		악의·과실		X	X	

기출 권리의 일부가 타인에게 속한 경우, 선의의 매수인이 갖는 손해배상청구권은 계약한 날로부터 1년 내에 행사되어야 한다. (X) 26회
→ 안 날로부터 1년 내에 행사되어야 한다.

기출 권리의 전부가 타인에게 속하여 매수인에게 이전할 수 없는 경우, 악의의 매수인에게 계약해제권이 인정된다. (O) 33회

기출 권리의 일부가 타인에게 속하여 그 권리의 일부를 매수인에게 이전할 수 없는 경우, 악의의 매수인에게 대금감액청구권이 인정된다. (O) 33회

기출 목적물에 설정된 저당권의 실행으로 인하여 매수인이 소유권을 취득할 수 없는 경우, 악의의 매수인에게 계약해제권이 인정된다. (O) 33회

기출 매매목적 부동산에 전세권이 설정된 경우, 계약의 목적 달성 여부와 관계없이, 선의의 매수인은 계약을 해제할 수 있다. (X) 26회
→ 계약의 목적을 달성할 수 없는 경우에 해제할 수 있다.

기출 목적물에 설정된 지상권에 의해 매수인의 권리행사가 제한되어 계약의 목적을 달성할 수 없는 경우, 악의의 매수인에게 계약해제권이 인정된다. (X) 33회
→ 지상권은 제한물권으로, 악의의 매수인에게는 계약해제권이 인정되지 않는다.

065 경매에서 담보책임 ★

- 경매의 목적물에 권리의 하자가 있는 경우에 경락인(매수인)은 담보책임을 물을 수 있다.

1. 요건
- 공·경매
- 경매절차는 유효할 것 : 무효인 경우 담보책임은 발생하지 않는다.
- 권리의 하자일 것 : 물건의 하자에 대해서는 담보책임은 발생하지 않는다.

2. 책임내용
- 해제, 대금감액청구권
- 손해배상청구권
  - 원칙: X
  - 예외: O : 손해배상청구 O   채무자가 알고 고지 X / 채권자가 알고 경매한 경우
- 담보책임의 상대방
  - 1차 : 채무자에게 책임을 물을 수 있다.
  - 2차 : 배당받은 채권자에게 책임을 물을 수 있다(채무자에게 자력 X).

[기출] 甲은 경매절차에서 저당목적물인 乙 소유의 X토지를 매각받고, 그 소유권이전등기가 경료되었다.
① 甲은 X토지의 물건의 하자를 이유로 담보책임을 물을 수 없음이 원칙이다. (O) 23회
② 경매절차가 무효인 경우, 甲은 담보책임을 물을 수 없다. (O) 23회
③ 담보책임이 인정되는 경우, 甲은 乙의 자력 유무를 고려함이 없이 곧바로 배당채권자에게 대금의 전부 또는 일부의 상환을 청구할 수 있다. (X) 23회
→ 채무자에게 자력이 없을 경우에만 배당채권자에게 상환을 청구할 수 있다.

066 환매 ★★

- 매도인이 매매계약과 동시에 매수인과의 특약으로 다시 매수할 수 있는 권리인 환매권을 보유한 경우에 일정한 기간 내에 그 환매권을 행사하여 매수인으로부터 그 목적물을 다시 찾아오는 것

1. 요건
- 목적물 : 제한 없다.
- 환매특약 : 매매계약과 **동시**에 해야 한다. [기출] 환매특약은 매매계약과 동시에 이루어져야 한다. (O) 33회

2. 환매권 행사 (공유지분의 환매도 가능)
- 행사방법 : 의사표시 + 환매대금을 제공해야 한다. / **환매권은 양도할 수 있다.**
- 환매대금
  - 약정이 있는 경우 : 약정에 따른다.
  - 약정이 **없는** 경우 : 영수대금 + **매매비용** [기출] 특별한 약정이 없는 한, 환매대금에는 매수인이 부담한 매매비용이 포함된다. (O) 27회
- 환매기간
  - 부동산(5년) / 동산(3년) ➡ 넘은 때: 부동산 5년, 동산 3년으로 단축 [기출] 부동산에 대한 환매기간을 7년으로 정한 때에는 5년으로 단축된다. (O) 27회
  - 다시 **연장할 수 없다.** [기출] 환매기간을 정한 때에는 다시 이를 연장하지 못한다. (O) 30회
  - 기간 정함이 없는 경우 : 부동산 5년 / 동산 3년 [기출] 부동산의 환매기간을 정하지 않은 경우, 그 기간은 5년으로 한다. (O) 33회
- 환매특약이 **등기**된 경우 : 제3자에게 효력이 **있다.** [기출] 부동산에 대한 매매등기와 동시에 환매권 보류를 등기하지 않더라도 제3자에게 대항할 수 있다. (X) 27회
  → 등기해야 대항할 수 있다.
- 목적물의 **과실**과 대금의 **이자** : 특별한 약정이 없으면 **상계**한 것으로 본다. [기출] 환매 시 목적물의 과실과 대금의 이자는 특별한 약정이 없으면 이를 상계한 것으로 본다. (O) 33회

067 교환 ★★★

• 당사자 쌍방이 금전 이외의 재산권을 서로 이전할 것을 약정함으로써 성립하는 계약

1. 성질 : 낙성, 쌍무, 유상, 불요식계약 O / 요물계약 X, 서면작성 필요 X

[기출] 교환계약은 유상·쌍무계약이다. (O) 32회

2. 성립
- 청약과 승낙의 합치 : 시가를 고지하지 않거나 시가보다 높은 가격을 시가로 고지한 경우
  ⇒ 사기취소 X (의사결정에 불법적 간섭 X, 불법행위 성립 X, 기망행위 X)
- 차액을 보충금으로 지급하기로 약정한 경우 : 교환계약이 성립한다. / 매매계약이 성립하는 것은 아니다.

[기출] 교환계약에서 당사자가 자기 소유 목적물의 시가를 묵비하여 상대방에게 고지하지 않은 경우, 특별한 사정이 없는 한 상대방의 의사결정에 불법적인 간섭을 한 것이다. (X) 32회
→ 불법적인 간섭을 한 것이 아니다.

3. 보충금
- 금전의 보충지급을 약정 : 금전에 대하여 매매대금규정이 준용된다.
- 보충금을 제외하고 소유권을 이전한 경우 : 계약상 의무를 이행한 것으로 본다.
- 보충금을 지급하지 않은 경우 : 교환계약의 해제사유가 된다.
- 보충금지급에 갈음해서 채무인수를 했지만 채무를 변제하지 않는 경우 : 상대방이 대신 변제한 경우 ⇒ 교환계약의 해제사유가 된다.

[기출] 교환계약에서 일방이 금전의 보충지급을 약정한 경우 그 금전에 대하여는 매매대금에 관한 규정을 준용한다. (O) 32회

[기출] 甲은 자신의 X건물을 乙 소유 Y토지와 서로 교환하기로 합의하면서 가액 차이로 발생한 보충금의 지급에 갈음하여 Y토지에 설정된 저당권의 피담보채무를 이행인수하기로 약정하였다.
① 교환계약체결 후 甲의 귀책사유 없이 X건물이 멸실되더라도 위험부담의 법리는 적용되지 않는다. (X) 28회 → 위험부담규정이 적용될 수 있다.
② 甲이 보충금을 제외한 X건물의 소유권을 乙에게 이전하면 특별한 사정이 없는 한 계약상의 의무를 한 것이 된다. (O) 28회
③ 甲과 乙은 특약이 없는 한 목적물의 하자에 대하여 상대방에게 담보책임을 부담하지 않는다. (X) 28회 → 담보책임이 성립할 수 있다.
④ 乙이 시가보다 조금 높게 Y토지의 가액을 고지해서 甲이 보충금을 지급하기로 약정했다면, 甲은 乙에게 불법행위에 기한 손해배상청구가 가능하다. (X) 28회
→ 사기에 해당하지 않기 때문에 불법행위에 기한 손해배상을 청구할 수 없다.

4. 효력
- 매매규정이 준용된다.
- 하자가 있는 경우 : 담보책임이 성립할 수 있다.
- 쌍무계약 : 동시이행의 항변권, 위험부담규정이 적용될 수 있다.

[기출] 교환계약에서 다른 약정이 없는 한 각 당사자는 목적물의 하자에 대해 담보책임을 부담한다. (O) 32회

068 임대차 ★★

● 당사자 일방(임대인)이 상대방에게 목적물(임대물)을 사용·수익하게 할 것을 약정하고, 상대방(임차인)이 이에 대하여 차임을 지급할 것을 약정함으로써 성립하는 계약

1. 성질 : 유상, 쌍무, 낙성, 불요식, 계속적 계약

2. 성립
- 임대인 : 사용, 수익약정
- 임차인 : 차임지급약정

3. 존속기간
- 약정을 하는 경우
  - 최장기 제한 X : **영구무한의 임대차가 가능**하다(판례).
    - [기출] 견고한 건물의 소유를 목적으로 하는 토지임대차는 그 존속기간이 20년을 넘지 못한다. (X) 22회 → 임대차 존속기간의 최장기 제한은 없다.
    - [기출] 임차기간을 영구로 정한 임대차약정은 특별한 사정이 없는 한 허용된다. (O) 34회
  - 최단기 제한 X
- 약정이 없는 경우 — 언제든지 해지통고할 수 있다.
  - 해지의 효과
    - 부동산
      - 임대인이 통고한 경우 : 6월 경과하면 해지된다.
      - 임차인이 통고한 경우 : 1월 경과하면 해지된다.
    - 동산 : 5일 경과하면 해지된다.
- 갱신
  - 약정갱신
  - 묵시갱신 (강행규정)
    - 요건
      - 존속기간 만료 후
      - 임차인 : 사용·수익을 계속하고 있는 경우
      - 임대인 : 이의제기 없는 경우
    - 효과
      - 전 임대차와 동일조건으로 다시 임대한 것으로 본다.
      - 존속기간 : 기간의 약정이 없는 것으로 본다. 당사자는 언제든지 해지통고할 수 있다.
        - [기출] 토지임대차가 묵시적으로 갱신된 경우, 임차인은 언제든지 해지통고할 수 있으나, 임대인은 그렇지 않다. (X) 26회 → 당사자는 언제든지 해지통고할 수 있다.

4. 임차인은 대항력이 있을까?
- 원칙: X
- 예외: O
  - **임대차가 등기**된 경우(제621조) : 등기된 때부터 대항력을 취득한다(반대약정이 없는 경우에 임대인에게 임대차등기절차에 협력할 것을 청구할 수 있다).
    - [기출] 임대인 甲과 임차인 乙 사이에 반대약정이 없으면 임차인 乙은 임대인 甲에 대하여 임대차등기절차에 협력할 것을 청구할 수 있다. (O) 32회
  - 토지임대차에서 지상**건물이 등기**된 경우(제622조) : **등기된 때부터** 대항력을 취득한다.
    - [기출] 건물소유를 목적으로 한 토지임대차를 등기하지 않았더라도, 임차인이 그 지상건물의 보존등기를 하면, 토지임대차는 제3자에 대하여 효력이 생긴다. (O) 26회
  - 「주택임대차보호법」 : 주택인도 O + 주민등록 O
  - 「상가건물 임대차보호법」 : 건물인도 O + 사업자등록신청 O
  - **다음 날(0시)** 대항력을 취득한다.

069 비용상환청구권(제626조) - 임의규정, 청구권 O(형성권 X) ★★

• 임차인이 임대차 목적물에 비용을 지출한 경우, 그 비용은 원래 임대인이 지출해야 할 비용이므로 임차인은 임대인에게 비용상환을 청구할 수 있다.

1. 필요비상환청구권
: 목적물의 보존비용 (현상유지비용)

: 지출 **즉시** 발생한다(존속 중 청구할 수 있다 / 가액증가의 현존 여부에 관계없이 지출비용 전부를 청구할 수 있다)
  [기출] 임차물에 필요비를 지출한 임차인은 임대차 종료 시 그 가액증가가 현존한 때에 한하여 그 상환을 청구할 수 있다. (X) 26회
  → 존속 중에도 가액증가의 현존 여부에 관계없이 청구할 수 있다.

2. 유익비상환청구권
: 목적물의 개량비용 (가치를 증가시키는 비용)

: **종료 시** 발생(종료 후 청구할 수 있다 / 가액증가가 현존해야 한다 / 법원은 상당한 상환기간을 허여할 수 있다)
  [기출] 유익비상환청구권은 임대차 종료 시에 행사할 수 있다. (O) 27회

3. 독립성이 없을 것

4. 원상복구특약이 없을 것
- 원상복구특약이 **없는 경우** : 비용상환청구권을 행사할 수 있다.
- 원상복구특약이 **있는 경우** : 비용상환청구권을 행사할 수 없다.

5. 유치권이 성립할 수 있을까?
- 유치권이 성립할 수 있다. : 필요비, 유익비 모두 성립한다.
- 유익비에 대해 상환기간이 **허여**된 경우 : 유치권은 **성립하지 않는다.**

6. 행사기간의 제한
: **임대인이 목적물을 반환받은 날부터** 6월 내에 행사해야 한다(임대차가 종료한 날부터 6월 X).
[기출] 유익비상환청구권은 임대인이 목적물을 반환받은 날로부터 1년 내에 행사하여야 한다. (X) 27회
→ 6월 내에 행사하여야 한다.

7. 일시사용을 위한 임대차
: 비용상환청구권을 행사할 수 있다.

8. 임의규정
: 원상회복의무를 면하는 대신 유익비를 포기하는 약정 **유효**하다.

070 부속물매수청구권(제646조) - **강행**규정, **형성권 O**(청구권 X)

• **부속물**: 건물사용의 객관적 편익을 위해서 부속시킨 물건으로서 임차인 소유에 속하는 물건을 말하며 임대인에게 매수해달라고 청구할 수 있다.
(임차인 자신의 특수목적을 위해 부속시킨 물건은 부속물에 해당하지 않음)

1. 발생요건

- **부속물에 해당할 것**
  - **건물사용의 객관적 편익을 가져오는 물건** : 임차인의 특수목적을 위한 것은 부속물이 아니다.
    - [기출] 오로지 임차인의 특수목적을 위해 부속된 물건은 매수청구의 대상이 아니다. (O) 30회
  - **독립성이 있어야** 한다(부합 X, 임차인소유 O). : 임차목적물의 **구성부분**은 부속물이 아니다.
    - [기출] 임차목적물의 구성부분은 부속물매수청구권의 객체가 될 수 없다. (O) 29회

- **건물 기타 공작물 임대차에서 발생** : 토지임대차에서는 인정되지 않는다.
  - [기출] 부속물매수청구권은 토지임차인에게 인정될 수 없다. (O) 33회

- 임대인으로부터 **동의** 또는 임대인으로부터 **매수**한 부속물에 대해서 인정된다.
  - [기출] 임대인으로부터 매수한 물건을 부속한 경우에도 부속물매수청구권이 인정된다. (O) 30회

- **행사시기**
  - **임대차가 종료한 때** : 종료 전에는 청구할 수 없다.
    - [기출] 건물임차인이 그 사용의 편익을 위해 임대인으로부터 부속물을 매수한 경우, 임대차 종료 전에도 임대인에게 그 매수를 청구할 수 있다. (X) 26회 → 종료 전에는 청구할 수 없다.
  - **임차인의 채무불이행**(2기 차임연체)으로 해지된 경우 : 부속물매수청구권은 **인정되지 않는다**.
    - [기출] 임차인의 차임연체로 계약이 해지된 경우, 임차인은 임대인에 대하여 부속물매수를 청구할 수 없다. (O) 31회

- 일시사용을 위한 임대차가 명백한 경우 : 부속물매수청구권은 인정되지 않는다.
  - [기출] 일시사용을 위한 것임이 명백한 임대차의 임차인은 부속물의 매수를 청구할 수 있다. (X) 27회 → 청구할 수 없다.

2. 효과

- **형성권** : 임대인의 승낙이 없어도 매매가 성립한다(부속물매매계약은 성립 O). / **적법**전대(**전차인**도 행사할 수 있다)
  - [기출] 적법한 전차인에게도 부속물매수청구권이 인정된다. (O) 30회
- **동시이행관계** : 임차인은 임대인으로부터 부속물매매대금을 받을 때까지 부속물 인도를 거절할 수 있다.
- **유치권 행사** : 부속물매매대금채권은 견련성이 없으므로 **유치권은 성립하지 않는다.**
- **강행규정** : 부속물매수청구권을 인정하지 않는 약정은 무효
  - [기출] 임대차기간 중에 부속물매수청구권을 배제하는 당사자의 약정은 임차인에게 불리하더라도 유효하다. (X) 27회 → 강행규정이므로 배제하는 약정은 무효이다.
- 임차인 지위와 분리해서 부속물매수청구권만을 양도할 수 있을까? : 양도할 수 없다.
  - [기출] 임차인의 지위와 분리하여 부속물매수청구권만을 양도할 수 없다. (O) 29회

071 지상물매수청구권(제643조) - 강행규정, 형성권 O (청구권 X) ★★★

> 임대차가 소멸한 경우에 건물 기타 공작물이나 수목이 현존한 때에는 임차인은 계약의 갱신을 청구할 수 있다.
> 이 경우 임대인이 계약의 갱신을 원하지 아니하는 때에는 임차인은 상당한 가액으로 지상물이나 공작물, 수목의 매수를 청구할 수 있는 권리가 있다.

1. 발생요건

- **토지**임대차(모든 임대차에서 발생하는 것이 아니라 건물 기타 공작물의 소유 또는 식목, 채염, 목축을 목적으로 한 토지임대차에만 인정된다)

- **존속기간 만료로 소멸 + 지상물이 현존해야 함**
  - 채무불이행(차임연체)으로 임대차가 소멸한 경우 : 지상물매수청구권 **행사 X**
  - 임대인이 해지통고로 소멸(기간 정함이 없는 임대차)한 경우 : 지상물매수청구권 **행사 O**
    - [기출] 임대인의 해지통고로 기간의 정함이 없는 토지임차권이 소멸한 경우에는 임차인은 지상물의 매수를 청구할 수 없다. (X) 24회
      → 청구할 수 있다.

- 지상물의 범위
- 계약갱신청구권
- 청구권자
- 상대방
- 강행규정

2. 지상물의 범위

- 임대인의 동의를 얻어 신축해야 할까? : 동의는 필요 없다.
- **무허가, 미등기건물**에 대해서도 인정될까? : 지상물매수청구권이 **인정된다**.
- 경제적 가치가 없는 경우, 임대인에게 효용이 없는 경우에도 인정될까? : 지상물매수청구권이 인정된다.
- 건물이 임대인 토지와 제3자 토지 위에 걸친 경우에도 인정될까?
  - **임대인 소유 토지 위에 있는 건물**에 한하여 인정된다. : 임차지상에 서 있는 건물
  - **구분소유 객체가 될 수 있는 부분**에 한하여 인정된다. : 건물 전체에 대해서 매수청구할 수 있는 것은 아니다.

[기출] 임차인 甲이 임대인 乙에게 지상물매수청구권을 행사하는 경우에
① 甲의 매수청구가 유효하려면 乙의 승낙을 요한다. (X) 30회 → 승낙을 요하지 않는다.
② 건축허가를 받은 건물이 아니라면 甲은 매수청구를 하지 못한다. (X) 30회
   → 무허가건물에 대해서도 지상물매수청구권이 인정된다.
③ 甲 소유 건물이 乙이 임대한 토지와 제3자 소유의 토지 위에 걸쳐서 건립된 경우, 甲은 건물 전체에 대하여 매수청구를 할 수 있다. (X) 30회
   → 임차지상에 서 있는 건물 중 구분소유의 객체가 될 수 있는 부분에 한하여 인정된다.
④ 甲은 매수청구권의 행사에 앞서 임대차계약의 갱신을 청구할 수 없다. (X) 30회
   → 계약의 갱신을 청구한 후에 지상물의 매수를 청구할 수 있다.

3. 계약갱신청구권

- 청구권
- 원칙 : 계약갱신청구 → 임대인이 갱신거절 → 지상물매수청구권을 행사할 수 있다.
- 예외 : 기간의 정함이 없는 임대차에서 **임대인이 해지통고**한 경우 (미리 갱신거절한 것으로 볼 수 있다) → **즉시** 지상물매수청구권을 **행사할 수 있다.**

[기출] 임차인이 임대인에게 계약의 갱신을 청구하지 않더라도 특별한 사정이 없으면 임차인은 지상물의 매수를 청구할 수 있다. (X) 24회
→ 계약의 갱신을 청구한 후에 지상물의 매수를 청구할 수 있다.

072 임차권의 양도와 임차물의 전대(제629조) - 임의규정 ★★★

1. 적법양도 / 적법전대
↳ 임대인의 동의가 있는 경우

- **임차권의 양도**
  - 임대차관계의 동일성이 유지되면서 임차인 지위가 양수인에게 이전한다.
  - 양도인(임차인)은 임차인의 지위를 상실하고 양수인이 그 지위를 승계하여 임차인으로서의 권리와 의무를 취득한다.

- **임차물의 전대**
  - 임차인은 여전히 임차인의 지위를 유지하면서(임대차관계 소멸 X) 임차인이 임차물을 다시 제3자에게 임대해주는 것을 말한다.
  - 임차인은 전차인에게 목적물을 사용·수익하게 해 줄 의무를 부담한다.

- **임대인의 동의가 필요하다.** : 소부분 전대 시 임대인의 동의는 필요 없다(임대인의 동의 없이 임차인이 소부분을 전대한 경우에도 임대인은 해지할 수 없다).

- 임차권이 소멸하면 전차권도 소멸 O

- **임대인과 임차인의 합의로 계약이 종료한 경우** : 전차인의 권리는 소멸하지 않는다(전차인은 임대인에게 전차권을 주장할 수 있다).
  > [기출] 甲은 자기 소유 X창고건물 전부를 乙에게 임대하였고, 乙은 甲의 동의를 얻어 X건물 전부를 丙에게 전대하였다.
  > ① 甲과 乙의 합의로 임대차계약을 종료한 경우 丙의 권리는 소멸한다. (X) 32회 → 전차인의 권리는 소멸하지 않는다.
  > ② 甲에 대한 차임연체액이 2기에 달하여 甲이 임대차계약을 해지한 경우, 丙에게 그 사유를 통지하지 않아도 해지로써 丙에게 대항할 수 있다. (O) 32회
  > ③ 甲은 乙에게 차임지급을 청구할 수 있다. (O) 32회
  > ④ 丙은 직접 甲에 대해 차임을 지급할 의무를 부담한다. (O) 32회

- **임대인의 해지통고로 임대차가 종료한 경우**
  - 임대인이 전차인에게 그 사유를 통지하지 않은 경우 → 임대인은 전차인에게 대항할 수 없다.
  - 임차인이 2기 차임연체, 임대인이 임대차를 해지했지만 전차인에게 통지하지 않은 경우
    - 전차인에게 대항할 수 있다.
    - 도달 즉시 임대차는 해지된다.

- **차임지급** : 전차인이 차임을 전대인에게 지급한 경우에는 임대인에게 대항할 수 없다(전차인은 직접 임대인에게 의무를 부담한다).

- 임차인은 전차인에게 임차목적물을 인도하여 사용·수익하게 해 줄 의무를 부담한다.

- **임대인의 해지통고로 임대차가 종료한 경우**
  - 전차인이 목적물을 반환하지 않고 사용하는 경우 : 전차인은 차임에 상당한 부당이득반환의무가 있다.
  - 전차인이 임대인에게 직접 목적물을 반환한 경우 : 전차인은 전대인에 대한 목적물반환의무를 면한다.

- **적법전차인**
  - 부속물매수청구권 행사할 수 있다.
    : 무단전차인 ▶ 부속물매수청구권 인정 X
  - 지상물매수청구권 행사할 수 있다.
    : 무단전차인 ▶ 지상물매수청구권 인정 X

> [기출] 건물임대인 甲의 동의를 얻어 임차인 乙이 丙과 전대차계약을 체결하고 그 건물을 인도해 주었다.
> ① 甲과 乙의 합의로 임대차계약이 종료되어도 丙의 권리는 소멸하지 않는다. (O) 26회
> ② 전대차 종료 시에 丙은 건물 사용의 편익을 위해 乙의 동의를 얻어 부속한 물건의 매수를 甲에게 청구할 수 있다. (X) 26회
> → 乙의 동의가 아닌 甲의 동의를 얻어야 청구할 수 있다.
> ③ 임대차와 전대차기간이 모두 만료된 경우, 丙은 건물을 甲에게 직접 명도해도 乙에 대한 건물명도의무를 면하지 못한다. (X) 26회 → 면하게 된다.
> ④ 乙의 차임연체액이 2기의 차임액에 달하여 甲이 임대차계약을 해지하는 경우, 甲은 丙에 대해 그 사유의 통지 없이도 해지로써 대항할 수 있다. (O) 26회

2. 무단양도 / 무단전대
임대인의 동의가 없는 경우

임대인과 임차인의 관계
- 임차인의 **배신행위를 원인**으로 임대인은 임대차계약을 **해지할 수 있다**(소부분: 해지 X).
- 배신행위라고 볼 수 없는 경우
  : 임대인은 임대차계약을 해지할 수 없다(부부가구점 영업사건).
- 임대인은 **임차인에게 차임지급을 청구**할 수 있다.
- 임대인은 차임지급을 청구할 수 있고 또는 임대차계약을 해지할 수 있다(둘 중 하나를 선택할 수 있다).

[기출] 甲 소유의 X토지를 건물 소유의 목적으로 임차한 乙은 甲의 동의 없이 이를 丙에게 전대하였다.
① 乙과 丙 사이의 전대차계약은 유효하다. (O) 29회
② 甲은 임대차계약이 종료되지 않으면 X토지의 불법점유를 이유로 丙에게 차임 상당의 부당이득반환을 청구할 수 없다. (O) 29회
③ 甲은 임대차계약이 존속하는 동안에는 X토지의 불법점유를 이유로 丙에게 차임 상당의 손해배상을 청구할 수 없다. (O) 29회

[기출] 甲은 자신의 X건물을 乙에게 임대하였고, 乙은 甲의 동의 없이 X건물에 대한 임차권을 丙에게 양도하였다.
① 乙은 丙에게 甲의 동의를 받아 줄 의무가 있다. (O) 28회
② 乙과 丙 사이의 임차권 양도계약은 유동적 무효이다. (X) 28회
  → 무효가 아니라 유효이다.
③ 甲은 乙에게 차임의 지급을 청구할 수 있다. (O) 28회
④ 만약 丙이 乙의 배우자이고 X건물에서 동거하면서 함께 가구점을 경영하고 있다면, 甲은 임대차계약을 해지할 수 없다. (O) 28회

임차인과 전차인의 관계
- **전대차계약** 자체는 **유효**
- 임차인
  - 전차인에게 목적물을 인도·사용·수익하게 해 줄 의무가 있다.
  - 전차인에게 임대인의 동의를 받아줄 의무를 부담한다.
  ➡ 임대인의 동의를 받아주지 못한 경우: 전차인에게 담보책임을 질 수 있다.

임대인과 전차인의 관계
- 전차인은 **임대인에게 대항할 수 없다.** : 전차인의 점유는 **불법**점유에 해당한다.
- 물권적 청구권(소유권에 의한) : 임대인은 전차인에게 물권적 청구권을 행사할 수 있다.
- **임대차계약이 존속**하고 있다면 임대인은 전차인에게 차임 상당의 손해배상청구권, 부당이득반환청구권을 행사할 수 있을까? : 임대인은 전차인에게 차임 상당의 **손해배상청구권이나 부당이득반환청구권을 행사할 수 없다.**
- 전차인의 차임지급 : 무단전대인 경우에는 전차인은 임대인에게 직접 차임지급의무를 부담하지 않는다.

PART 3 기출지문 OX로 계약법 마무리

01 현상광고계약은 낙성계약에 해당한다. 31회 (O | X)

02 매매계약은 낙성계약이다. 36회 (O | X)

03 격지자 간의 계약은 다른 의사표시가 없으면 승낙의 통지를 발송한 때에 성립한다. 29회 (O | X)

04 청약이 상대방에게 도달하여 그 효력이 발생하더라도 청약자는 이를 철회할 수 있다. 32회 (O | X)

05 합의해제를 청약한 경우, 그 청약에 대해 조건을 붙여 승낙한 때에는 그 청약은 실효된다. 36회 (O | X)

06 당사자 간에 동일한 내용의 청약이 상호교차된 경우, 양 청약이 상대방에게 도달한 때에 계약이 성립한다. 35회 (O | X)

07 계약이 의사의 불합치로 성립하지 않는다는 사실을 알지 못하여 손해를 입은 당사자는 계약체결 당시 그 계약이 불성립될 수 있다는 것을 안 상대방에게 계약체결상의 과실책임을 물을 수 있다. 35회 (O | X)

08 선이행의무자가 이행을 지체하는 동안에 상대방의 채무의 변제기가 도래한 경우, 특별한 사정이 없는 한 쌍방의 의무는 동시이행관계가 된다. 26회 (O | X)

09 채무를 담보하기 위해 채권자 명의의 소유권이전등기가 된 경우, 피담보채무의 변제의무와 그 소유권이전등기의 말소의무는 동시이행관계에 있다. 35회 (O | X)

10 당사자 쌍방의 귀책사유 없는 이행불능으로 매매계약이 종료된 경우, 매도인은 이미 지급받은 계약금을 반환하지 않아도 된다. 30회 (O | X)

11 채권자의 수령지체 중 당사자 모두에게 책임 없는 사유로 불능이 된 경우 채무자는 상대의 이행을 청구할 수 있다. 31회 (O | X)

12 수익자는 제3자를 위한 계약에서 발생한 해제권을 가지는 것이 원칙이다. 33회 (O | X)

13 제3자의 권리는 그 제3자가 채무자에 대해 수익의 의사표시를 하면 계약의 성립 시에 소급하여 발생한다. 32회 (O | X)

14 매도인의 책임 있는 사유로 이행불능이 되면 매수인은 최고 없이 계약을 해제할 수 있다. 29회 (O | X)

15 계약의 해제로 제3자의 권리를 해할 수 없다고 규정한 민법 제548조 제1항은 합의해제에 유추적용된다. 36회 (O | X)

16 계약해제의 효과로 반환할 이익의 범위는 특별한 사정이 없으면 이익의 현존 여부나 선의·악의를 불문하고 받은 이익의 전부이다. 24회 (O | X)

17 당사자 일방에 대한 의무이행의 기한이 있는 때에는 상대방의 의무이행에 대하여도 동일한 기한이 있는 것으로 추정한다. 25회 (O | X)

18 예약완결권은 당사자 사이에 그 행사기간을 약정하지 않은 경우 그 예약이 성립한 날로부터 5년 내에 이를 행사하여야 한다. 28회 (O | X)

정답
01 X 요물계약에 해당한다.　02 O　03 O　04 X 효력이 발생한 이후에는 철회할 수 없다.　05 O　06 O　07 X 계약체결상 과실책임은 계약이 성립한 이후에 발생한다.　08 O　09 X 채무자의 채무변제의무가 선이행의무이다.　10 X 반환하여야 한다.　11 O　12 X 수익자에게 해제권은 인정되지 않는다.　13 X 수익의 의사표시를 한 때 권리를 취득한다.　14 O　15 O　16 O　17 O　18 X 10년 이내에 행사해야 한다.

19 매매계약은 낙성·불요식계약이다. 34회 (○ | ×)

20 타인의 권리도 매매의 목적이 될 수 있다. 34회 (○ | ×)

21 매도인의 담보책임규정은 그 성질이 허용되는 한 교환계약에도 준용된다. 34회 (○ | ×)

22 매매계약에 관한 비용은 특약이 없는 한 매수인이 전부 부담한다. 34회 (○ | ×)

23 매도인과 매수인이 계약금을 위약금으로 약정한 경우, 손해배상액의 예정으로 추정한다. 31회 (○ | ×)

24 만약 X토지가 토지거래허가구역 내에 있고 매매계약에 대하여 허가를 받은 경우, 매도인은 계약금 배액을 상환하고 해제할 수 없다. 31회 (○ | ×)

25 권리의 전부가 타인에게 속하여 매수인에게 이전할 수 없는 경우, 악의의 매수인에게 계약해제권이 인정된다. 33회 (○ | ×)

26 매매계약 당시에 그 목적물의 일부가 멸실된 경우, 선의의 매수인은 대금의 감액을 청구할 수 있다. 36회 (○ | ×)

27 甲은 경매절차에서 저당목적물인 乙 소유의 X토지를 매각받고, 그 소유권이전등기가 경료되었다. 담보책임이 인정되는 경우, 甲은 乙의 자력 유무를 고려함이 없이 곧바로 배당채권자에게 대금의 전부 또는 일부의 상환을 청구할 수 있다. 23회 (○ | ×)

28 부동산에 대한 환매기간을 7년으로 정한 때에는 5년으로 단축된다. 27회 (○ | ×)

29 환매권은 양도할 수 없는 일신전속권이다. 34회 (○ | ×)

30 매매계약이 무효이면 환매특약도 무효이다. 34회 (○ | ×)

31 환매기간을 정한 경우에는 그 기간을 다시 연장하지 못한다. 34회 (○ | ×)

32 교환계약에서 일방이 금전의 보충지급을 약정한 경우 그 금전에 대하여는 매매대금에 관한 규정을 준용한다. 32회 (○ | ×)

33 임대인이 목적물을 임대할 권한이 없어도 임대차계약은 유효하게 성립한다. 34회 (○ | ×)

34 임차기간을 영구로 정한 임대차약정은 특별한 사정이 없는 한 허용된다. 34회 (○ | ×)

35 임차인은 특별한 사정이 없는 한 자신이 지출한 임차물의 보존에 관한 필요비 금액의 한도에서 차임의 지급을 거절할 수 있다. 34회 (○ | ×)

36 토지임대차가 묵시적으로 갱신된 경우, 임차인은 언제든지 해지통고할 수 있으나, 임대인은 그렇지 않다. 26회 (○ | ×)

37 임차인 乙의 차임연체액이 2기의 차임액에 달하는 경우, 특약이 없는 한 임대인 甲은 임대차계약을 해지할 수 있다. 32회 (○ | ×)

38 유익비상환청구권은 임대차 종료 시에 행사할 수 있다. 27회 (○ | ×)

39 부속물매수청구권은 토지임차인에게 인정될 수 없다. 33회 (○ | ×)

40 임차인이 임대인에게 계약의 갱신을 청구하지 않더라도 특별한 사정이 없으면 임차인은 지상물의 매수를 청구할 수 있다. 24회 (○ | ×)

정답

19 ○ 20 ○ 21 ○ 22 × 쌍방 균분한다. 23 ○ 24 × 해제할 수 있다. 25 ○ 26 ○ 27 × 채무자에게 자력이 없을 경우에만 배당채권자에게 상환을 청구할 수 있다. 28 ○ 29 × 환매권은 일신전속권이 아니므로 상속·양도할 수 있다. 30 ○ 31 ○ 32 ○ 33 ○ 34 ○ 35 ○ 36 × 당사자는 언제든지 해지통고할 수 있다. 37 ○ 38 ○ 39 ○ 40 × 계약의 갱신을 청구한 후에 지상물의 매수를 청구할 수 있다.

41 토지소유자가 아닌 제3자가 토지를 임대한 경우, 임대인은 특별한 사정이 없는 한 매수청구권의 상대방이 될 수 없다. (○ | ×) 35회

42 甲은 건물 소유의 목적으로 乙의 X토지를 임차하여 그 위에 Y건물을 신축한 후 사용하고 있다. 대항력을 갖춘 甲의 임차권이 기간 만료로 소멸한 후 乙이 X토지를 丙에게 양도한 경우, 甲은 丙을 상대로 지상물매수청구권을 행사할 수 있다. (○ | ×) 25회

43 건물임대인 甲의 동의를 얻어 임차인 乙이 丙과 전대차계약을 체결하고 그 건물을 인도해 주었다. 임대차와 전대차기간이 모두 만료된 경우, 丙은 건물을 甲에게 직접 명도해도 乙에 대한 건물 명도의무를 면하지 못한다. (○ | ×) 26회

44 甲은 자신의 X건물을 乙에게 임대하였고, 乙은 甲의 동의 없이 X건물에 대한 임차권을 丙에게 양도하였다. 만약 丙이 乙의 배우자이고 X건물에서 동거하면서 함께 가구점을 경영하고 있다면, 甲은 임대차계약을 해지할 수 없다. (○ | ×) 28회

정답
41 ○　42 ○　43 × 면하게 된다.　44 ○

MEMO

04 민사특별법 체계도

POINT 01 주택임대차보호법

POINT 02 상가건물 임대차보호법

POINT 03 가등기담보 등에 관한 법률

POINT 04 집합건물의 소유 및 관리에 관한 법률

POINT 05 부동산 실권리자명의 등기에 관한 법률

INTRO 주택임대차보호법 한눈에 보기

POINT 01 주택임대차보호법

073 주택임대차보호법의 적용범위 ★★

• 주거용 건물에 대해서만 적용된다.

1. 주택임대차 : 적용된다.
- 주택임대차에만 적용된다. : 임대인(적법한 임대권한이 있는 경우)이 주택소유자가 아닌 경우에도 적용된다.
  - [기출] 적법한 임대권한을 가진 자로부터 임차하였으나 임대인이 주택소유자가 아닌 경우, 「주택임대차보호법」의 적용대상이 된다. (O) 27회
- 주택 여부는 실제 용도를 기준으로 판단한다.
- 주택 여부는 임대차계약체결 당시를 기준으로 판단한다.

2. 주거용 건물 (주택, 대지에 적용) : 적용된다.
- 주거용 건물의 전부 또는 일부에 적용될까? : 적용된다.
- 미등기, 무허가주택에 적용될까? : **적용된다.** [기출] 임차주택이 미등기인 경우, 「주택임대차보호법」의 적용대상이 된다. (O) 27회
- 사무실로 사용되던 건물을 주거용 건물로 용도변경 후 임대차계약을 체결한 경우에도 적용될까? : **적용된다.** [기출] 사무실로 사용되던 건물이 주거용 건물로 용도변경된 경우, 「주택임대차보호법」의 적용대상이 된다. (O) 27회
- 점포 및 사무실로 사용되던 건물에 근저당권설정 후 그 건물이 주거용 건물로 용도변경된 후 임대 : 이를 임차한 소액임차인도 보증금 중 일정액을 근저당권자보다 우선하여 변제받을 권리가 있다(최우선변제권이 인정된다).

3. 겸용건물
- 임차주택의 일부를 비주거용으로 사용하는 경우 : 적용된다.
- 임차한 비주거용 건물의 일부를 주거용으로 사용하는 경우 : 적용되지 않는다.

4. 주택의 미등기전세 : 적용된다.

5. 외국인, 외국국적 동포 또는 재외국민 : 적용된다.

6. 일시사용을 위한 임대차임이 명백한 경우 : **적용되지 않는다.** [기출] 임차주택이 일시사용을 위한 것임이 명백하게 밝혀진 경우, 「주택임대차보호법」의 적용대상이 된다. (X) 27회 → 적용되지 않는다.

7. 법인
- 원칙 : 적용되지 않는다.
- 예외 : 적용된다(한국토지주택공사, 주택사업을 목적으로 설립된 지방공사, 중소기업기본법상의 중소기업에 해당하는 법인).
  - [기출] 한국토지주택공사(A)가 주택을 임차한 후 A가 선정한 입주자가 주택을 인도받고 주민등록을 마친 경우, 법인인 A는 「주택임대차보호법」상의 대항력을 취득하지 못한다. (X) 22회 → 법인에 대해서는 「주택임대차보호법」이 적용되지 않는 것이 원칙이지만, 한국토지주택공사인 경우에는 적용된다.

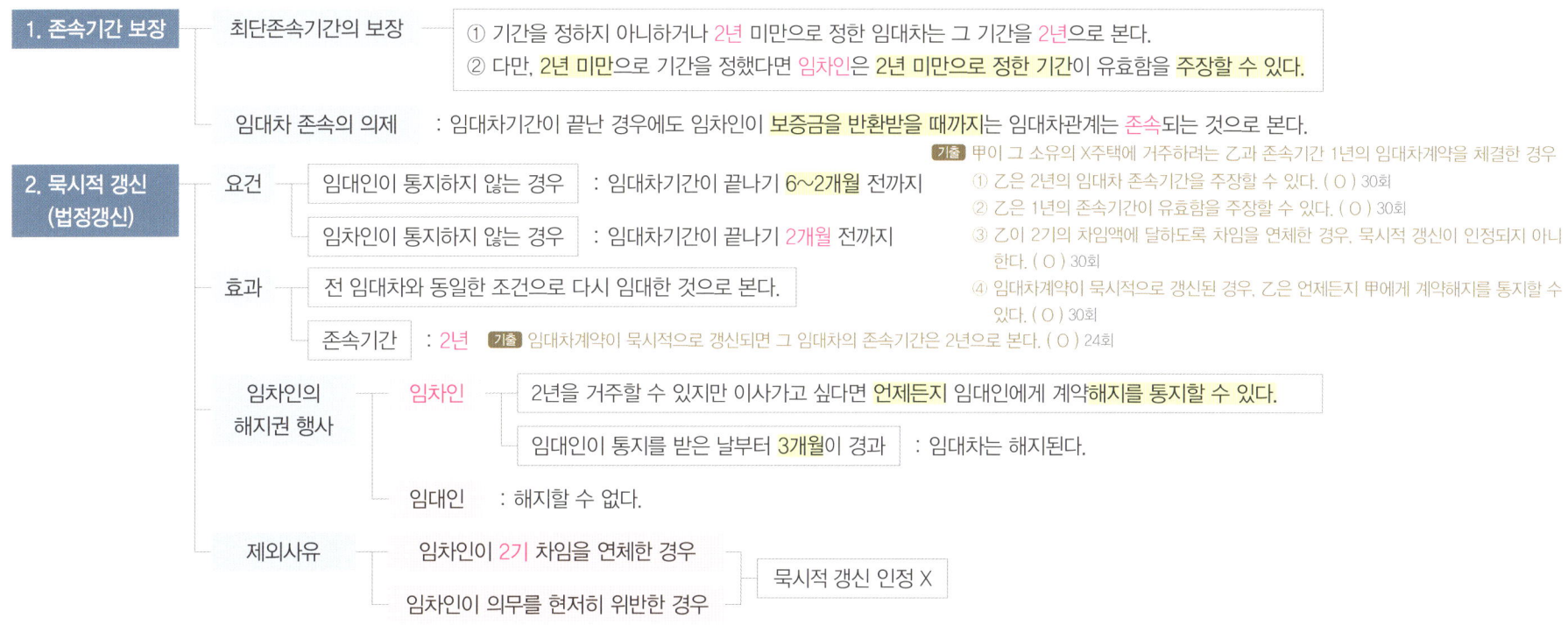

3. 갱신요구에 대한 거절사유

① 임차인이 **2기**의 차임액에 해당하는 금액에 이르도록 차임을 연체한 사실이 있는 경우
② 임차인이 거짓이나 그 밖의 부정한 방법으로 임차한 경우
③ 서로 **합의**하여 임대인이 임차인에게 상당한 보상을 제공한 경우
④ 임차인이 임대인의 **동의 없이** 목적 주택의 전부 또는 일부를 전대(轉貸)한 경우
⑤ 임차인이 임차한 주택의 전부 또는 일부를 **고의나 중대한 과실**로 파손한 경우
⑥ 임차한 주택의 전부 또는 일부가 멸실되어 임대차의 목적을 달성하지 못할 경우
⑦ 임대인이 다음의 어느 하나에 해당하는 사유로 목적 주택의 전부 또는 **대부분**을 철거하거나 재건축하기 위하여 목적 주택의 점유를 회복할 필요가 있는 경우
  ㉠ 임대차계약체결 당시 공사시기 및 소요기간 등을 포함한 철거 또는 재건축계획을 임차인에게 구체적으로 고지하고 그 계획에 따르는 경우
  ㉡ 건물이 노후·훼손 또는 일부 멸실되는 등 안전사고의 우려가 있는 경우
  ㉢ 다른 법령에 따라 철거 또는 재건축이 이루어지는 경우
⑧ **임대인(임대인의 직계존속·직계비속 포함)이 목적 주택에 실제 거주하려는 경우**
⑨ 그 밖에 임차인이 임차인으로서의 의무를 현저히 위반하거나 임대차를 계속하기 어려운 중대한 사유가 있는 경우

기출 「주택임대차보호법」상 임차인의 계약갱신요구권은 임차인이 임대인의 동의 없이 목적 주택을 전대한 경우 임대인은 계약갱신요구를 거절하지 못한다. (X) 32회 → 거절할 수 있다.

---

076 대항력 ★★

● 임대차 존속 중에 주택소유자가 변경된 경우, 임차인이 새로운 소유자에게 사용·수익을 주장할 수 있느냐의 문제를 말한다.

1. 대항요건
: 주택의 인도 + 주민등록

- 임대인과 임차인 사이에 유효한 임대차계약이 있어야 한다.
- **주택의 인도 + 주민등록**
  - **다음 날(오전 0시)부터** 대항력이 발생한다.
  - 점유(주택인도)는 **직접점유**와 **간접점유**를 포함한다.

기출 임차인이 주택의 인도와 주민등록을 마친 때에는 그 다음 날 오전 영시부터 대항력이 생긴다. (O) 32회

기출 임차인이 타인의 점유를 매개로 임차주택을 간접점유하는 경우에도 대항요건인 점유가 인정될 수 있다. (O) 32회

- **대항요건을 갖춘 경우**
: 선순위권리자가 없는 경우
  - 후순위권리자 및 기타 채권자에게 대항할 수 있다.
  - 임차인이 대항력을 취득한 후 주택의 소유자가 변경된 경우
    - 주택양수인은 임대인의 지위를 승계한다.
    - **양도인: 보증금반환의무를 면한다.** / 양수인: 보증금반환의무를 부담한다.

- **선순위권리자가 있는 경우**
  ① 선순위저당권보다 뒤에 등기 또는 대항요건을 갖춘 주택임차인은 매수인(경락인)에게 **대항할 수 없다**(선순위권리자가 없어야 대항할 수 있다).
  ② **경락인(매수인)은 임대인의 지위를 승계하지 않는다**(경락인은 보증금반환의무가 없다).

기출 주택임차인 乙이 보증금을 지급하고 대항요건을 갖춘 후 임대인 甲이 그 주택의 소유권을 丙에게 양도하였다. 甲은 특별한 사정이 없는 한 보증금반환의무를 면한다. (O) 31회

기출 임차권보다 선순위의 저당권이 존재하는 주택이 경매로 매각된 경우, 경매의 매수인은 임대인의 지위를 승계한다. (X) 26회 → 승계하지 않는다.

2. 적중판례

(1) 임차인의 주택인도 (점유: 직접점유, 간접점유 O)
① 임차인이 당해 주택에 거주하면서 이를 직접점유: 대항력 O
  임차인이 타인의 점유를 매개로 하여 이를 간접점유: 대항력 O
② 임차인이 임대인의 동의를 얻어서 적법하게 전대한 경우
  ㉠ 그 주택에 실제 거주하고 있는 직접점유자 명의로 주민등록
    ➡ 임차인은 대항력 취득 O
  ㉡ 임차주택을 간접점유하는 임차인이 주민등록(직접점유자가 주민등록 X)
    ➡ 임차인은 대항력 취득 X

(2) 주민등록의 효력발생시기와 대항력의 존속요건
① 주민등록의 신고
  ㉠ 행정청에 도달: 신고로서의 효력 발생 X
  ㉡ 행정청이 수리: 신고로서의 효력 발생 O
② 주택인도 및 주민등록은 대항력의 취득요건일 뿐만 아니라 존속요건 O

(3) 주민등록의 주체
① 임차인 및 임차인 가족의 주민등록도 포함
② 주택 임차인이 그 가족과 함께 주택에 대한 점유를 계속 O
③ 가족의 주민등록을 그대로 둔 채 임차인의 주민등록만 일시적으로 다른 곳으로 옮긴 경우: 대항력 상실 X

(4) ① 다가구용 단독주택의 임차인 지번 O + 동 X + 호수 X: 대항력 O
② 다세대 주택의 임차인(공동) 지번 O + 동 O + 호수 O: 대항력 O

(5) 주민등록이 직권말소된 경우 대항력이 상실될까?
① 주민등록은 계속 존속하고 있어야 하는 존속요건
  주민등록 말소 ➡ 대항력 소멸
② 말소 이후 재등록 ➡ 대항력을 취득 O
  ㉠ 「주민등록법」 소정의 이의절차에 따라서 재등록 O: 소급 O
  ㉡ 「주민등록법」 소정의 이의절차 없이 재등록 O: 소급 X

(6) 주택의 소유자가 주택을 매도함과 동시에 다시 임차하여 계속 거주하기로 하고 임차인으로 바뀐 경우, 임차인으로서 대항력을 언제 취득할까?
: 매수인명의의 소유권이전등기일 다음 날 대항력 취득 O

(7) 처음에는 전차인, 후에 임차인으로 바뀐 경우, 언제 대항력을 취득할까?
: 전차인은 전대인(임차인)명의의 소유권이전등기가 경료되는 즉시 임차인으로서 대항력 취득 O

077 차임, 보증금의 증감청구 및 보증금의 월차임 전환 시 제한 ★

1. 차임, 보증금의 증감청구권

- 증액 시 제한 O / 감액은 제한 X
- 증액의 제한
  ① 20분의 1의 금액을 초과할 수 없음(연 5% 제한): 5% 범위에서 증액을 청구할 수 있다(상한을 조례로 다르게 정할 수 있다).
  ② 임대차계약 또는 증액이 있은 후 1년 이내: 증액할 수 없다.
  ③ 계약존속 중 임대인이 일방적으로 증액을 청구하는 경우에 제한을 받는다.
  ④ 임대차계약이 종료된 후 재계약, 임대차계약 종료 전 당사자의 합의로 증액하는 경우에는 5% 제한이 없다.

2. 보증금의 월차임 전환 시 산정률의 제한

보증금의 전부 또는 일부를 월 단위의 차임으로 전환하는 경우, 그 전환되는 금액에 다음 중 낮은 비율을 곱한 월차임(月借賃)의 범위를 초과할 수 없다.

① 「은행법」에 따른 은행에서 적용하는 대출금리와 해당 지역의 경제 여건 등을 고려하여 대통령령으로 정하는 비율(연 1할)
② 한국은행에서 공시한 기준금리에 대통령령으로 정하는 이율(연 2%)을 더한 비율

- 제한을 초과해서 지급한 경우 : 임차인은 임대인에게 초과부분에 대해서 부당이득반환청구권을 행사할 수 있다.

078 보증금의 회수 ★★

1. 우선변제권 (경매 시 발생)

(1) 의의

임차주택의 경매 시 임차인이 배당에 참가해서 임차주택(대지를 포함)의 환가대금에서 후순위권리자 기타 채권자보다 우선해서 보증금을 회수할 수 있는 권리

우선변제권은 임차주택의 경매 시에 발생한다.

① 경매가 아닌 임차주택의 매매, 교환 등으로 소유자가 변경된 경우에는 우선변제권은 발생하지 않는다.
② 임차주택 매매: 매매대금으로부터 임차인은 우선변제권을 행사할 수 없다.

임차인이 경매를 신청하는 경우 : 임차인의 반대의무의 이행이나 이행의 제공은 집행개시의 요건이 아니다.

> [기출] 임차인이 보증금반환청구소송의 확정판결에 기하여 임차주택의 경매를 신청하는 경우, 그 집행개시를 위해서는 반대의무의 이행제공을 하여야 한다. (X) 17회 → 이행제공은 집행개시의 요건이 아니다.

임차인은 임차주택을 양수인에게 인도하지 아니하면 보증금을 우선변제받을 수 없다.

(2) 우선변제요건

: 대항요건 + 확정일자

임차인이 우선변제요건을 충족한 경우
① 후순위권리자나 기타 채권자보다 우선해서 보증금을 변제받을 권리가 있다(우선변제권).
② 선순위권리자가 있다면 선순위권리자에 대해서는 우선해서 변제받을 수 없다.

주택의 인도와 주민등록이라는 우선변제의 요건은 우선변제권 취득 시에만 구비하면 족한 것이 아니고, 「민사집행법」상 배당요구의 종기까지 계속 존속해야 한다.

(3) 우선변제권의 취득시기

- 주택인도 및 주민등록을 한 이후(다음 날 또는 이후)에 확정일자를 받은 경우
  : 확정일자를 받은 날 우선변제권을 취득한다.
- 주택인도 및 주민등록을 한 그날 확정일자를 받거나 그 전에 이미 확정일자를 받은 경우
  : 주택인도와 주민등록을 마친 다음 날에 우선변제권을 취득한다.

(4) 임차인의 우선변제권이 배당요구채권인지 여부

- 임차인의 **우선변제권**과 소액임차인의 **최우선변제권**
  : **배당요구채권이다**(우선변제받기 위해서 배당요구를 해야 한다).
- 배당요구를 하지 않은 경우 : 배당받지 못한다.
  후순위권리자가 먼저 배당을 받았을지라도 부당이득반환을 청구할 수 없다.

기출 주택의 경매절차에서 임차인이 다른 채권자에 우선하여 변제받으려면 집행법원에 배당요구 종기일 이전에 배당을 요구하여야 한다. (O) 22회

기출 주택임차인의 우선변제권은 대지의 환가대금에도 미친다. (O) 28회

(5) 주택의 매각대금뿐만 아니라 대지의 매각대금(환가대금)에 대해서도 우선변제권이 인정될까?

- 주임법은 주택뿐만이 아니라 **대지**에 대해서도 **적용**된다.
  : 주택매각대금과 대지매각대금에 대해서 모두 우선변제권이 인정된다.
- 임대차 성립 당시 임대인의 소유였던 대지가 타인에게 양도, 임차주택과 대지의 소유자가 서로 달라진 경우
  : 임차인은 **대지**의 환가대금에 대하여 **우선변제권을 행사할 수 있다.**

기출 우선변제권 있는 임차인은 임차주택과 별도로 그 대지만이 경매될 경우, 특별한 사정이 없는 한 그 대지의 환가대금에 대하여 우선변제권을 행사할 수 있다. (O) 33회

기출 甲이 그 소유의 X주택에 거주하려는 乙과 존속기간 1년의 임대차계약을 체결한 경우, X주택의 경매로 인한 환가대금에서 乙이 보증금을 우선변제받기 위해서 X주택을 양수인에게 인도할 필요가 없다. (X) 30회
→ 乙이 보증금을 우선변제받기 위해서는 X주택을 양수인에게 인도하여야 한다.

2. 보증금 중 일정액 보호 (최우선변제권)

- 보증금액이 일정액 이하일 것
- **경매신청등기 전까지** 대항요건을 갖출 것
  : 확정일자는 요하지 않는다.
- 보증금 중 일정액을 다른 담보물권자(선순위권리자)보다 우선하여 변제받을 권리가 있다.
  : 주택가액의 1/2 제한
- 배당요구채권 O

기출 甲의 주택을 임차한 乙은 「주택임대차보호법」상 보증금 중 일정액을 최우선변제받을 수 있는 소액임차인이다. 甲이 주택을 丙에게 매도한 경우, 乙은 그 매매대금으로부터 최우선변제를 받을 수 있다. (X) 22회 → 받을 수 없다.

기출 소액임차인은 경매신청의 등기 전까지 임대차계약서에 확정일자를 받아야 최우선변제권을 행사할 수 있다. (X) 26회
→ 확정일자는 요하지 않는다.

지역	보증금	보증금 중 일정액
1. 서울특별시	1억 6천5백만원	5천5백만원
2. 「수도권정비계획법」에 따른 과밀억제권역(서울특별시는 제외), 세종특별자치시, 용인시, 화성시 및 김포시	1억 4천5백만원	4천8백만원
3. 광역시(수도권정비계획법에 따른 과밀억제권역에 포함된 지역과 군지역은 제외), 안산시, 광주시, 파주시, 이천시 및 평택시	8천5백만원	2천8백만원
4. 그 밖의 지역	7천5백만원	2천5백만원

079 임차권의 승계 ★

→ 임차권도 상속된다.

1. 사망한 임차인에게 상속권자가 없는 경우 : 주택에서 가정공동생활을 하던 사실상의 혼인관계에 있는 자가 단독으로 임차인의 권리와 의무를 승계한다.

2. 사망한 임차인에게 상속권자가 있는 경우
① 임차인의 사망 당시 상속권자가 그 주택에서 가정공동생활을 함께하지 않은 경우: 가정공동생활을 하던 사실상의 혼인관계에 있는 자와 2촌 이내의 친족이 공동으로 승계한다.
② 임차인의 사망 당시 상속권자가 그 주택에서 가정공동생활을 함께하고 있었던 경우: 상속권자가 단독으로 승계한다.

[기출] 주택임차권은 상속인에게 상속될 수 없다. (X) 22회
→ 상속될 수 있다.

[기출] 주택임차인이 사망한 경우, 그 주택에서 가정공동생활을 하던 사실혼 배우자는 2촌 이내의 상속권자에 우선하여 임차인의 권리와 의무를 승계한다. (X) 16회
→ 2촌 이내의 친족과 공동으로 승계한다.

080 임차권등기명령 ★★

1. 신청절차

- **신청권자** : 임차인, 금융기관
  ① 임대차가 <mark>종료된 후</mark> 보증금을 반환받지 못한 임차인은 임차주택의 소재지를 관할하는 지방법원·지방법원지원 또는 시·군 법원에 임차권등기명령을 신청할 수 있다.
  ② 임차인은 임대차가 끝나기 전에는 주택의 소재지를 관할하는 법원에 임차권등기명령을 신청할 수 없다.
  ③ 금융기관 등은 임차인을 대위하여 임차권등기명령을 신청할 수 있다.
- **상대방** : 임차주택의 소재지를 관할하는 법원
- 임차인은 임차권등기명령의 신청 및 임차권등기와 관련하여 소요된 <mark>비용을 임대인에게 청구할 수 있다.</mark>
- 임차권등기명령의 신청을 기각(棄却)하는 결정이 있는 경우 : 임차인은 <mark>항고(抗告)할 수 있다.</mark>

[기출] 임차인은 임대차가 끝나기 전에 주택의 소재지를 관할하는 법원에 임차권등기명령을 신청할 수 있다. (X) 29회
→ 끝나기 전에는 신청할 수 없다.

[기출] 주택임차인이 임차권등기명령의 집행에 따른 임차권등기를 한 경우, 임차인은 임차권등기의 비용을 임대인에게 청구할 수 있다. (O) 31회

2. 효력

- 임차권등기를 한 경우: 대항력 및 우선변제권을 취득한다.
  ① 임차권등기 이전에 이미 대항력 또는 우선변제권을 취득한 경우: 대항력과 우선변제권이 그대로 유지
  ② 임차권등기 이후 대항요건을 상실한 경우: 이미 취득한 대항력이나 우선변제권이 <mark>그대로 유지</mark>(상실 X)
- 임차권등기명령의 집행에 따른 임차권등기가 끝난 주택을 이후에 임차한 임차인이 소액임차인인 경우 : <mark>최우선변제권이 인정되지 않는다.</mark>
- 주택임대차에 대해서 민법 제621조에 의한 임차권의 등기가 경료된 경우
  ① 주임법상의 임차권등기명령에 의한 등기를 한 것과 동일한 효력이 인정된다.
  ② 임차인: <mark>대항력과 우선변제권을 취득한다.</mark>
- <mark>배당요구채권이 아니다.</mark> ➡ 임차인이 배당요구를 하지 않은 경우: 배당받을 채권자에 해당한다(배당 O).

[기출] 주택임차인이 임차권등기명령의 집행에 따른 임차권등기를 했고 이후에 임차인이 다른 곳으로 이사한 경우, 대항력을 잃는다. (X) 31회 → 대항력은 그대로 유지된다.

[기출] 임차권등기명령의 집행에 따라 주택 전부에 대해 타인 명의의 임차권등기가 끝난 뒤 소액보증금을 내고 그 주택을 임차한 자는 최우선변제권을 행사할 수 없다. (O) 26회

MEMO

INTRO **상가건물 임대차보호법 한눈에 보기**

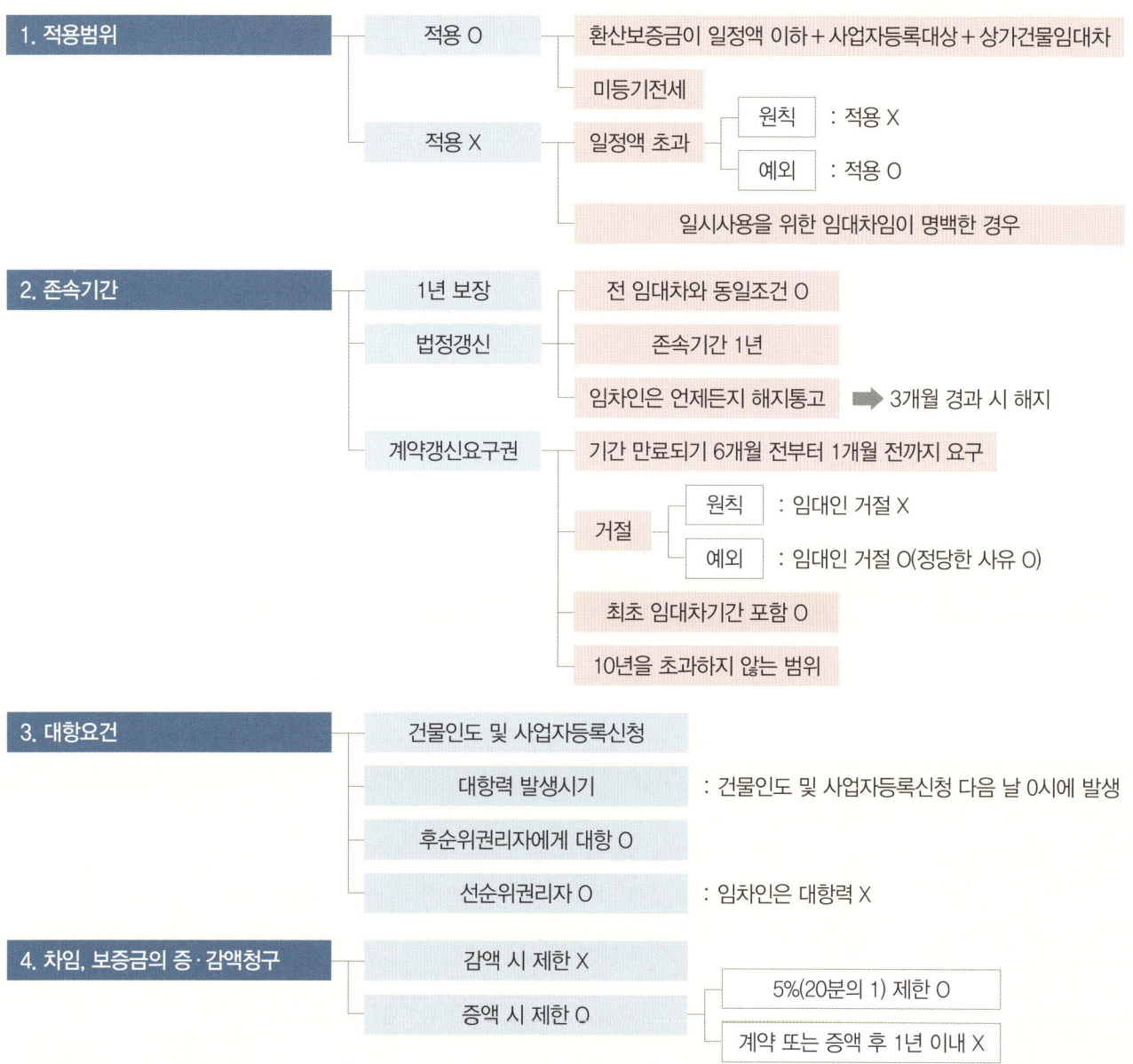

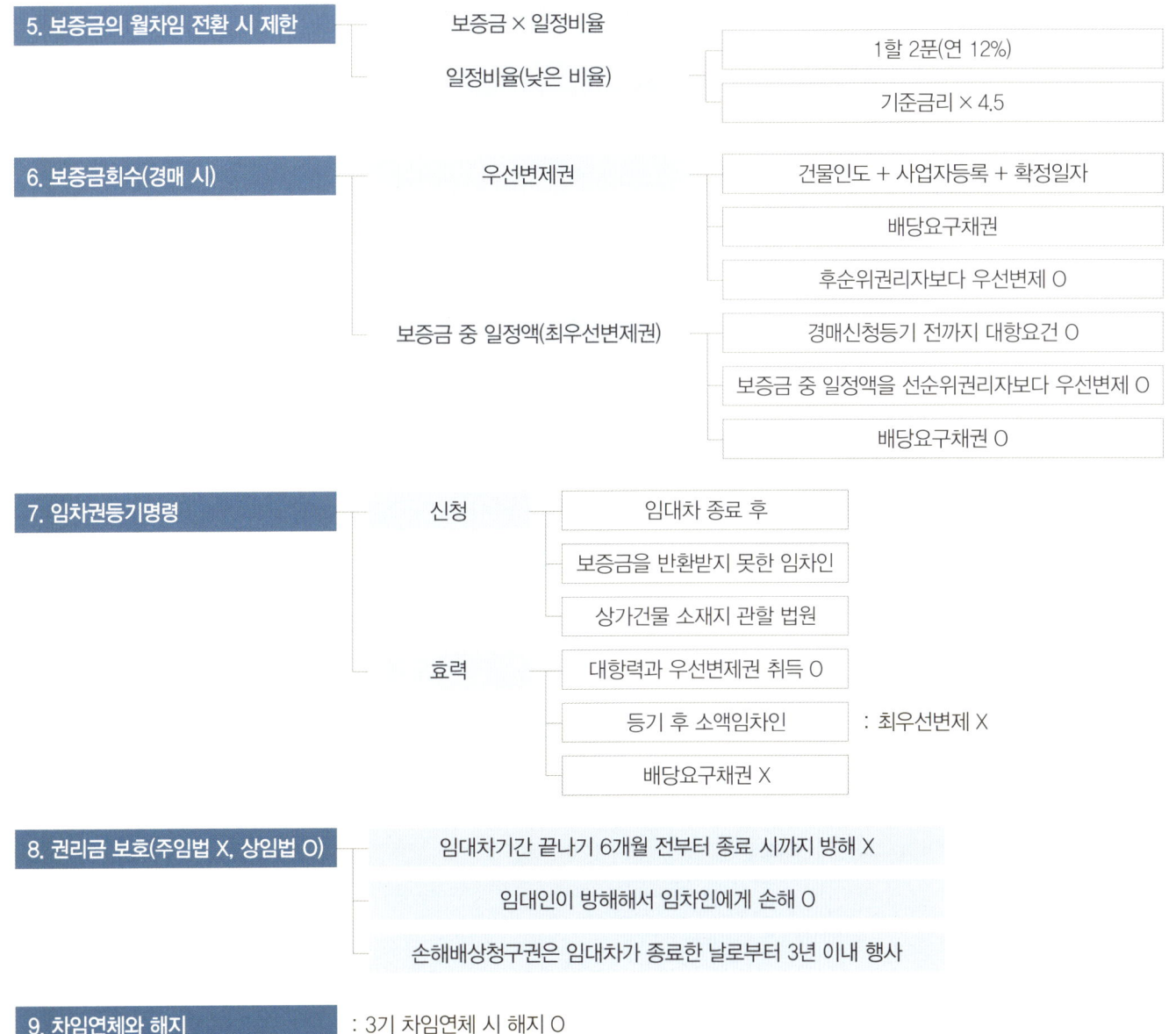

POINT 02 상가건물 임대차보호법

081 상가건물 임대차보호법의 적용범위 ★★

• 모든 상가건물 임대차에 대해서 적용되는 것은 아니고 환산보증금액이 일정액 이하인 사업자등록대상이 되는 상가건물의 임대차에 대해서만 적용된다.

1. 보증금이 일정액 이하

원칙 : 환산보증금액이 일정액 이하일 것

① 서울특별시: 9억원
② 「수도권정비계획법」에 따른 과밀억제권역(서울특별시는 제외) 및 부산광역시: 6억 9천만원
③ 광역시(수도권정비계획법에 따른 과밀억제권역에 포함된 지역과 군지역, 부산광역시는 제외), 세종특별자치시, 파주시, 화성시, 안산시, 용인시, 김포시 및 광주시: 5억 4천만원
④ 그 밖의 지역 : 3억 7천만원

예외 : 환산보증금액이 금액을 초과하는 경우에도 다음의 규정은 적용된다.

➡ 보증금, 차임증감청구권, 표준권리금계약서, 표준계약서의 작성, 대항력, 계약갱신요구권(최초 임대차기간을 포함해서 10년, 갱신의 효과는 전 임대차와 동일한 조건), 권리금보호, 3기 차임연체 시 해지, 집합제한 또는 금지조치 총 3개월 이상 받음, 폐업으로 인한 임차인의 해지권

윤'S 암기포인트
차인표가 대계가게를 권리금 3천에 인수했다.

[기출] 환산보증금액이 일정액을 초과한 상가건물 임대차의 경우,
① 임차인이 점포를 인도받은 날에 사업자등록을 신청한 경우 그 다음 날부터 임차권의 대항력이 생긴다. (O) 33회
② 임차인이 대항요건을 갖춘 후 임대차계약서에 확정일자를 받은 경우, 「민사집행법」상 경매 시 임차인은 임차건물의 환가대금에서 후순위권리자보다 우선하여 보증금을 변제받을 권리가 있다. (X) 33회 → 우선변제권 규정은 환산보증금이 금액을 초과하는 경우에도 적용되는 규정에 해당하지 않는다.
③ 임차인은 「감염병의 예방 및 관리에 관한 법률」 제49조 제1항 제2호에 따른 집합 제한 또는 금지 조치를 총 3개월 이상 받음으로써 발생한 경제사정의 중대한 변동으로 폐업한 경우에는 임대차계약을 해지할 수 있다. (O) 33회
④ 임차인의 계약갱신요구권에 따라 갱신되는 임대차는 전 임대차와 동일한 조건으로 다시 계약된 것으로 본다. (O) 28회

2. 상가건물 O

사업자등록대상이 되는 건물로서 영리를 목적으로 하는 영업용으로 건물을 사용하는 임대차에 대해서 적용된다.

[기출] 사업자등록의 대상이 되지 않는 건물에 대해서는 「상가건물 임대차보호법」이 적용되지 않는다. (O) 27회

상가건물에 해당하는지는 공부상 표시가 아닌 건물의 현황·용도 등에 비추어 영업용으로 사용하느냐에 따라 실질적으로 판단한다.

단순히 상품의 보관·제조·가공 등 사실행위만이 이루어지는 공장·창고(영업용으로 사용하는 경우 X): 상가건물이 아니다.
: 사실행위와 더불어 영리를 목적으로 하는 활동이 함께 O ➡ 「상가건물 임대차보호법」의 적용대상인 상가건물에 해당한다.

3. 일시사용을 위한 임대차임이 명백한 경우(예 성수동 팝업스토어) : 적용되지 않는다. [기출] 일시사용을 위한 것임이 명백한 임대차에는 「상가건물 임대차보호법」이 적용되지 않는다. (O) 22회

4. 미등기전세 : 적용된다.

082 존속기간 ★★

1. 존속기간 보장

- 최단존속기간의 보장
  ① 기간을 정하지 아니하거나 1년 미만으로 정한 임대차는 그 기간을 1년으로 본다.
  ② 다만, 1년 미만으로 기간을 정했다면 임차인은 1년 미만으로 정한 기간이 유효함을 주장할 수 있다.

- 임대차 존속의 의제: 임대차기간이 끝난 경우에도 임차인이 보증금을 반환받을 때까지는 임대차관계는 존속하는 것으로 본다(임대인은 종전대로 차임지급을 청구할 수 있다).

기출 기간을 정하지 아니하거나 기간을 2년 미만으로 정한 상가건물의 임대차는 그 기간을 2년으로 본다. (X) 27회
→ 1년으로 본다.

기출 환산보증금액이 일정액을 초과한 상가건물의 임대차에서 임대인과 임차인 사이에 임대차기간을 6개월로 정한 경우, 임대인은 그 기간이 유효함을 주장할 수 있다. (O) 28회

2. 계약갱신요구권
: 환산보증금액이 일정액을 초과하고 기간의 정함이 없는 임대차에서는 인정되지 않는다.

- 행사요건
  - 임차인이 임대차기간이 끝나기 6개월 전부터 1개월 전까지 행사할 수 있다.
  - 최초의 임대차기간을 포함한 전체 임대차기간이 10년을 초과하지 아니하는 범위에서만 행사할 수 있다.

- 효과
  - 갱신되는 임대차는 전 임대차와 동일한 조건으로 다시 계약된 것으로 본다.
  - 차임과 보증금은 제11조의 범위(1년, 5%)에서 증액을 청구할 수 있다. (감액은 제한 없다)

기출 상가건물의 임차인은 임대인에게 계약갱신을 요구할 수 있으나 전체 임대차기간이 7년을 초과해서는 안 된다. (X) 30회 → 10년을 초과해서는 안 된다.

기출 환산보증금액이 일정액을 초과한 상가건물의 임대차에서 임차인의 계약갱신요구권은 최초의 임대차기간을 포함한 전체 임대차기간이 10년을 초과하지 아니하는 범위에서만 행사할 수 있다. (O) 28회

기출 상가건물의 임차인이 3기의 차임 상당액을 연체한 경우, 임대인은 임차인의 계약갱신요구를 거절할 수 있다. (O) 25회

- 갱신거절사유
  ① 임차인이 3기의 차임액에 해당하는 금액에 이르도록 차임을 연체한 사실이 있는 경우
  ② 임차인이 거짓이나 그 밖의 부정한 방법으로 임차한 경우
  ③ 서로 합의하여 임대인이 임차인에게 상당한 보상을 제공한 경우
  ④ 임차인이 임대인의 동의 없이 목적 건물의 전부 또는 일부를 전대(轉貸)한 경우
  ⑤ 임차인이 임차한 건물의 전부 또는 일부를 고의나 중대한 과실로 파손한 경우
  ⑥ 임차한 건물의 전부 또는 일부가 멸실되어 임대차의 목적을 달성하지 못할 경우
  ⑦ 임대인이 다음의 어느 하나에 해당하는 사유로 목적 건물의 전부 또는 대부분을 철거하거나 재건축하기 위하여 목적 건물의 점유를 회복할 필요가 있는 경우
    ㉠ 임대차계약체결 당시 공사시기 및 소요기간 등을 포함한 철거 또는 재건축계획을 임차인에게 구체적으로 고지하고 그 계획에 따르는 경우
    ㉡ 건물이 노후·훼손 또는 일부 멸실되는 등 안전사고의 우려가 있는 경우
    ㉢ 다른 법령에 따라 철거 또는 재건축이 이루어지는 경우
  ⑧ 그 밖에 임차인이 임차인으로서의 의무를 현저히 위반하거나 임대차를 계속하기 어려운 중대한 사유가 있는 경우

3. 묵시적 갱신 (법정갱신)
: 10년 제한 없다.

- 요건: 임대인이 통지 X(임대차기간이 만료되기 6개월~1개월 전) / 임차인은 존속기간 만료 전까지 갱신거절을 할 수 있다(갱신 X).

- 효과
  - 전 임대차와 동일한 조건으로 다시 계약된 것으로 본다(10년 제한 없다).
  - 존속기간: 1년
  ① 임차인은 언제든지 임대인에게 계약해지를 통고할 수 있다.
  ② 임대인이 통고를 받은 날부터 3개월 경과하면 해지된다.
  ③ 임대인: 해지할 수 없다.

기출 상가건물의 임대차계약이 묵시적으로 갱신된 경우, 임차인의 계약해지의 통고가 있으면 즉시 해지의 효력이 발생한다. (X) 30회 → 3개월이 경과하면 해지의 효력이 발생한다.

083 대항력 ★

> 임대차 존속 중에 상가건물소유자가 변경된 경우, 임차인이 새로운 소유자에게 사용·수익을 주장할 수 있느냐의 문제를 말한다.

1. 요건
- 임대인과 임차인 사이에 유효한 임대차계약이 성립할 것
- 임차인이 건물인도, 그리고 사업자등록신청을 할 것 / 확정일자는 요건이 아니다.

기출 상가건물의 임차인이 대항력을 갖추기 위해서는 임대차계약서상의 확정일자를 받아야 한다. (X) 27회 → 확정일자는 요건이 아니다.

2. 효과
- 임차인이 **건물인도**, 그리고 **사업자등록을 신청**하면 다음 날(0시)부터 대항력을 취득 O (사업자등록증을 교부받은 다음 날 X)
- 대항요건을 충족했을지라도 선순위권리자가 있는 경우 : 임차인에게 대항력은 인정되지 않는다.

기출 임차인이 상가건물을 인도받고 「부가가치세법」 등에 의한 사업자등록을 신청하면 사업자등록이 교부된 다음 날부터 제3자에 대한 대항력이 생긴다. (X) 21회
→ 사업자등록을 신청한 다음 날(0시)부터 대항력이 생긴다.

3. 사업자등록
- 대항력 또는 우선변제권의 **취득요건일 뿐만 아니라 존속요건**(배당요구의 종기까지 존속해야 한다)
- 상가건물을 임차하고 사업자등록을 마친 사업자가 임차건물의 전대차 등으로 당해 사업을 개시하지 않거나 사실상 폐업한 경우 : 그 사업자등록은 적법한 사업자등록이 아니다(대항력은 인정되지 않는다).
- 전대차에서는 임차인이 대항력 및 우선변제권을 유지하기 위해서는 건물을 직접 점유하면서 사업을 운영하는 **전차인 명의**로 사업자등록을 해야 한다.

084 차임, 보증금의 증감청구 및 보증금의 월차임 전환 시 제한 ★

1. 차임, 보증금의 증감청구권
- 증액 시 제한 O / 감액은 제한 X
- 증액의 제한
  - 20분의 1의 금액을 초과할 수 없다(연 5%).
  - 임대차계약 또는 증액이 있은 후 1년 이내에 증액할 수 없다.

2. 보증금의 월차임 전환 시 산정률의 제한
- 보증금의 전부 또는 일부를 월 단위의 차임으로 전환하는 경우에는 그 전환되는 금액에 다음 중 낮은 비율을 곱한 월차임(月借賃)의 범위를 초과할 수 없다.
  ① 「은행법」에 따른 은행의 대출금리 및 해당 지역의 경제 여건 등을 고려하여 대통령령으로 정하는 비율(연 1할 2푼)
  ② 한국은행에서 공시한 기준금리에 대통령령으로 정하는 배수(4.5배)를 곱한 비율
- 제한을 초과해서 지급한 경우 : 임차인은 임대인에게 초과부분에 대해서 부당이득반환청구권을 행사할 수 있다.

085 보증금의 회수 ★

1. 우선변제권 (경매 시 발생)

- 의의: 임차건물의 경매 시 임차인이 배당에 참가해서 임차건물(대지를 포함)의 환가대금에서 후순위권리자 기타 채권자보다 우선해서 보증금을 회수할 수 있는 권리

  - 우선변제권은 임차건물의 경매 시에 발생한다.
    ① 경매가 아닌 임차건물의 매매, 교환 등으로 소유자가 변경된 경우: 우선변제권은 발생하지 않는다.
    ② 임차건물 매매: 매매대금으로부터 임차인은 우선변제권을 행사할 수 없다.

  - 임차인이 경매를 신청하는 경우 : 임차인의 반대의무의 이행이나 이행의 제공은 집행개시의 요건이 아니다.
    [기출] 상가건물 임대차에서 임차인이 보증금반환청구소송의 확정판결에 따라 상가건물에 대한 경매를 신청하는 경우, 임차인의 건물명도의무이행은 집행개시의 요건이다. (X) 25회 → 의무이행은 집행개시의 요건이 아니다.

  - 임차인은 임차건물을 양수인에게 인도하지 아니하면 보증금을 우선변제받을 수 없다.

- 우선변제요건 : 대항요건 + 확정일자

  - 임차인이 우선변제요건을 충족한 경우
    ① 후순위권리자나 기타 채권자보다 우선해서 보증금을 변제받을 권리가 있다(우선변제권).
    ② 선순위권리자가 있다면 선순위권리자에 대해서는 우선해서 변제받을 수 없다.

  - 사업자등록은 대항력 또는 우선변제권의 취득요건일 뿐만 아니라 존속요건이기도 하므로, 배당요구의 종기까지 계속 존속해야 한다.
    [기출] 상가건물 임대차에서 임차인이 상가건물의 환가대금에서 보증금을 우선변제받기 위해서는 대항요건이 배당요구 종기까지 존속하여야 한다. (O) 25회

- 우선변제권의 취득시기 : 건물인도 및 사업자등록을 한 이후(다음 날 또는 이후) 확정일자를 받은 경우 확정일자를 받은 날 우선변제권을 취득한다.

- 임차건물의 매각대금뿐만 아니라 대지의 매각대금(환가대금)에 대해서도 우선변제권이 인정될까?
    ① 상임법은 건물뿐만이 아니라 대지에 대해서도 적용된다.
    ② 건물의 환가대금과 대지의 환가대금 모두에 대해서 우선변제권이 인정된다.

2. 보증금 중 일정액 보호(최우선변제권)

- 보증금액이 일정액 이하일 것
- 경매신청등기 전까지 대항요건을 갖출 것 : 확정일자는 요하지 않는다.
- 보증금 중 일정액을 다른 담보물권자(선순위권리자)보다 우선하여 변제받을 권리가 있다. : 건물가액의 1/2 제한
- 배당요구채권이다.

지역	보증금	보증금 중 일정액
1. 서울특별시	6천5백만원	2천2백만원
2. 「수도권정비계획법」에 따른 과밀억제권역 (서울특별시는 제외)	5천5백만원	1천9백만원
3. 광역시(수도권정비계획법에 따른 과밀억제권역에 포함된 지역과 군지역은 제외), 안산시, 용인시, 김포시 및 광주시	3천8백만원	1천3백만원
4. 그 밖의 지역	3천만원	1천만원

086 권리금 보호규정 ★★

1. 권리금
- **의의**: 임대차 목적물인 상가건물에서 영업을 하는 자 또는 영업을 하려는 자가 유형·무형의 재산적 가치의 양도 또는 이용대가로서 임대인, 임차인에게 보증금과 차임 이외에 지급하는 금전 등의 대가
- **권리금계약**: 신규임차인이 되려는 자가 임차인에게 권리금을 지급하기로 하는 계약

2. 권리금 회수기회 보호
- 임차인의 계약갱신요구를 거절할 수 있는 정당한 사유가 있는 경우에는 권리금 회수는 보호되지 않는다.
- 임대차기간이 끝나기 전 6개월 전부터 종료 시까지
- 임차인의 권리금 회수를 임대인이 방해, 임차인에게 손해가 발생한 경우
  - 손해배상청구권 발생(**임대차가 종료한 날부터 3년** 이내에 행사해야 한다)
  - 손해배상청구
  - ➡ 손해배상금액: 신규임차인이 지급하기로 한 권리금과 임대차 종료 당시 권리금 중 낮은 금액을 넘지 못한다.

> **기출** 권리금 회수의 방해로 인한 임차인의 임대인에 대한 손해배상청구권은 그 방해가 있은 날로부터 3년 이내에 행사하지 않으면 시효의 완성으로 소멸한다. (X) 27회
> → 임대차가 종료한 날부터 3년 이내에 행사하지 않으면 시효의 완성으로 소멸한다.

3. 적용 제외
- 대규모 점포 또는 준대규모 점포의 일부임대
- 국유재산 또는 공유재산의 임대

4. 임대인의 방해행위 금지(4가지)
- 임차인이 주선한 신규임차인이 되려는 자에게 권리금을 요구하거나 임차인이 주선한 신규임차인이 되려는 자로부터 권리금을 수수하는 행위
- 임차인이 주선한 신규임차인이 되려는 자로 하여금 임차인에게 권리금을 지급하지 못하게 하는 행위
- 임차인이 주선한 신규임차인이 되려는 자에게 상가건물에 관한 조세, 공과금, 주변 상가건물의 차임 및 보증금, 그 밖의 부담에 따른 금액에 비추어 현저히 고액의 차임과 보증금을 요구하는 행위
- 그 밖에 정당한 사유 없이 임대인이 임차인이 주선한 신규임차인이 되려는 자와 임대차계약의 체결을 거절하는 행위

5. 임대인이 신규임차인이 되려는 자와 임대차계약의 체결을 거절할 수 있는 정당한 사유(4가지)
- 임차인이 주선한 신규임차인이 되려는 자가 보증금 또는 차임을 지급할 자력이 없는 경우
- 임차인이 주선한 신규임차인이 되려는 자가 임차인으로서의 의무를 위반할 우려가 있거나 그 밖에 임대차를 유지하기 어려운 상당한 사유가 있는 경우
- 임대차 목적물인 상가건물을 **1년 6개월** 이상 영리목적으로 사용하지 아니한 경우
- 임대인이 선택한 신규임차인이 임차인과 권리금계약을 체결하고 그 권리금을 지급한 경우

6. 임대인의 방해행위가 가능한 경우 (8가지)

- 임차인이 3기의 차임액에 해당하는 금액에 이르도록 차임을 연체한 사실이 있는 경우
- 임차인이 거짓이나 그 밖의 부정한 방법으로 임차한 경우
- 서로 합의하여 임대인이 임차인에게 상당한 보상을 제공한 경우
- 임차인이 임대인의 동의 없이 목적 건물의 전부 또는 일부를 전대(轉貸)한 경우
- 임차인이 임차한 건물의 전부 또는 일부를 **고의나 중대한 과실**로 파손한 경우
  - **기출** 임차인이 임차한 건물을 중대한 과실로 전부 파손한 경우, 임대인은 권리금 회수의 기회를 보장할 필요가 없다. (O) 30회
- 임차한 건물의 전부 또는 일부가 멸실되어 임대차의 목적을 달성하지 못할 경우
- 임대인이 다음의 어느 하나에 해당하는 사유로 목적 건물의 전부 또는 대부분을 철거하거나 재건축하기 위하여 목적 건물의 점유를 회복할 필요가 있는 경우
  ① 임대차계약체결 당시 공사시기 및 소요기간 등을 포함한 철거 또는 재건축계획을 임차인에게 구체적으로 고지하고 그 계획에 따르는 경우
  ② 건물이 노후·훼손 또는 일부 멸실되는 등 안전사고의 우려가 있는 경우
  ③ 다른 법령에 따라 철거 또는 재건축이 이루어지는 경우
- 그 밖에 임차인이 임차인으로서의 의무를 현저히 위반하거나 임대차를 계속하기 어려운 중대한 사유가 있는 경우

7. 표준권리금계약서의 작성 등
: 국토교통부장관은 임차인과 신규임차인이 되려는 자가 권리금계약을 체결하기 위한 표준권리금계약서를 정하여 그 사용을 권장할 수 있다.

8. 권리금 평가기준의 고시
: 국토교통부장관은 권리금에 대한 감정평가의 절차와 방법 등에 관한 기준을 고시할 수 있다.

9. 차임연체와 해지
: 임차인의 차임연체액이 **3기**의 차임액에 달하는 때에는 **임대인은 계약을 해지할 수 있다.**

INTRO 가등기담보 등에 관한 법률 한눈에 보기

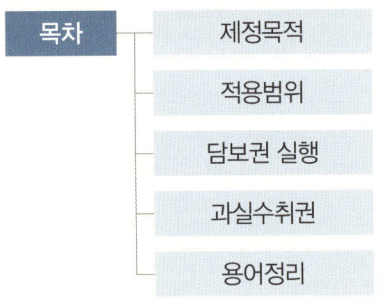
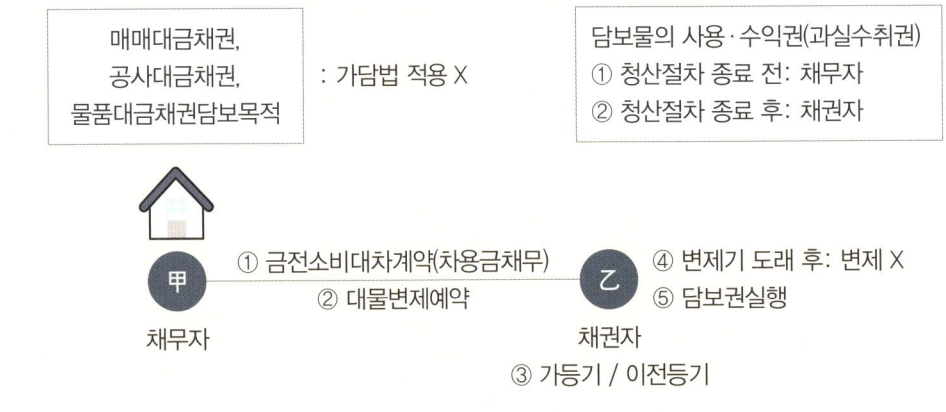

🏠 가등기담보권 실행절차

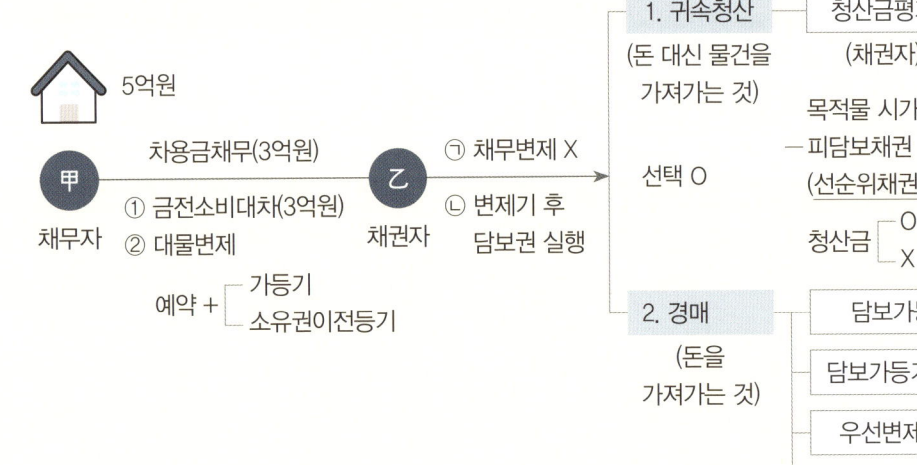
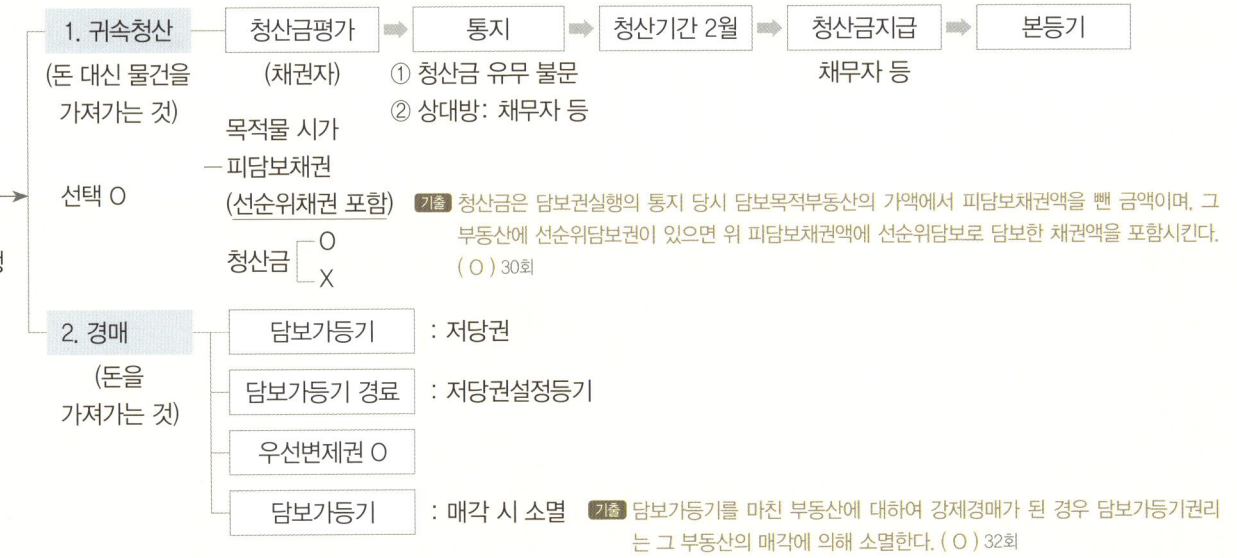

POINT 03 가등기담보 등에 관한 법률

087 가등기담보 등에 관한 법률의 적용범위 ★★

• 채무자 등: 채무자, 물상보증인, 담보가등기 이후에 소유권을 취득한 제3자 / 후순위권리자: 담보가등기 후에 등기된 저당권자, 전세권자 및 담보가등기권리자

1. 차용금채무의 발생 O
- (준)소비대차에 의해서 **차용금채무**가 발생해야 한다(대여금채무).
- **매매대금채권, 공사대금채권, 물품반환채권을 담보할 목적인 경우** : 가담법은 **적용되지 않는다**.
  - 기출 공사대금채권을 담보하기 위하여 담보가등기를 한 경우,「가등기담보 등에 관한 법률」이 적용된다. (X) 33회 → 적용되지 않는다.

2. 대물반환예약 O
- 목적물가액이 차용액 및 이자합산액을 **초과**한 경우에 **적용**된다.
- **미달**된 경우 : 가담법 **적용 X** 채권자는 청산금평가액의 통지 및 청산금지급 등의 절차를 **이행할 필요가 없다**.

3. 담보목적으로 가등기(등록)나 이전등기 O
- 가등기(등록)나 이전등기를 할 수 없는 경우: 적용되지 않는다.

4. 적용 제외
- 차용금채무가 아닌 경우 : **적용되지 않는다**.
- 대물변제예약이 없는 경우 : 적용되지 않는다.
- 재산권이전의 예약 당시의 그 재산가액이 차용액 + 이자의 합산액에 **미달**된 경우 : **적용되지 않는다**. 담보권의 실행을 통지할 필요 없다.
  - 기출 가등기담보부동산의 예약 당시 시가가 그 피담보채무액에 미달하는 경우에는 청산금평가액의 통지를 할 필요가 없다. (O) 32회
- 채권담보의 목적으로 가등기, 소유권이전등기를 할 수 없는 경우
- 동산: 가담법이 적용되지 않는다.

5. 담보물의 사용·수익권자 (과실수취권)
- 채무자(담보설정자)에게 과실취득권이 있다.
- **청산절차의 종료**와 함께 과실취득권은 **채권자(담보권자)에게 귀속**된다.
  - 기출 채권자가 채무자에게 담보권실행을 통지하고 난 후부터는 담보목적물에 대한 과실수취권은 채권자에게 귀속한다. (X) 30회 → 과실수취권은 채무자에게 있다.
  - 기출 청산금을 지급할 필요 없이 청산절차가 종료된 경우, 그때부터 담보목적물의 과실수취권은 채권자에게 귀속한다. (O) 26회
  - 기출 채권담보의 목적으로 부동산 소유권을 이전한 경우, 그 부동산에 대한 사용·수익권은 담보권설정자에게 있음이 원칙이다. (O) 22회

088 가등기담보권의 실행 ★★★

1. 통지

- 청산금 유무 불문 통지해야 한다. / 청산금이 없으면 그 뜻을 통지해야 한다.
  - 통지의 상대방 — 채무자 등
    - 여러 명인 경우: 모두에게 통지해야 한다.
  - 통지가 채무자 등에 도달한 경우: 지체 없이 후순위권리자에게 통지(통지사실, 내용 및 도달일)해야 한다.
  - 채권자가 주관적으로 평가, 통지: 객관적 평가금액에 미달한 경우에도 통지는 유효하다.
  - 채권자가 통지한 청산금액: 채권자는 다툴 수 없다.
  - 다투는 방법
    - 채무자 등: 채권자가 통지한 청산금액을 다투고 정당하게 평가된 청산금을 받을 때까지 소유권이전 및 인도채무의 이행을 거절할 수 있다.
    - 후순위권리자: 경매할 수 있다.
  - 청산기간 범위 내에서 / 변제기 도래 후 뿐만이 아니라 변제기 도래 전에도 경매할 수 있다.

기출 채권자가 담보권실행을 통지함에 있어서, 청산금이 없다고 인정되면 통지의 상대방에게 그 뜻을 통지하지 않아도 된다. (X) 30회 → 청산금이 없다는 뜻을 통지해야 한다.

기출 통지한 청산금액이 객관적으로 정확하게 계산된 액수와 맞지 않으면, 채권자는 정확하게 계산된 금액을 다시 통지해야 한다. (X) 30회 → 객관적 평가금액에 미달하더라도 통지는 유효하다.

기출 귀속청산에서 변제기 후 청산금의 평가액을 채무자에게 통지한 경우, 채권자는 그가 통지한 청산금의 금액에 관하여 다툴 수 있다. (X) 33회 → 다툴 수 없다.

기출 가등기담보권자는 담보목적물에 대한 경매를 청구할 수 없다. (X) 33회 → 청구할 수 있다.

기출 담보가등기 후의 저당권자는 청산기간 내라도 저당권의 피담보채권의 도래 전에는 담보목적 부동산의 경매를 청구할 수 없다. (X) 26회 → 청구할 수 있다.

2. 청산기간: 통지가 채무자 등에게 도달한 날로부터 2개월

3. 청산금지급
- 채무자 등에게 지급
- 채무자 등의 소유권이전의무 및 목적물인도의무와 채권자의 청산금지급의무: 동시이행관계에 있다.
- 청산금지급 이전에 본등기와 목적물을 인도받거나 청산기간이나 동시이행관계를 인정하지 않는 담보권실행은 가담법 위반으로 허용되지 않는다.: 무효이다.
- 담보가등기 후 대항력 있는 임차권: 청산금 범위 내에서 동시이행의 항변권 주장할 수 있다.
- 청산금채권이 제3자에 의해 압류 또는 가압류된 경우: 채권자는 청산기간 경과 후 법원에 공탁 ➡ 청산금지급의무 면한다.
- 채무자 등의 말소등기청구 — 청산금을 지급받기 전까지 변제하고 말소등기를 청구할 수 있다.
  - 말소등기를 청구할 수 없는 경우
    - 변제기 경과 후 10년
    - 선의의 제3자가 소유권을 취득한 경우
  - : 채권자 등기는 소급해서 유효

기출 양도담보 목적 부동산을 양수한 제3자가 악의인 경우에도 채무자는 제3자 명의의 등기말소를 청구할 수 없다. (X) 20회 → 청구할 수 있다.

기출 「가등기담보 등에 관한 법률」에 정해진 청산절차 없이 담보목적부동산을 처분하여 선의의 제3자에게 소유권을 취득하게 한 채권자는 채무자에게 불법행위책임을 진다. (O) 22회

➡ 채권자는 채무자에게 불법행위책임을 질 수 있다.

INTRO 집합건물의 소유 및 관리에 관한 법률 한눈에 보기

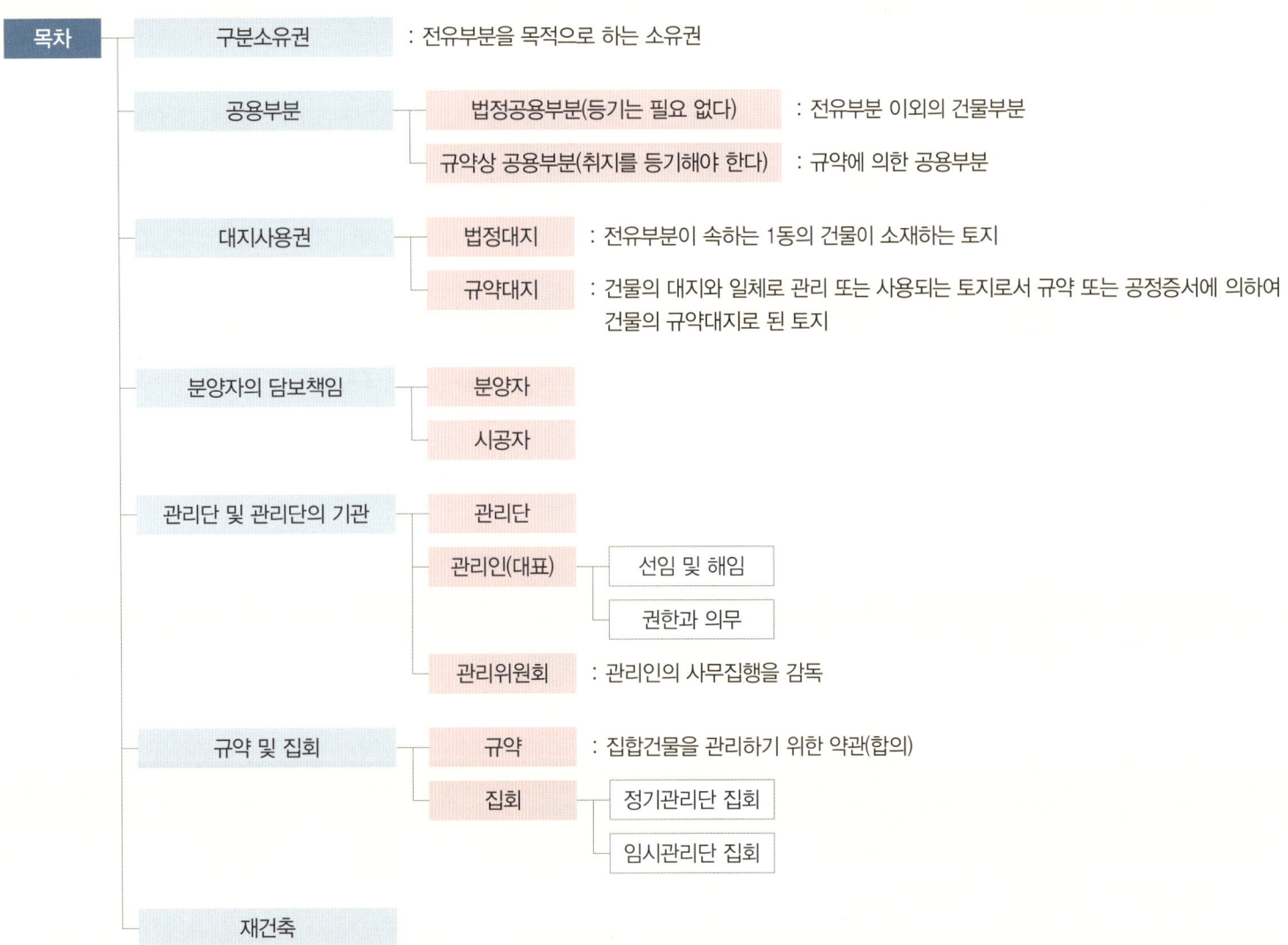

POINT 04 집합건물의 소유 및 관리에 관한 법률

089 구분소유권 ★

• 전유부분을 목적으로 하는 소유권

1. 전유부분: 구분소유권의 목적인 건물부분
[기출] 전유부분은 구분소유권의 목적인 건물부분을 말한다. (O) 32회

2. 성립
- 구조상·이용상 독립성 O
- 구분행위 O
- 등기나 등록은 필요 X → 건축물대장에 등록 X, 등기부에 등기 X: **구분소유권은 성립한다.**

[기출] 구분건물이 객관적·물리적으로 완성되더라도 그 건물이 집합건축물대장에 등록되지 않는 한 구분소유권의 객체가 되지 못한다. (X) 32회
→ 대장에 등록되지 않아도 구분소유권의 객체가 될 수 있다.

090 공용부분 ★★

1. 공용부분
- 종류
  - 법정공용부분(구조상) (등기는 필요 없다)
    - 전유부분 이외의 건물 부분
    - 물권의 변동 : 등기는 필요 없다. [기출] 구조상 공용부분에 관한 물권의 득실변경은 등기가 필요하지 않다. (O) 34회
  - 규약상 공용부분 (취지를 등기해야 한다)
    - 규약에 의한 공용부분
    - 물권의 변동 : 등기는 필요 없다.
- 공용부분의 귀속 등
  - 구분소유자 전원 공유
  - 공유자의 지분 : 전유부분의 면적비율에 따른다.
  - 관리비용, 의무 : 전유부분의 면적비율에 따른다.
  - 일체성
    - **전유부분의 처분에 따른다.**
    - 전유부분과 분리하여 처분할 수 없다.
    - 공용부분의 **물권의 변동** : 등기는 필요 없다. [기출] 구조상의 공용부분에 관한 물권의 득실변경은 그 등기를 해야 효력이 발생한다. (X) 29회
    → 등기하지 않아도 효력이 발생한다.

2. 공용부분의 변경
- 구분소유자의 2/3 및 의결권의 2/3 이상
- 건물 노후화 등을 억제하기 위한 **권리변동 있는 공용부분의 변경** : 구분소유자의 4/5 및 의결권의 4/5 이상

3. 공용부분의 사용
: 용도에 따라 사용할 수 있다. / 지분비율에 따라 사용하는 것이 아니다. **기출** 각 공유자는 공용부분을 그 용도에 따라 사용할 수 있다. (O) 31회

4. 공용부분에 관하여 발생한 채권의 효력

- 특별승계인에게도 행사할 수 있다.
  - **기출** 공유자가 공용부분에 관하여 다른 공유자에 대하여 가지는 채권은 그 특별승계인에 대하여도 행사할 수 있다. (O) 29회

- 특별승계인이 전 구분소유자의 체납관리비를 승계하는지 여부
  - : 공용부분의 체납관리비는 승계한다. / 전유부분의 체납관리비는 승계하지 않는다.

- 구분소유권의 특별승계인은 구분소유권을 다시 제3자에 이전한 경우에도 여전히 자신의 전(前) 구분소유자의 공용부분에 대한 체납관리비를 지급할 책임이 있을까?
  - : 이전 구분소유자들의 채무를 중첩적으로 인수하므로, 여전히 자신의 전(前) 구분소유자의 공용부분에 대한 체납관리비를 지급할 책임이 있다.
  - **기출** 집합건물구분소유권의 특별승계인이 그 구분소유권을 다시 제3자에게 이전한 경우, 관리규약에 달리 정함이 없는 한, 각 특별승계인들은 자신의 전(前) 구분소유자의 공용부분에 대한 체납관리비를 지급할 책임이 있다. (O) 32회

- 특별승계인이 전 구분소유자의 공용부분 관리비에 대한 연체료를 승계할까?
  - : 승계하지 않는다.
  - **기출** 공용부분 관리비에 대한 연체료는 특별승계인에게 승계되는 공용부분 관리비에 포함되지 않는다. (O) 25회

091 대지사용권 ★

전유부분을 소유하기 위한 건물의 대지에 대한 권리 **기출** 대지사용권은 구분소유자가 전유부분을 소유하기 위하여 건물의 대지에 대하여 가지는 권리를 말한다. (O) 27회

1. 종류
- 법정대지
- 규약대지 : 건물의 대지와 일체로 관리 또는 사용되는 토지로서 규약 또는 공정증서에 의하여 건물의 규약대지로 된 토지

2. 일체성
- 전유부분의 처분에 따른다.
- 전유부분과 분리처분할 수 있을까?
  - 원칙 : 분리처분할 수 없다. **기출** 대지사용권은 전유부분과 일체성을 갖게 된 후 개시된 강제경매절차에 의해 전유부분과 분리되어 처분될 수 있다. (X) 34회 → 대지사용권(종)은 전유부분(주)과 분리하여 처분할 수 없다.
  - 예외 : 분리처분할 수 있다(규약으로 정한 경우).
- 전유부분에 저당권설정이나 전유부분이 압류된 경우 : 저당권, 압류의 효력은 대지사용권에도 미친다. **기출** 전유부분에 설정된 저당권의 효력은 특별한 사정이 없는 한 대지사용권에 미친다. (O) 25회

3. 분할청구
: 대지공유자는 분할을 청구할 수 없다. **기출** 대지 위에 구분소유권의 목적인 건물이 속하는 1동의 건물이 있을 경우, 대지의 공유자는 그 건물의 사용에 필요한 범위의 대지에 대하여 분할을 청구하지 못한다. (O) 27회

092 분양자의 담보책임 ★

→ 강행규정

1. **분양자와 시공자**: 분양자와 시공자가 모두 담보책임을 진다.
   - [기출] 분양자 아닌 시공자는 특별한 사정이 없는 한, 집합건물의 하자에 대하여 담보책임을 지지 않는다. (X) 23회
     → 분양자와 시공자 모두 담보책임을 진다.

2. **손해배상책임**: 1차적으로 분양자가 책임 / 2차적으로 시공자가 책임
   - [기출] 분양자는 원칙적으로 전유부분을 양수한 구분소유자에 대하여 담보책임을 지지 않는다. (X) 31회
     → 분양자는 전유부분을 양수한 구분소유자, 즉 현재의 구분소유자에게 담보책임을 진다.

3. **존속기간**
   - 주요구조부 및 지반공사의 하자 : 10년
   - 그 이외의 하자 : 5년 범위 내

4. **기산점**
   - 전유부분 : 구분소유자에게 인도한 날
     - [기출] 전유부분에 관한 담보책임의 존속기간은 사용검사일부터 기산한다. (X) 31회
       → 구분소유자에게 인도한 날부터 기산한다.
   - 공용부분 : 사용검사일 또는 사용승인일

5. **손해배상청구권의 발생**: 하자 발생 시 발생한다.

6. **해제(분양계약)**: 목적을 달성할 수 없는 경우
   - [기출] 완성된 분양목적물의 하자로 계약목적을 달성할 수 없더라도, 분양계약을 해제할 수 없다. (X) 23회 → 해제할 수 있다.

7. **임대 후 분양전환**: 인도받은 시점부터 담보책임을 물을 수 있다(분양전환 시 X).
   - [기출] 임대 후 분양전환된 집합건물에 대해서는 분양전환 시점을 기준으로 하여 하자담보책임을 물을 수 있다. (X) 23회 → 인도받은 시점부터 담보책임을 물을 수 있다.

093 관리인 및 관리단의 기관 ★★

→ 관리단은 구분소유자 전원을 구성원으로 하여 건물과 그 대지 및 부속시설의 관리에 관한 사업의 시행을 목적으로 한다.

1. **관리단**
   - 구분소유자 전원이 구성원
   - 당연 성립 : 어떠한 조직행위를 거쳐야 비로소 성립되는 단체가 아니라 구분소유관계가 성립하는 건물이 있는 경우 당연히 성립한다.

2. **관리인(대표)** — 대내적으로는 당해 건물의 관리를 총괄하고, 대외적으로는 관리단을 대표하는 지위를 갖는 자
   - (1) 선임 및 해임
     - 구분소유자가 10인 이상인 경우 : 관리인을 선임해야 한다(의무사항).
       - [기출] 구분소유자가 10인 이상일 때에는 관리단을 대표하고 관리단의 사무를 집행할 관리인을 선임하여야 한다. (O) 33회
     - 구분소유자일 필요는 없다. : 임차인도 관리인이 될 수 있다.
       - [기출] 구분소유자가 아닌 자는 관리인이 될 수 없다. (X) 33회 → 될 수 있다.
     - 임기 : 2년 범위 내, 규약으로 정한다.
       - [기출] 관리인은 구분소유자일 필요가 없으며, 그 임기는 2년의 범위에서 규약으로 정한다. (O) 24회
     - 원칙 : 관리단집회의 결의를 통해서 선임되거나 해임된다.
     - 예외 : 규약(관리위원회의 결의를 통해서 선임·해임할 수 있다)

- (2) 권한과 의무
  - 공용부분의 보존행위(전유부분의 보존행위 X)
    - 기출 관리위원회를 둔 경우에도 규약에서 달리 정한 바가 없으면, 관리인은 공용부분의 보존행위를 함에 있어 관리위원회의 결의를 요하지 않는다. (X) 33회 → 관리위원회를 둔 경우, 결의를 요한다.
  - 공용부분의 관리, 변경에 관한 관리단집회의 결의를 집행
  - 소음·진동·악취 등을 유발, 공동생활의 평온을 해치는 행위의 중지요청, 분쟁 조정절차 권고 등 필요한 조치를 하는 행위
  - 대표권을 제한할 수 있다(선의의 제3자에게 대항 X).
  - 매년 1회 이상 사무보고의무 O

- 3. 관리위원회 (● 관리인의 사무집행을 감독한다.)
  - 설치, 기능
    - 관리위원회를 둘 수 있다(필수기관 X).
      - 기출 관리단에는 규약으로 정하는 바에 따라 관리위원회를 둘 수 있다. (O) 24회
    - 관리인의 사무집행을 감독한다.
    - 관리인은 제25조 제1항 각 호의 행위를 하려면 관리위원회의 결의를 거쳐야 한다.
  - 구성, 운영
    - 구분소유자 중에서 관리단집회의 결의에 의하여 선출한다.
    - 관리인은 규약에 달리 정한 바가 없으면 관리위원회의 위원이 될 수 없다.
      - 기출 규약에서 달리 정한 바가 없으면, 관리인은 관리위원회의 위원이 될 수 있다. (X) 33회 → 될 수 없다.
    - 관리위원회 위원의 임기는 2년의 범위에서 규약으로 정한다.
  - 위원 : 구분소유자 중에서 선출한다.
    - 기출 규약에 다른 정함이 없으면 관리위원회의 위원은 전유부분을 점유하는 자 중에서 관리단집회의 결의에 의하여 선출한다. (X) 24회 → 구분소유자 중에서 선출한다.

094 규약 및 집회 ★

- 1. 규약
  - 집합건물을 관리하기 위한 약관(합의)
  - 설정, 변경, 폐지 : 구분소유자 3/4 및 의결권 3/4 이상
- 2. 집회
  - (1) 종류
    - 정기관리단 집회 : 관리인은 매년 회계연도 종료 후 3개월 이내에 소집해야 한다.
      - 기출 관리인은 매년 회계연도 종료 후 3개월 이내에 정기관리단 집회를 소집하여야 한다. (O) 29회
    - 임시관리단 집회
      - 관리인은 집회를 소집할 수 있다.
      - 1/5 이상 소집청구(소집해야 한다)

- (2) 소집통지
  - 관리단집회일 1주일 전
  - 소집절차 생략 : 전원의 동의가 있으면 생략할 수 있다. [기출] 관리단집회는 구분소유자 전원이 동의하면 소집절차를 거치지 않고 소집할 수 있다. (O) 25회
- (3) 결의사항 및 의결권
  - 통지한 사항만 결의할 수 있다.
  - 전원의 동의가 있는 경우 : 통지하지 않은 사항에 대해서도 결의할 수 있다.
- (4) 의결방법
  - 구분소유자의 과반수 및 의결권의 과반수
  - 서면, 전자적 방법, 대리인

095 재건축 ★★

1. 결의
- 서면결의 가능   [기출] 서면결의의 방법에 의한 재건축결의가 가능하다. (O) 25회
- 요건
  - 구분소유자 4/5 및 의결권 4/5 이상 / 결의내용변경: 조합원 4/5(서면결의 가능)   [기출] 재건축결의는 구분소유자 및 의결권의 각 5분의 4 이상의 결의에 의한다. (O) 30회
  - 휴양콘도미니엄: 구분소유자 2/3 및 의결권 2/3 이상
- 용도변경을 위한 결의 허용 : 주거용 집합건물을 철거하고 상가용 집합건물의 신축결의가 가능하다.   [기출] 주거용 집합건물을 철거하고 상가용 집합건물을 신축하기로 하는 재건축결의는 원칙적으로 허용되지 않는다. (X) 21회 → 허용된다.
- 한 단지 내에 있는 여러 동의 건물을 일괄하여 재건축하는 경우   재건축결의: 각각의 건물마다 있어야 한다.
- 재건축 비용의 분담액 또는 산출기준을 확정하지 않은 재건축결의는 유효일까? : 무효이다.

2. 절차
- 재건축결의에 찬성하지 않은 구분소유자에게 지체 없이 참가 여부를 촉구해야 한다. : 서면 촉구(구두 X)
- 촉구를 받은 날로부터 2개월 이내 회답해야 한다. : 촉구를 받은 날로부터 2개월 이내에 회답하지 않으면 재건축에 참가하지 아니하겠다는 뜻을 회답한 것으로 본다.
  [기출] 재건축결의 후 재건축 참가 여부를 서면으로 촉구받은 재건축 반대자가 법정기간 내에 회답하지 않으면 재건축에 참가하겠다는 회답을 한 것으로 본다. (X) 30회 → 참가하지 아니하겠다는 회답을 한 것으로 본다.
- 매도청구권 : 참가하지 않는 구분소유자에게 구분소유권과 대지사용권을 시가로 매도할 것을 청구할 수 있다.
- 재건축결의가 무효인 경우 : 매도청구권은 발생하지 않는다.   [기출] 재건축의 결의가 법정정족수 미달로 무효인 경우에는 구분소유자 등의 매도청구권이 발생하지 않는다. (O) 20회

INTRO 부동산 실권리자명의 등기에 관한 법률 한눈에 보기

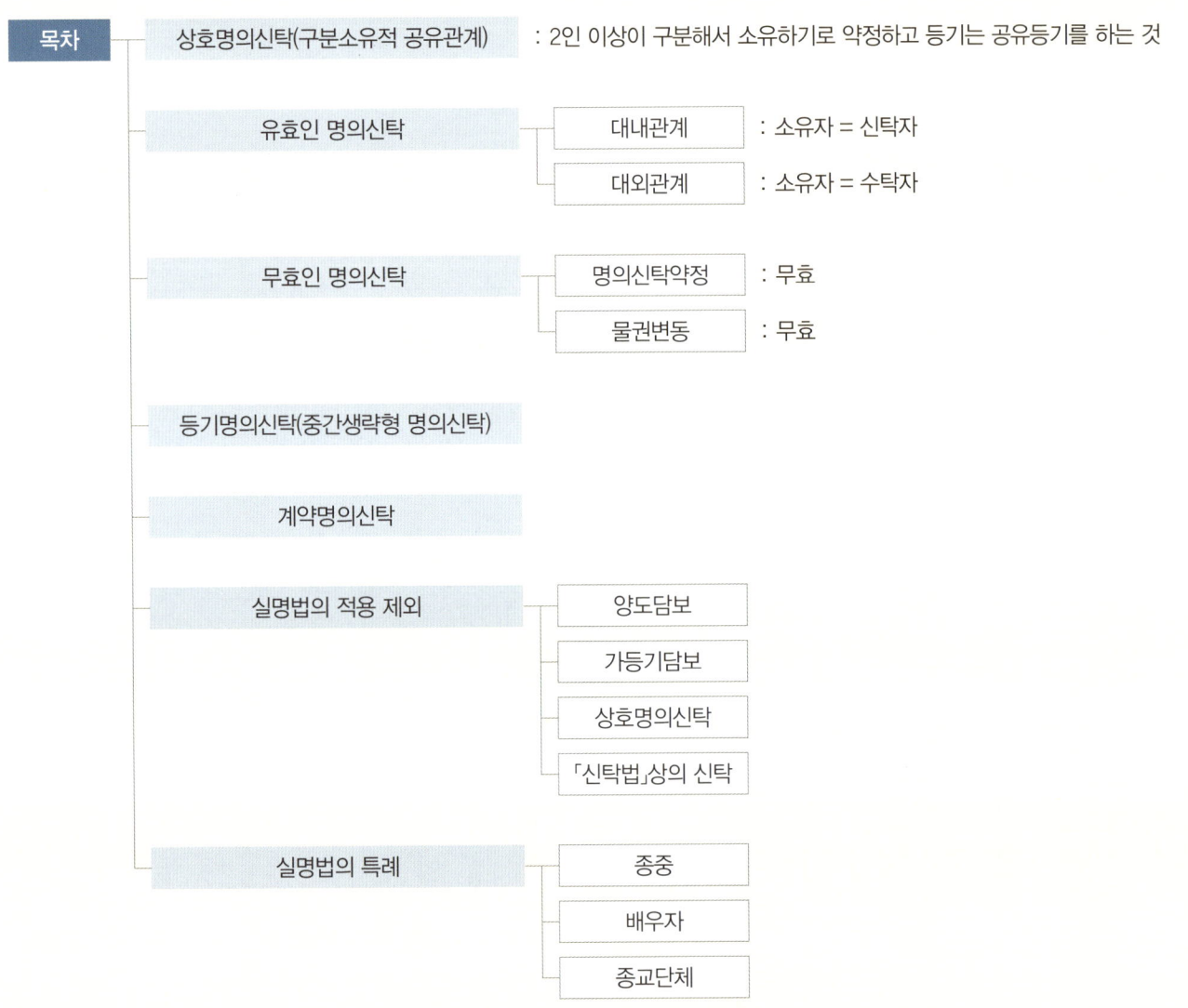

POINT 05 부동산 실권리자명의 등기에 관한 법률

096 상호명의신탁(구분소유적 공유관계) ★

└ 2인 이상이 구분해서 소유하기로 약정하고 등기는 공유등기를 하는 것

1. 성립 — 위치와 면적을 특정해서 2인 이상이 구분해서 소유하기로 하는 약정이 있어야 한다.

2. 대내관계 — 각 공유자는 구분된 **특정부분**에 대해서만 소유권을 취득한다.

└ 각 공유지분권자는 특정부분에 대해서 소유권을 취득하므로 다른 공유자의 동의 없이 단독으로 처분할 수 있다.

- 각 공유자가 자신의 권리를 제3자에게 처분하는 경우
  - 자신소유의 특정부분을 제3자에게 처분하는 경우 (특정부분에 대한 표상으로 지분이전등기를 경료해준 경우)
    : 구분소유적 공유관계가 제3자에게 승계된다.
  - 등기부의 기재대로 1필지 전체에 대한 공유지분으로 처분하는 경우
    - 구분소유적 공유관계가 제3자에게 승계되지 않는다.
    - 제3자는 단지 부동산 전체에 대한 공유지분을 취득한다.
    - 위의 논리는 경매에서도 동일하다.

- 사용·수익권 : 각 공유지분권자는 자신소유의 구분된 **특정부분을 배타적 사용할 수 있다**(자신소유 토지 위에 건물을 신축할 수 있다).
  - [기출] 甲과 乙이 X토지의 각 특정부분을 구분하여 소유하면서 공유등기를 한 경우, 甲 자신이 구분소유하는 지상에 건물을 신축하더라도 乙은 그 건물의 철거를 청구할 수 없다. (O) 24회

- **다른 구분소유자의 방해행위가 있는 경우** : 소유권에 기한 방해제거를 청구할 수 있다.

- 구분소유적 공유관계의 **해소**는 어떻게 할까?
  - 이미 내부적으로 분할되어 있으므로 공유물분할청구는 인정되지 않는다.
  - 상호명의신탁약정의 **해지**를 원인으로 지분이전등기를 청구할 수 있다.

3. 대외관계 : 일반 공유와 동일
- 전부에 대한 공유관계
- 공유자로서 권리를 주장할 수 있다.
- 제3자의 방해행위가 있는 경우, 방해제거를 청구할 수 있을까?
  - 자신의 구분소유부분에 대해서 방해제거를 청구할 수 있다.
  - 공유물 **전부**에 대해서 **방해제거를 청구할 수 있다**(보존행위).

4. 점유형태 : 각 구분소유자는 자신 소유 특정부분에 대해서 자주점유에 해당한다.

[기출] 甲과 乙은 X토지에 관하여 구분소유적 공유관계에 있다.
① 甲과 乙은 자신들의 특정 구분부분을 단독으로 처분할 수 있다. (O) 25회
② 甲의 특정 구분부분에 대한 乙의 방해행위에 대하여, 甲은 소유권에 기한 방해배제를 청구할 수 있다. (O) 25회
③ 乙의 특정 구분부분에 대한 丙의 방해행위에 대하여, 甲은 丙에게 공유물의 보존행위로서 방해배제를 청구할 수 없다. (X) 25회
→ 청구할 수 있다.

[기출] 「부동산 실권리자명의 등기에 관한 법률」상 허용되는 상호명의신탁의 경우, 공유물분할청구의 소를 제기하여 구분소유적 공유관계를 해소할 수 없다. (O) 22회

097 실명법의 특례 ★

1. 원칙: 종중, 배우자, 종교단체의 명의신탁(실명법이 적용된다) / 명의신탁약정은 무효이다.

2. 예외: 실명법 적용 X

- 조세포탈, 강제집행의 면탈(免脫) 또는 법령상 제한의 회피를 목적으로 하지 않는 경우 : 실명법 적용 X(명의신탁약정은 유효)

- 제3자가 불법점유한 경우
  ① 신탁자는 소유권에 기하여 직접 소유물반환청구권을 행사할 수 없다.
  ② 신탁자는 수탁자의 소유물반환청구권을 대위할 수 있다.

- 배우자(법률상의 배우자 O / 사실혼 X)

- 명의신탁약정 시에는 법률상 배우자 X, 이후 혼인(법률상 배우자 O)
  ① 명의신탁약정: 유효
  ② 혼인한 때부터 유효: 소급 X

기출 甲은 조세포탈·강제집행의 면탈 또는 법령상 제한의 회피를 목적으로 하지 않고, 배우자 乙과의 명의신탁약정에 따라 자신의 X토지를 乙명의로 소유권이전등기를 마쳐주었다.
① 乙은 甲에 대해 X토지의 소유권을 주장할 수 없다. (O) 28회
② 甲이 X토지를 丙에게 매도한 경우, 이를 타인의 권리매매라고 할 수 없다. (O) 28회
③ 丁이 X토지를 불법점유하는 경우, 甲은 직접 丁에 대해 소유물반환청구권을 행사할 수 있다. (X) 28회 → 직접 행사할 수는 없고 乙을 대위하여야 한다.
④ 乙로부터 X토지를 매수한 丙이 乙의 甲에 대한 배신행위에 적극가담한 경우, 乙과 丙 사이의 계약은 무효이다. (O) 28회
⑤ 丙이 乙과의 매매계약에 따라 X토지에 대한 소유권이전등기를 마친 경우, 특별한 사정이 없는 한 丙이 X토지의 소유권을 취득한다. (O) 28회

---

098 유효인 명의신탁

1. 대내관계
- 소유자: 신탁자(제3자와 매매: 타인권리 매매 X)
- 신탁자는 언제든지 명의신탁약정을 해지할 수 있다.
  ① 신탁자는 수탁자를 상대로 해지를 원인으로 소유권이전등기나 말소등기를 청구할 수 있다.
  ② 소유권이전등기청구권이나 말소등기청구권: 소멸시효에 걸리지 않는다.

2. 대외관계
- 소유자: 수탁자[수탁자의 점유는 타주점유에 해당한다(취득시효 주장 X)]
- 물권적 청구권을 누가 행사할 수 있을까?
  ① 수탁자가 행사할 수 있다.
  ② 신탁자는 직접 행사할 수 없다. / 수탁자를 대위해야 한다.

기출 甲종중은 자신의 X토지를 적법하게 종원(宗員) 乙에게 명의신탁하였다.
① 乙이 평온, 공연하게 10년간 X토지를 점유한 경우, 乙은 이를 시효취득할 수 있다. (X) 21회 → 시효취득할 수 없다.
② 제3자가 X토지를 불법점유하는 경우, 甲은 소유권에 기하여 직접 방해배제를 청구할 수 있다. (X) 21회 → 직접 청구할 수는 없고, 乙을 대위해야 한다.
③ 甲이 명의신탁해지를 원인으로 하고 소유권에 기하여 乙에게 행사하는 등기청구권은 소멸시효에 걸리지 않는다. (O) 21회
④ 乙이 丙에게 X토지를 매도하여 이전등기한 경우, 丙이 악의라면 X토지의 소유권을 취득하지 못한다. (X) 21회 → 명의수탁자와 거래한 제3자는 선의·악의를 불문하고 보호받는다.

099 양자 간 명의신탁(무효인 명의신탁) ★

1. 명의신탁약정
: 무효(수탁자의 점유는 타주점유에 해당한다)

① 물권변동 자체가 무효: 언제나 신탁자가 소유권자(신탁자는 수탁자에게 소유권에 기한 반환을 청구할 수 있다)
② 명의신탁약정: 불법원인급여 X(신탁자는 수탁자를 상대로 부당이득반환을 청구할 수 있다)

2. 제3자가 불법점유한 경우
: 신탁자는 소유권에 기하여 직접 소유물방해배제청구권을 행사 O

기출 甲은 법령상의 제한을 회피하기 위해 2019.5. 배우자 乙과 명의신탁약정을 하고 자신의 X건물을 乙명의로 소유권이전등기를 마쳤다.
① 甲은 소유권에 의해 乙을 상대로 소유권이전등기의 말소를 청구할 수 있다. (O) 31회
② 甲은 乙에게 명의신탁해지를 원인으로 소유권이전등기를 청구할 수 없다. (O) 31회
③ 乙이 소유권이전등기 후 X건물을 점유하는 경우, 乙의 점유는 타주점유이다. (O) 31회
④ 乙이 丙에게 X건물을 증여하고 소유권이전등기를 해 준 경우, 丙은 특별한 사정이 없는 한 소유권을 취득한다. (O) 31회
⑤ 乙이 丙에게 X건물을 적법하게 양도하였다가 다시 소유권을 취득한 경우, 甲은 乙에게 소유물반환을 청구할 수 있다. (X) 31회 → 청구할 수 없다.

3. 신탁자의 등기명의 회복방법
- 소유권에 기한 방해제거청구를 원인으로 말소등기를 청구할 수 있다.
- 진정명의 회복을 원인으로 소유권이전등기를 청구할 수 있다.
- 명의신탁 해지 원인, 부당이득반환청구를 원인으로 말소등기를 청구할 수 없다. / 소유권이전등기를 청구할 수 없다.

4. 명의신탁약정이 무효인 경우, 명의신탁자는 명의신탁약정의 해지를 원인으로 소유권이전등기나 말소등기를 청구할 수 있을까?
① 명의신탁자는 명의신탁약정의 해지를 원인으로 소유권이전등기나 말소등기를 청구할 수 없다.
② 만약 명의신탁약정이 유효라면 명의신탁자는 명의신탁약정의 해지를 원인으로 소유권이전등기를 청구할 수 있다(소유권이전등기청구권: 소멸시효에 걸리지 않는다).

5. 명의수탁자와 거래한 제3자는 보호될까?
- 수탁자와 제3자가 매매계약을 한 경우 → 매매계약은 유효이다.
- 제3자는 선의·악의를 불문하고 보호받는다(선의·악의를 불문하고 소유권을 취득한다).
- 제3자가 소유권을 취득한 경우
  - 신탁자는 수탁자를 상대로 불법행위로 인한 손해배상을 청구할 수 있다.
  - 신탁자는 제3자를 상대로 소유권이전등기말소를 청구할 수 없다.

6. 제3자가 소유권을 취득했다가 수탁자가 다시 소유권을 취득한 경우
: 신탁자는 수탁자에게 소유물반환을 청구할 수 없다(이전등기청구 X).

100 등기명의신탁(중간생략형 명의신탁) ★★★

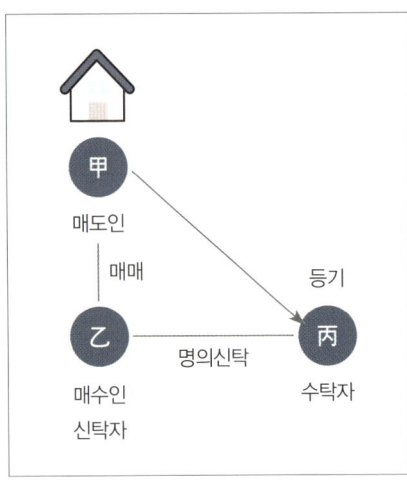

매도인 甲 — 매매 — 등기 → 丙 수탁자
매수인 乙 신탁자 — 명의신탁 — 丙

① 乙과 丙 사이의 명의신탁약정은 무효이다.
② 丙 명의 등기는 무효등기: 소유자는 매도인 甲 / 甲은 丙에게 말소등기나 이전등기청구권을 행사할 수 있다.
③ 甲과 乙 사이의 매매계약은 유효 / 매수인 乙은 소유권이전등기청구권을 행사할 수 있다(소유권이전등기청구권은 소멸 X).
④ 乙은 甲에게 매매대금에 대해서 부당이득반환을 청구할 수 없다(매매는 유효이기 때문).
⑤ 乙은 甲이 丙에게 가지고 있는 말소등기청구권이나 이전등기청구권을 대위할 수 있다. / 직접 말소청구할 수는 없다.
⑥ 乙은 丙에게 부당이득반환을 원인으로 소유권이전등기를 청구할 수는 없다.
⑦ 만약 丙이 乙에게 직접 이전등기를 경료해준 경우: 乙 명의 등기는 유효이다.
⑧ 丙과 거래한 제3자(A): 선의·악의를 불문하고 보호받는다.

기출 2019.10.26. X부동산을 매수하고자 하는 甲은 乙과 명의신탁약정을 하고 乙명의로 소유권이전등기를 하기로 하였다. 그 후 甲은 丙에게서 그 소유의 X부동산을 매수하고 대금을 지급하였으며, 丙은 甲의 부탁에 따라 乙 앞으로 이전등기를 해 주었다.
① 甲과 乙 사이의 명의신탁약정은 무효이다. (O) 30회
② 甲은 乙을 상대로 부당이득반환을 원인으로 한 소유권이전등기를 청구할 수 있다. (X) 30회 → 청구할 수 없다.
③ 甲은 丙을 상대로 소유권이전등기청구를 할 수 있다. (O) 30회
④ 甲은 丙을 대위하여 乙명의 등기의 말소를 구할 수 있다. (O) 30회
⑤ 甲과 乙 간의 명의신탁약정 사실을 알고 있는 丁이 乙로부터 X부동산을 매수하고 이전등기를 마쳤다면, 丁은 특별한 사정이 없는 한 그 소유권을 취득한다. (O) 30회

101 계약명의신탁 ★★★

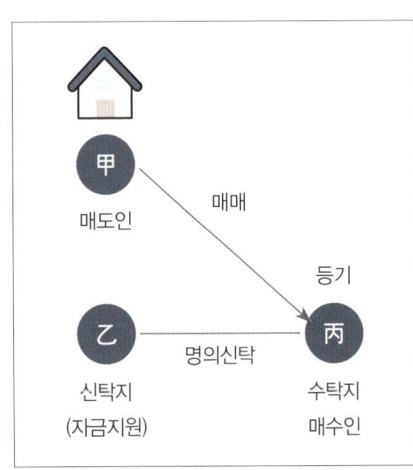

매도인 甲 — 매매
신탁자 乙 (자금지원) — 명의신탁 — 등기 → 丙 수탁자 매수인

① 乙과 丙 사이의 명의신탁약정은 무효이다.
② 乙은 丙에게 부당이득반환을 청구할 수 있다(매도인이 선의인 경우).
  ㉠ 실명법 시행 전: 부동산 자체
  ㉡ 실명법 시행 후: 매수자금(부당이득반환채권: 유치권을 행사할 수 없다)
③ 명의신탁약정을 甲이 몰랐다(선의)면 甲과 丙 사이의 매매계약은 유효
  ㉠ 丙 명의의 등기는 유효등기
  ㉡ 명의수탁자 丙은 소유권을 취득한다.
④ 명의신탁약정을 甲이 알았다(악의)면 甲과 丙 사이의 매매계약은 무효
  ㉠ 丙 명의의 등기는 무효등기(丙은 소유권을 취득할 수 없다)
  ㉡ 甲이 소유자(甲은 丙에게 말소등기청구나 이전등기를 청구할 수 있다)
⑤ 만약 甲이 악의이고, 丙이 제3자에게 처분한 경우: 甲의 소유권에 대한 침해행위에 해당한다(불법행위에 해당). / 그러나 甲은 손해를 입은 바가 없다.
⑥ 매매가 아니라 경매인 경우: 매도인 甲이 악의라도 경락인 丙은 소유권을 취득한다.

기출 2022.8.16. 甲은 조세포탈의 목적으로 친구인 乙과 명의신탁약정을 맺고 乙은 이에 따라 甲으로부터 매수자금을 받아 丙 소유의 X토지를 자신의 명의로 매수하여 등기를 이전받았다.
① 甲과 乙의 명의신탁약정은 무효이다. (O) 33회
② 甲과 乙의 명의신탁약정이 있었다는 사실을 丙이 몰랐다면, 乙은 丙으로부터 X토지의 소유권을 승계취득한다. (O) 33회
③ 乙이 X토지의 소유권을 취득하더라도, 甲은 乙에 대하여 부당이득을 원인으로 X토지의 소유권이전등기를 청구할 수 없다. (O) 33회
④ 甲은 乙에 대해 가지는 매수자금 상당의 부당이득반환청구권에 기하여 X토지에 유치권을 행사할 수 없다. (O) 33회
⑤ 만일 乙이 丁에게 X토지를 양도한 경우, 丁이 명의신탁약정에 대하여 단순히 알고 있었다면 丁은 X토지의 소유권을 취득하지 못한다. (X) 33회 → 수탁자와 거래한 제3자는 선의·악의를 불문하고 보호받는다. 따라서 丁은 X토지의 소유권을 취득한다.

PART 4 기출지문 OX로 민사특별법 마무리

01 사무실로 사용되던 건물이 주거용 건물로 용도변경된 경우, 「주택임대차보호법」의 적용대상이 된다. 27회 (O | X)

02 甲이 그 소유의 X주택에 거주하려는 乙과 존속기간 1년의 임대차계약을 체결한 경우 乙은 1년의 존속기간이 유효함을 주장할 수 있다. 30회 (O | X)

03 「주택임대차보호법」상 임차인의 계약갱신요구권은 임대차의 조건이 동일한 경우 여러 번 행사할 수 있다. 32회 (O | X)

04 임차인이 주택의 인도와 주민등록을 마친 때에는 그 다음 날 오전 영시부터 대항력이 생긴다. 32회 (O | X)

05 우선변제권 있는 임차인은 임차주택과 별도로 그 대지만이 경매될 경우, 특별한 사정이 없는 한 그 대지의 환가대금에 대하여 우선변제권을 행사할 수 있다. 33회 (O | X)

06 주택임차인이 사망한 경우, 그 주택에서 가정공동생활을 하던 사실혼 배우자는 2촌 이내의 상속권자에 우선하여 임차인의 권리와 의무를 승계한다. 16회 (O | X)

07 주택임차인이 임차권등기명령의 집행에 따른 임차권등기를 한 경우, 임차인은 임차권등기의 비용을 임대인에게 청구할 수 있다. 31회 (O | X)

08 일시사용을 위한 것임이 명백한 임대차에는 「상가건물 임대차보호법」이 적용되지 않는다. 22회 (O | X)

09 상가건물의 임차인은 임대인에게 계약갱신을 요구할 수 있으나 전체 임대차기간이 7년을 초과해서는 안 된다. 30회 (O | X)

10 상가건물의 임차인이 대항력을 갖추기 위해서는 임대차계약서상의 확정일자를 받아야 한다. 27회 (O | X)

11 상가건물 임대차에서 임차인이 상가건물의 환가대금에서 보증금을 우선변제받기 위해서는 대항요건이 배당요구 종기까지 존속하여야 한다. 25회 (O | X)

12 임차인이 임차한 건물을 중대한 과실로 전부 파손한 경우, 임대인은 권리금 회수의 기회를 보장할 필요가 없다. 30회 (O | X)

13 공사대금채권을 담보하기 위하여 담보가등기를 한 경우, 「가등기담보 등에 관한 법률」이 적용된다. 33회 (O | X)

14 귀속청산에서 변제기 후 청산금의 평가액을 채무자에게 통지한 경우, 채권자는 그가 통지한 청산금의 금액에 관하여 다툴 수 있다. 33회 (O | X)

15 공용부분은 취득시효에 의한 소유권 취득의 대상이 될 수 없다. 34회 (O | X)

16 각 공유자는 공용부분을 그 용도에 따라 사용할 수 있다. 34회 (O | X)

17 구조상 공용부분에 관한 물권의 득실변경은 등기가 필요하지 않다. 34회 (O | X)

정답

01 O 02 O 03 X 1회에 한하여 행사할 수 있다. 04 O 05 O 06 X 2촌 이내의 친족과 공동으로 승계한다. 07 O 08 O 09 X 10년을 초과해서는 안 된다. 10 X 확정일자는 요건이 아니다. 11 O 12 O 13 X 적용되지 않는다. 14 X 다툴 수 없다. 15 O 16 O 17 O

18 구분건물이 객관적·물리적으로 완성되더라도 그 건물이 집합건축물대장에 등록되지 않는 한 구분소유권의 객체가 되지 못한다. (○ | ×) 32회

19 공용부분 관리비에 대한 연체료는 특별승계인에게 승계되는 공용부분 관리비에 포함되지 않는다. (○ | ×) 25회

20 대지 위에 구분소유권의 목적인 건물이 속하는 1동의 건물이 있을 경우, 대지의 공유자는 그 건물의 사용에 필요한 범위의 대지에 대하여 분할을 청구하지 못한다. (○ | ×) 27회

21 전유부분에 관한 담보책임의 존속기간은 사용검사일부터 기산한다. (○ | ×) 31회

22 구분소유자가 10인 이상일 때에는 관리단을 대표하고 관리단의 사무를 집행할 관리인을 선임하여야 한다. (○ | ×) 33회

23 관리인은 매년 회계연도 종료 후 3개월 이내에 정기관리단 집회를 소집하여야 한다. (○ | ×) 29회

24 재건축결의 후 재건축 참가 여부를 서면으로 촉구받은 재건축 반대자가 법정기간 내에 회답하지 않으면 재건축에 참가하겠다는 회답을 한 것으로 본다. (○ | ×) 30회

25 「부동산 실권리자명의 등기에 관한 법률」상 허용되는 상호명의신탁의 경우, 공유물분할청구의 소를 제기하여 구분소유적 공유관계를 해소할 수 없다. (○ | ×) 22회

26 甲종중은 자신의 X토지를 적법하게 종원(宗員) 乙에게 명의신탁하였다. 제3자가 X토지를 불법점유하는 경우, 甲은 소유권에 기하여 직접 방해배제를 청구할 수 있다. (○ | ×) 21회

27 甲은 법령상의 제한을 회피하기 위해 2019.5. 배우자 乙과 명의신탁약정을 하고 자신의 X건물을 乙명의로 소유권이전등기를 마쳤다. 甲은 소유권에 의해 乙을 상대로 소유권이전등기의 말소를 청구할 수 있다. (○ | ×) 31회

28 2022.8.16. 甲은 조세포탈의 목적으로 친구인 乙과 명의신탁약정을 맺고 乙은 이에 따라 甲으로부터 매수자금을 받아 丙 소유의 X토지를 자신의 명의로 매수하여 등기를 이전받았다. 甲은 乙에 대해 가지는 매수자금 상당의 부당이득반환청구권에 기하여 X토지에 유치권을 행사할 수 없다. (○ | ×) 33회

29 甲은 조세포탈·강제집행의 면탈 또는 법령상 제한의 회피를 목적으로 하지 않고, 배우자 乙과의 명의신탁약정에 따라 자신의 X토지를 乙 명의로 소유권이전등기를 마쳐주었다. 丁이 X토지를 불법점유하는 경우, 甲은 직접 丁에 대해 소유물반환청구권을 행사할 수 있다. (○ | ×) 28회

정답

18 × 대장에 등록되지 않아도 구분소유권의 객체가 될 수 있다. 19 ○ 20 ○ 21 × 구분소유자에게 인도한 날부터 기산한다. 22 ○ 23 ○ 24 × 참가하지 아니하겠다는 회답을 한 것으로 본다. 25 ○ 26 × 직접 청구할 수는 없고, 乙을 대위하여야 한다. 27 ○ 28 ○ 29 × 직접 행사할 수는 없고, 乙을 대위하여야 한다.

부록 |
핵심 기출 지문 100

• 지문편

• 정답과 해설편

지문편

001 공유지분의 포기는 상대방 있는 단독행위에 해당한다. 32회 (O | X)

002 변호사가 민사소송의 승소 대가로 성공보수를 받기로 한 약정은 반사회질서의 법률행위로서 무효이다. 26회 (O | X)

003 강제집행을 면할 목적으로 허위의 근저당권을 설정하는 행위는 반사회질서의 법률행위로 무효이다. 31회 (O | X)

004 무효행위 전환에 관한 규정은 불공정한 법률행위에 적용될 수 있다. 31회 (O | X)

005 상대방이 표의자의 진의 아님을 알았다는 것은 무효를 주장하는 자가 증명하여야 한다. 25회 (O | X)

006 통정허위표시의 무효로 대항할 수 없는 제3자에 해당하는지의 여부를 판단할 때, 파산관재인은 파산채권자 모두가 악의로 되지 않는 한 선의로 다루어진다. 30회 (O | X)

007 통정허위표시의 무효에 대항하려는 제3자는 자신이 선의라는 것을 증명하여야 한다. 32회 (O | X)

008 매도인의 하자담보책임이 성립하더라도 착오를 이유로 한 매수인의 취소권은 배제되지 않는다. 31회 (O | X)

009 상대방이 표의자의 착오를 알고 이용한 경우, 표의자는 착오가 중대한 과실로 인한 것이더라도 의사표시를 취소할 수 있다. 31회 (O | X)

010 매도인이 매수인의 채무불이행을 이유로 계약을 적법하게 해제한 후에는 매수인은 착오를 이유로 취소권을 행사할 수 없다. 31회 (O | X)

011 교환계약의 당사자가 목적물의 시가를 묵비한 것은 원칙적으로 기망행위에 해당한다. 35회 (O | X)

012 제3자의 사기로 계약을 체결한 경우, 피해자는 그 계약을 취소하지 않고 그 제3자에게 불법행위책임을 물을 수 있다. 25회 (O | X)

013 아파트 분양자가 아파트단지 인근에 대규모 공동묘지가 조성된 사실을 알면서 수분양자에게 고지하지 않은 경우, 이는 기망행위에 해당한다. 35회 (O | X)

014 대리인이 수인인 때에는 원칙적으로 각자가 본인을 대리한다. 25회 (O | X)

015 매매계약을 체결할 대리권을 수여받은 대리인은 특별한 사정이 없는 한 중도금과 잔금을 수령할 권한이 있다. 25회 (O | X)

016 제한능력자인 대리인이 법정대리인의 동의 없이 대리행위를 하더라도 법정대리인은 그 대리행위를 취소할 수 없다. 29회 (O | X)

017 무권대리행위를 추인한 경우 원칙적으로 추인한 때로부터 유권대리와 마찬가지의 효력이 생긴다. 26회 (O | X)

018 무권대리인의 계약상대방은 계약 당시 대리권 없음을 안 경우에도 본인에 대해 계약을 철회할 수 있다. 26회 (O | X)

019 무권대리인의 상대방은 상당한 기간을 정하여 본인에게 그 추인 여부의 확답을 최고할 수 있고, 본인이 그 기간 내에 확답을 발하지 아니한 때에는 추인을 거절한 것으로 본다. 27회 (O | X)

020 무권대리인이 미성년자라면, 본인이 무권대리인의 대리행위에 대해 추인을 거절하더라도 상대방은 무권대리인에 대해 계약의 이행이나 손해배상을 청구할 수 없다. 28회 (O | X)

021 강행법규 위반으로 무효인 법률행위를 추인한 때에는 다른 정함이 없으면 그 법률행위는 처음부터 유효한 법률행위가 된다. 32회 (O | X)

022 제한능력자의 법률행위에 대한 법정대리인의 추인은 취소의 원인이 소멸된 후에 하여야 그 효력이 있다. (○ | ×) 29회

023 당사자가 조건성취의 효력을 그 성취 전에 소급하게 할 의사를 표시한 때에는 그 의사에 의한다. (○ | ×) 28회

024 조건부 법률행위에서 불능조건이 정지조건이면 그 법률행위는 무효이다. (○ | ×) 31회

025 기한이익 상실특약은 특별한 사정이 없으면 정지조건부 기한이익 상실특약으로 추정된다. (○ | ×) 31회

026 소유권에 기한 방해제거청구권은 현재 계속되고 있는 방해의 원인과 함께 방해결과의 제거를 내용으로 한다. (○ | ×) 29회

027 소유권에 기한 물권적 청구권이 발생한 후에는 소유자가 소유권을 상실하더라도 그 청구권을 행사할 수 있다. (○ | ×) 29회

028 취득시효 완성으로 인한 소유권이전등기청구권은 시효완성 당시의 등기명의인이 동의해야만 양도할 수 있다. (○ | ×) 32회

029 등기를 요하지 않는 물권취득의 원인인 판결이란 이행판결을 의미한다. (○ | ×) 30회

030 소유권이전등기청구권의 보전을 위한 가등기에 기하여 본등기가 행해지면 물권변동의 효력은 본등기가 행해진 때 발생한다. (○ | ×) 30회

031 소유권이전등기가 된 경우, 특별한 사정이 없는 한 이전등기에 필요한 적법한 절차를 거친 것으로 추정된다. (○ | ×) 25회

032 전후 양 시점의 점유자가 다른 경우 점유승계가 증명되면 점유계속은 추정된다. (○ | ×) 32회

033 선의의 점유자가 본권의 소에서 패소하면 패소확정 시부터 악의의 점유자로 본다. (○ | ×) 32회

034 점유자는 소유의 의사로 과실 없이 점유한 것으로 추정한다. (○ | ×) 29회

035 악의의 점유자는 과실(過失) 없이 과실(果實)을 수취하지 못한 때에도 그 과실(果實)의 대가를 회복자에게 보상하여야 한다. (○ | ×) 26회

036 악의의 점유자가 책임 있는 사유로 점유물을 훼손한 경우, 이익이 현존하는 한도에서 배상해야 한다. (○ | ×) 31회

037 시효취득으로 인한 소유권이전등기청구권이 발생하면 부동산 소유자와 시효취득자 사이에 계약상의 채권관계가 성립한 것으로 본다. (○ | ×) 24회

038 적법한 권원 없이 타인의 토지에 경작한 성숙한 배추의 소유권은 경작자에게 속한다. (○ | ×) 28회

039 건물에 부합된 증축부분이 경매절차에서 경매목적물로 평가되지 않은 때에는 매수인은 그 소유권을 취득하지 못한다. (○ | ×) 29회

040 공유자 사이에 이미 분할협의가 성립하였는데 일부 공유자가 분할에 따른 이전등기에 협조하지 않은 경우, 공유물분할소송을 제기할 수 없다. (○ | ×) 35회

041 과반수 지분권자로부터 공유물의 특정 부분에 대한 배타적인 사용·수익을 허락받은 제3자의 점유는 다른 소수지분권자와 사이에서도 적법하다. (○ | ×) 27회

042 공유물의 소수지분권자가 다른 공유자와의 협의 없이 자신의 지분 범위를 초과하여 공유물의 일부를 배타적으로 점유하고 있는 경우 다른 소수지분권자가 공유물의 인도를 청구할 수 없다. (○ | ×) 27회

043 담보목적의 지상권이 설정된 경우 피담보채권이 변제로 소멸하면 그 지상권도 소멸한다. (○ | ×) 32회

044 지상권자의 지료지급 연체가 토지소유권의 양도 전후에 걸쳐 이루어진 경우, 토지양수인은 자신에 대한 연체기간이 2년 미만이더라도 지상권의 소멸을 청구할 수 있다. (○ | ×) 32회

045 분묘기지권을 시효취득한 자는 토지소유자가 지료를 청구한 날부터의 지료를 지급할 의무가 있다. 32회 (○ | ×)

046 법정지상권을 양도하기 위해서는 등기하여야 한다. 24회 (○ | ×)

047 지역권은 요역지와 분리하여 따로 양도하거나 다른 권리의 목적으로 하지 못한다. 32회 (○ | ×)

048 건물전세권이 법정갱신된 경우 전세권자는 전세권갱신에 관한 등기 없이도 제3자에게 전세권을 주장할 수 있다. 32회 (○ | ×)

049 건물의 일부에 대한 전세에서 전세권설정자가 전세금의 반환을 지체하는 경우, 전세권자는 전세권에 기하여 건물 전부에 대해서 경매청구할 수 있다. 32회 (○ | ×)

050 전세금의 반환은 전세권말소등기에 필요한 서류를 교부하기 전에 이루어져야 한다. 35회 (○ | ×)

051 임차인은 임대인과의 약정에 의한 권리금반환채권으로 임차건물에 유치권을 행사할 수 없다. 31회 (○ | ×)

052 채권자가 채무자를 직접점유자로 하여 간접점유하는 경우에도 유치권은 성립할 수 있다. 26회 (○ | ×)

053 유치권자는 유치물의 보존에 필요하더라도 채무자의 승낙 없이는 유치물을 사용할 수 없다. 26회 (○ | ×)

054 유치권자가 유치물인 주택에 거주하며 이를 사용하는 경우, 특별한 사정이 없는 한 채무자는 유치권 소멸을 청구할 수 있다. 23회 (○ | ×)

055 저당물의 제3취득자가 그 부동산에 유익비를 지출한 경우, 저당물의 경매대가에서 우선상환을 받을 수 있다. 28회 (○ | ×)

056 저당부동산에 대한 압류가 있으면 압류 이전에 저당권설정자의 저당부동산에 관한 차임채권에도 저당권의 효력이 미친다. 29회 (○ | ×)

057 원본의 반환이 2년간 지체된 경우 채무자는 원본 및 지연배상금의 전부를 변제하여야 저당권등기의 말소를 청구할 수 있다. 26회 (○ | ×)

058 저당권의 목적토지가 「공익사업을 위한 토지 등의 취득 및 보상에 관한 법률」에 따라 협의취득된 경우, 저당권자는 그 보상금청구권에 대해 물상대위권을 행사할 수 없다. 32회 (○ | ×)

059 근저당권자가 피담보채무의 불이행을 이유로 경매신청을 한 경우에는 경매신청 시에 피담보채권액이 확정된다. 31회 (○ | ×)

060 확정된 피담보채권액이 채권최고액을 초과하는 경우, 물상보증인은 채권최고액의 변제만으로 근저당권설정등기의 말소를 청구할 수 없다. 23회 (○ | ×)

061 교환계약은 요물계약이다. 26회 (○ | ×)

062 불특정다수인에 대하여도 청약이 가능하다. 27회 (○ | ×)

063 격지자 간의 계약은 다른 의사표시가 없으면 승낙의 통지를 발송한 때에 성립한다. 29회 (○ | ×)

064 임차권등기명령에 의해 등기된 임차권등기말소의무와 보증금반환의무는 동시이행관계에 있다. 25회 (○ | ×)

065 당사자 일방의 채무가 채권자의 책임 있는 사유로 불능이 된 경우, 채무자는 상대방의 이행을 청구할 수 있다. 31회 (○ | ×)

066 요약자의 채무불이행을 이유로 제3자는 요약자와 낙약자의 계약을 해제할 수 있다. 27회 (○ | ×)

067 낙약자는 요약자와의 계약에 기한 동시이행의 항변으로 제3자에게 대항할 수 없다. 27회 (○ | ×)

068 제3자의 수익의 의사표시 후 특별한 사정이 없는 한, 계약당사자의 합의로 제3자의 권리를 변경시킬 수 없다. 27회 (○ | ×)

069 계약을 합의해제한 경우에도 민법상 해제의 효과에 따른 제3자 보호규정이 적용된다. 25회 (○ | ×)

070 계약당사자 일방 또는 쌍방이 여러 명이면, 해지는 특별한 사정이 없는 한 그 전원으로부터 또는 전원에게 해야 한다. 31회 (○ | ×)

071 매매목적물의 인도와 동시에 대금을 지급할 경우, 그 인도장소에서 대금을 지급하여야 한다. 26회 (○ | ×)

072 매수인이 이행기 전에 중도금을 지급한 경우, 매도인은 특별한 사정이 없는 한 계약금의 배액을 상환하여 계약을 해제할 수 없다. 30회 (○ | ×)

073 매도인이 계약금의 배액을 상환하여 계약을 해제하는 경우, 그 이행의 제공을 하면 족하고 매수인이 이를 수령하지 않더라도 공탁까지 할 필요는 없다. 30회 (○ | ×)

074 타인의 권리를 매도한 자가 그 전부를 취득하여 매수인에게 이전할 수 없는 경우, 악의의 매수인은 계약을 해제할 수 없다. 26회 (○ | ×)

075 매매계약 당시에 그 목적물의 일부가 멸실된 경우, 선의의 매수인은 대금의 감액을 청구할 수 있다. 24회 (○ | ×)

076 부동산에 대한 환매기간을 7년으로 정한 때에는 5년으로 단축된다. 27회 (○ | ×)

077 교환계약에서 다른 약정이 없는 한 각 당사자는 목적물의 하자에 대해 담보책임을 부담한다. 32회 (○ | ×)

078 건물소유를 목적으로 한 토지임대차를 등기하지 않았더라도, 임차인이 그 지상건물의 보존등기를 하면, 토지임대차는 제3자에 대하여 효력이 생긴다. 26회 (○ | ×)

079 건물소유를 목적으로 한 토지임대차의 기간이 만료된 경우, 임차인은 계약갱신의 청구 없이도 매도인에게 건물의 매수를 청구할 수 있다. 26회 (○ | ×)

080 부속된 물건이 임차물의 구성부분으로 일체가 된 경우 특별한 약정이 없는 한, 부속물매수청구의 대상이 된다. 27회 (○ | ×)

081 임대차기간 중에 부속물매수청구권을 배제하는 당사자의 약정은 임차인에게 불리하더라도 유효하다. 27회 (○ | ×)

082 유익비상환청구권은 임대인이 목적물을 반환받은 날로부터 1년 내에 행사하여야 한다. 27회 (○ | ×)

083 임대인의 해지통고로 기간의 정함이 없는 토지임차권이 소멸한 경우에는 임차인은 지상물의 매수를 청구할 수 없다. 24회 (○ | ×)

084 임대차가 임차인의 채무불이행 때문에 기간 만료 전에 종료되었다면, 임차인에게 지상물매수청구권은 인정되지 않는다. 30회 (○ | ×)

085 연체차임액이 1기의 차임액에 이르면 건물임대인이 차임연체로 해지할 수 있다는 약정은 무효이다. 31회 (○ | ×)

086 임차권등기명령의 집행에 따라 주택 전부에 대해 타인 명의의 임차권등기가 끝난 뒤 소액보증금을 내고 그 주택을 임차한 자는 최우선변제권을 행사할 수 없다. 26회 (○ | ×)

087 임차권보다 선순위의 저당권이 존재하는 주택이 경매로 매각된 경우, 경매의 매수인은 임대인의 지위를 승계한다. 26회 (○ | ×)

088 주택임대차계약이 묵시적으로 갱신되면 그 임대차의 존속기간은 2년으로 본다. 24회 (○ | ×)

089 상가건물임대차계약이 묵시적으로 갱신된 경우, 임차인의 계약해지의 통고가 있으면 즉시 해지의 효력이 발생한다. 30회 (○ | ×)

090 구분소유자 전원의 동의로 소집된 관리단집회는 소집절차에서 통지되지 않은 사항에 대해서도 결의할 수 있다. 27회 (○ | ×)

091 관리단집회는 구분소유자 전원이 동의하면 소집절차를 거치지 않고 소집할 수 있다. 25회 (○ | ×)

092 구조상의 공용부분에 관한 물권의 득실변경은 등기하여야 효력이 생긴다. 29회 (○ | ×)

093 집합건물의 임차인은 관리인이 될 수 없다. 25회 (○ | ×)

094 공용부분 관리비에 대한 연체료는 특별승계인에게 승계되는 (○ | X) 공용부분 관리비에 포함되지 않는다. 25회

095 재건축 결의는 구분소유자 및 의결권의 각 5분의 4 이상의 결 (○ | X) 의에 의한다. 30회

096 공사대금채무를 담보하기 위한 가등기에도 「가등기담보 등에 (○ | X) 관한 법률」이 적용된다. 26회

097 귀속청산의 경우, 채권자는 담보권실행의 통지절차에 따라 통 (○ | X) 지한 청산금의 금액에 대해서는 다툴 수 없다. 23회

098 「부동산 실권리자명의 등기에 관한 법률」에서 허용되는 상호 (○ | X) 명의신탁의 경우, 공유물분할청구의 소를 제기하여 구분소유 적 공유관계를 해소할 수 없다. 22회

099 무효인 명의신탁약정에 기하여 타인 명의의 등기가 마쳐졌다 (○ | X) 면 그것은 당연히 불법원인급여에 해당한다고 보아야 한다. 22회

100 명의수탁자가 제3자에게 부동산을 처분한 경우, 그 제3자는 (○ | X) 선의·악의를 불문하고 소유권을 취득하는 것이 원칙이다. 22회

정답과 해설편

001
정답 ○
해설
1. **상대방 있는 단독행위**: 동의, 철회, 상계, 추인, 취소, 해제, 해지, **공유지분의 포기**, 합유지분의 포기, 취득시효이익의 포기, 채무면제
2. **상대방 없는 단독행위**: 유언(유증), 재단법인의 설립행위, 소유권의 포기

002
정답 ×
해설 성공보수약정
1. **형사**소송: 무효(반사회질서 법률행위에 해당한다)
2. **민사**소송: 유효(반사회질서 법률행위에 해당하지 않는다)

003
정답 ×
해설
허위표시는 반사회질서 법률행위에 해당하지 않는다.

004
정답 ○
해설
1. 무효행위의 **전환**: 인정 O
   불공정한 법률행위
2. 무효행위의 **추인**: 인정 X
   반사회질서 법률행위, 불공정한 법률행위, 강행규정 위반

005
정답 ○
해설 제107조 효과
1. 원칙: 유효
2. 예외: **무효**(상대방이 표의자의 진의 아님을 알았거나 알 수 있었을 경우).
   따라서 무효주장자가 입증해야 한다.

006
정답 ○
해설 보호받는 제3자에 해당하기 위한 요건
1. **가짜**행위
2. **새로운 이해관계**: 파산관재인은 보호받는 제3자에 해당한다. 그리고 파산채권자를 위해서 법률행위를 하는 자이기 때문에 일단 선의로 추정된다.

007
정답 ×
해설
1. 제3자의 선의는 **추정**된다. 따라서 제3자가 스스로 선의를 입증할 책임은 없다. 무**효주장자가 입증**해야 한다.
2. 제3자는 **선의면 충분**하고 무과실은 요하지 않는다.

008
정답 ○
해설
1. 제109조 착오와 제110조 사기·강박: 선택할 수 있다.
2. 담보책임과 착오는 **별개의 제도**: 선택할 수 있다(서로 영향 X).
   따라서 착오를 이유로 한 매수인의 취소권은 배제되지 않는다.

009
정답 ○
해설 **착오자에게 중대한 과실이 있는 경우**
1. 원칙: 취소할 수 없다.
2. 예외: 취소할 수 있다(상대방이 알고 이용한 경우).

010
정답 ×
해설
해제와 착오는 별개의 제도이다. 따라서 해제 후에도 상대방은 착오를 이유로 취소할 수 있다(전부 무효가 된다).

011
정답 ×
해설
1. 법률상 고지의무가 없는 경우에는 고지하지 않아도 기망행위가 아니다. 교환계약에서는 시가를 고지할 의무가 없으므로 시가를 고지하지 않은 경우에도 기망행위에 해당하지 않는다.
2. 법률상 고지의무가 있음에도 고지하지 않은 경우에는 기망행위에 해당한다(예 공동묘지, 쓰레기매립장).

012
정답 ○
해설
사기, 강박은 불법행위에 해당한다. 따라서 피해자는 사기, 강박을 한 자를 상대로 불법행위를 원인으로 손해배상을 청구할 수 있다.

013
정답 ○
해설
공동묘지는 혐오시설로 분양계약을 체결할 때 고지의무가 있다. 따라서 고지하지 않은 경우에는 기망행위에 해당한다.

014
정답 ○
해설 **대리인이 수인인 경우**
1. 원칙: 각자대리
2. 예외: 공동대리(수권행위, 법률의 규정)

015
정답 ○
해설 **매매계약 체결 대리권이 있는 경우**
1. 대리인은 계약금, 중도금, 잔금을 받을 권한도 있다.
2. 해제권한은 없다.

016
정답 ○
해설
대리인은 행위능력자임을 요하지 않는다. 따라서 제한능력자의 대리행위는 유효하기 때문에 본인이나 법정대리인이 대리행위를 취소할 수 없다.

017
정답 ×
해설 **추인의 소급효**
무권대리행위의 추인은 소급한다. 즉, 추인한 때부터가 아니라 대리행위 시로 소급해서 유효한 대리행위를 한 것으로 본다. 그러나 무효행위의 추인은 소급하지 않는다.

018

정답 ×

해설

1. **최고**: 선의·악의 모두 가능하다.
2. **철회**: 선의만 가능하다. 따라서 악의의 상대방은 철회할 수 없다.

019

정답 ○

해설

최고의 **상대방**: 본인
본인이 아무런 확답을 발하지 않으면 **추인을 거절한 것으로 본다**(확정적 무효).

020

정답 ○

해설

무권대리인의 상대방에 대한 책임(제135조)은 상대방 보호제도이다. 다만, 무권대리인이 제한능력자라면 제한능력자 보호가 더 중요하기 때문에 책임을 지지 않는다. 따라서 상대방은 미성년자에게 계약의 이행이나 손해배상을 청구할 수 없다.

021

정답 ×

해설

1. **추인이 인정되지 않는 무효**: 절대적 무효
   반사회질서 법률행위, 불공정한 법률행위, 강행규정 위반
2. **상대적, 확정적 무효**(비진의표시, 통정허위표시): **추인 가능하다.**

022

정답 ×

해설

취소할 수 있는 법률행위의 **추인**은 **취소원인이 소멸한 이후**에 해야 효력이 있다. 그러나 **법정**대리인은 취소원인 종료 전에도 추인할 수 있다.

023

정답 ○

해설

1. **조건** 성취의 효력
   ① 원칙: 소급 X
   ② 예외: 소급 O(특약, 즉 의사표시를 통해)
2. 기한도래의 효과: 언제나 소급 X

024

정답 ○

해설

불능조건이 **정지**조건이면 **무효**이고,
불능조건이 해제조건이면 조건 **없는** 법률행위(**유효**)에 해당한다.

025

정답 ×

해설

기한이익 상실특약은 형성권적 기한이익 상실특약으로 추정된다.

026

정답 ×

해설

방해제거청구권은 **원인** 제거를 내용으로 하고, 손해배상청구권은 **결과** 제거를 내용으로 한다. 서로 구별된다.

027

정답 ✕

해설
물권적 청구권을 행사하기 위해서는 물권이 있어야 한다. 따라서 소유자가 소유권을 상실한 경우에는 물권이 없으므로 물권적 청구권을 행사할 수 없다.

028

정답 ✕

해설 **소유권이전등기청구권의 양도**
1. 매수인의 소유권이전등기청구권의 양도는 매도인의 동의나 승낙이 필요하다.
2. 취득시효완성자의 소유권이전등기청구권의 양도는 시효완성 당시 소유자의 동의는 필요 없다.

029

정답 ✕

해설
이행판결(매수인의 소유권이전등기소송, 판결)에 의한 물권의 변동은 등기를 요한다. 그러나 형성판결(공유물분할판결)에 의한 물권의 변동은 등기를 요하지 않는다.

030

정답 ○

해설
가등기 이후 본등기가 경료된 경우 본등기의 순위는 가등기 시로 소급한다. 그러나 물권변동의 시기는 소급하지 않는다(본등기 시에 발생).

031

정답 ○

해설 **소유권이전등기가 경료된 경우**
원인과 절차는 적법한 것으로 추정된다. 그리고 제3자뿐만이 아니라 전소유자에게도 적법한 등기원인에 의해서 소유권을 취득한 것으로 추정된다.

032

정답 ○

해설
1. 전후 양 시점에 점유자가 동일인인 경우 점유계속은 추정된다.
2. 전후 양 시점에 점유자가 다른 경우(점유승계 입증) 점유계속은 추정된다.

033

정답 ✕

해설 **점유자(피고)가 본권에 관한 소에서 패소한 경우**
1. 선의점유자는 소제기 시부터 악의로 전환된다.
2. 자주점유자는 패소판결확정 시부터 타주점유로 전환된다.

034

정답 ✕

해설
점유자는 소유의사(자주), 평온, 공연, 선의점유가 추정된다. 그러나 무과실은 추정되지 않는다.

035

정답 ✕

해설 **악의점유자의 과실의 대가 보상의무[과실(果實)을 훼손 또는 수취하지 못한 경우]**
1. 점유자에게 과실(過失)이 있는 경우에는 대가보상의무가 있다.
2. 점유자에게 과실(過失)이 없는 경우에는 대가보상의무는 없다.

036

정답 ✕

해설
1. 선의 그리고 자주점유자는 현존이익을 배상한다.
2. 선의 그리고 타주점유는 손해전부를 배상한다.
3. 악의(자주, 타주)점유는 모두 손해전부를 배상한다.

037

정답 ×

해설
시효완성자와 시효완성 당시의 소유자 사이에는 계약상의 채권, 채무관계는 없다. 따라서 소유자가 알고 처분한 경우 시효완성자는 불법행위책임을 물을 수 있다. 그러나 채무불이행책임을 물을 수는 없다.

038

정답 ○

해설
1. 무단점유자가 건물을 신축한 경우에는 신축자가 건물의 소유권을 취득한다. 즉, 건물은 토지에 부합하지 않는다.
2. 무단점유자가 농작물을 경작한 경우에는 농작물은 경작자 소유이다. 즉, 농작물은 토지에 부합하지 않는다.
3. 무단점유자가 수목을 식재한 경우, 수목은 토지소유자의 소유이다. 즉, 수목은 토지에 부합한다.

039

정답 ×

해설 건물에 저당권이 설정되었고 그 건물이 증축된 경우
1. 증축부분이 기존건물에 부합된 경우에는 저당권의 효력은 증축부분에 미친다. 따라서 경락인이 증축부분의 소유권도 취득한다.
2. 증축부분이 기존건물에 부합되지 않은 경우에는 저당권의 효력은 증축부분에 미치지 않는다. 따라서 경락인이 증축부분의 소유권을 취득하지 못한다.

040

정답 ○

해설
재판상 분할은 협의가 되지 않은 경우에만 인정된다.

041

정답 ○

해설 과반수 지분권자
1. 단독으로 관리행위를 할 수 있다.
   (단독으로 임대할 수 있다: 임차인 점유는 적법점유이다)
2. 단독으로 공유물을 배타적 점유할 수 있다.
3. 다른 소수지분권자는 과반수 지분권자(공유물을 임대하거나 배타적 점유하고 있는 경우)를 상대로 부당이득반환을 청구할 수 있다(지분비율).

042

정답 ○

해설
소수지분권자가 공유물을 배타적으로 점유하고 있는 경우에 다른 소수지분권자는 공유물의 인도를 청구할 수 없다. 그러나 방해배제를 청구할 수 있다.

043

정답 ○

해설
채권이 소멸하면 저당권도 소멸하고 담보지상권도 소멸한다.

044

정답 ×

해설
1. 지상권자가 2년분 이상 지료를 연체한 경우에 지상권설정자는 지상권 소멸을 청구할 수 있다.
2. 토지소유권 양도 전, 후에 연체한 경우에 양수인은 합산을 주장할 수 없다. 따라서 양수인(특정인)에 대한 관계에서 2년분 이상 연체한 경우에만 지상권 소멸을 청구할 수 있다.

045

정답 ○

해설 **분묘기지권을 취득한 자의 지료지급의무의 발생시기**
1. 시효취득을 통해서 분묘기지권을 취득한 경우에는 토지소유자가 지료를 청구한 날부터 지료지급의무가 발생한다.
2. 양도형 분묘기지권의 취득은 분묘기지권이 성립한 날부터 지료지급의무가 발생한다.

046

정답 ○

해설 **법정지상권과 관습법상의 법정지상권**
1. 취득하기 위해서 등기를 요하지 않는다.
2. 대항하기 위해서 등기를 요하지 않는다.
3. 처분하기 위해서 등기를 요한다.

047

정답 ○

해설
1. 요역지가 이전하면 지역권도 이전한다.
2. 요역지에서 지역권만 분리하여 지역권만 양도할 수 없다. 그리고 지역권에만 저당권을 설정할 수 없다.
3. 요역지는 1필토지 전부 O , 일부 X
4. 승역지는 1필토지 전부 O , 일부 O

048

정답 ○

해설 **전세권에서 법정갱신**
1. 건물전세에서만 인정된다.
   토지전세는 법정갱신제도가 없다.
2. 등기 없이 갱신의 효과가 발생한다(등기 없이 전세권을 취득).
   등기 없이 대항할 수 있다.

049

정답 X

해설 **건물의 일부에 전세권이 설정된 경우**
1. 건물 전부에 대해서 경매를 청구할 수 없다.
2. 건물 전부의 매각대금에서 우선변제권은 인정된다.

050

정답 X

해설

전세권설정자의 전세금반환의무와 전세권자의 목적물인도의무 및 말소등기에 필요한 서류의 교부의무는 동시이행관계에 있다.

051

정답 ○

해설
임차인의
보증금반환채권: 견련성 X
권리금반환채권: 견련성 X
부속물매매대금채권: 견련성 X
비용상환청구권: 견련성 O

052

정답 X

해설

점유는 유치권의 성립요건이므로 채권자가 점유하고 있어야 한다. 그리고 채권자의 점유는 직접점유, 간접점유 모두 가능하다. 다만, 채무자가 직접점유하고 채권자가 간접점유하고 있는 경우에는 유치권은 성립할 수 없다.

053

정답 ×

해설
유치권자는 채무자의 승낙 없이 유치물을 사용, 대여, 담보 제공할 수 없다. 그러나 보존을 위한 사용은 채무자의 승낙 없이 가능하다.

054

정답 ×

해설
유치권자가 유치물인 주택에 거주·사용하는 것은 보존을 위한 사용에 해당하기 때문에 채무자는 유치권 소멸을 청구할 수 없다.

055

정답 ○

해설 **제3취득자**
1. 저당부동산에 대해서 소유권이나 지상권이나 전세권을 취득한 자를 말한다.
2. 제3취득자는 채무자의 채무를 대위변제하고 저당권의 소멸을 청구할 수 있다.
3. 제3취득자가 비용을 지출한 경우, 경매 시 우선변제받을 수 있다.

056

정답 ×

해설 **저당권의 효력이 미치는 범위: 과실(차임채권)**
1. 원칙: 미치지 않는다.
2. 예외: 저당부동산을 압류한 경우에는 미친다(압류 이후 과실에 대해서만 미친다).

057

정답 ○

해설
1. 저당권의 효력이 미치는 피담보채권의 범위: 지연배상(1년분)
2. 채무(지연배상)를 변제하고 말소등기를 청구하기 위해서는 채무 전액을 변제해야 한다. 따라서 지연배상도 전액 변제해야 한다.

058

정답 ○

해설
토지에 저당권이 설정된 이후 수용된 경우에 보상금청구권에 대해서 저당권자에게 물상대위가 인정된다. 그러나 협의취득된 경우에는 물상대위가 인정되지 않는다.

059

정답 ○

해설 **채권의 확정시기**
1. 경매신청 시에 채권은 확정된다.
2. 후순위근저당권자가 경매를 신청한 경우, 후순위근저당권자의 채권은 경매신청 시 확정된다. 그러나 선순위근저당권자의 채권은 매각대금완납 시에 확정된다.
3. 선순위근저당권자가 경매를 신청한 경우, 후순위근저당권자의 채권은 매각대금 완납 시에 확정된다. 그러나 선순위근저당권자의 채권은 경매신청 시에 확정된다.

060

정답 ×

해설 **확정된 피담보채권액이 채권최고액을 초과하는 경우에 말소등기를 청구하기 위한 채무의 변제 범위**
1. 채무자 겸 근저당설정자: 전액 변제
2. 물상보증인: 최고액만 변제
3. 제3취득자: 최고액만 변제

061

정답 ×

해설
1. 교환계약은 낙성계약이다.
2. 요물계약에는 현상광고계약, 대물변제계약, 계약금계약, 보증금계약이 있다.

062

정답 ○

해설
1. 청약의 상대방: 특정인 O, 불특정다수인 O
2. 승낙의 상대방: 특정인 O(청약자)/ 불특정다수인 X

063

정답 ○

해설
격지자 간의 계약은 승낙의 통지를 발송한 때 성립한다.
1. 대화자 간의 계약
   ① 청약: 도달주의
   ② 승낙: 도달주의
2. 격지자 간의 계약
   ① 청약: 도달주의
   ② 승낙: 발신주의

064

정답 ×

해설
1. 전세권 소멸 후 전세권자의 전세금반환의무와 전세권자의 목적물인도의무 및 말소등기의무는 동시이행관계에 있다.
2. 임대차 종료 시 임대인의 보증금반환의무와 임차인의 목적물인도의무는 동시이행관계에 있다.
3. 임대인의 보증금반환의무와 임차인의 임차권등기말소의무는 동시이행관계가 아니다. 임대인의 보증금반환의무가 선이행이다.

065

정답 ○

해설 **위험부담(임의규정)**
1. 불능에 대해서 쌍방 귀책사유가 없는 경우: 채무자위험부담(채무자는 상대방에게 이행을 청구할 수 없다)
2. 채권자에게 귀책사유가 있는 경우: 채권자위험부담(채무자는 상대방에게 이행을 청구할 수 있다)

066

정답 ×

해설
제3자를 위한 계약에서 해제권, 원상회복청구권, 취소권은 당사자(요약자, 낙약자)가 행사할 수 있다. 수익자(제3자)는 행사할 수 없다.

067

정답 ×

해설
낙약자는 요약자와의 계약(기본관계, 보상관계)에 기한 항변권으로 수익자에게 대항할 수 있다. 그러나 대가관계에 기한 항변권으로 수익자에게 대항할 수 없다.

068

정답 ○

해설
제3자가 수익의 의사를 표시한 이후(권리를 취득한 이후)에는 요약자와 낙약자는 합의를 통해서 제3자의 권리를 변경, 소멸시킬 수 없는 것이 원칙이다.

069

정답 ○

해설 (법정)해제규정이 합의해제에도 적용될 수 있을까?
1. 원칙: 해제규정은 적용 X
2. 예외: 제3자 보호규정 적용 O

070

정답 ○

해설 해제권 행사의 불가분성: 임의규정
당사자의 일방 또는 쌍방이 수인인 경우에 해제, 해지는 전원으로부터 전원에게 해야 한다.

071

정답 ○

해설
인도와 동시에 대금을 지급할 경우에는 인도장소에서 대금을 지급해야 한다(제586조).

072

정답 ○

해설
계약금에 기한 해제는 당사자 일방이 이행의 착수(중도금 지급) 전까지 가능하다. 그리고 이행기 전에 착수 가능하고 일부 이행도 이행의 착수에 해당한다.

073

정답 ○

해설
계약금에 기한 해제는 매수인(교부자)은 계약금을 포기하고 매도인은 교부받은 계약금의 배액을 제공하고 해제할 수 있다. 매수인이 수령하지 않는 경우에도 공탁은 필요 없다.

074

정답 ×

해설 담보책임: 악의의 매수인도 행사할 수 있는 권리
1. 전부타인 권리매매 담보책임: 해제 O
2. 일부타인 권리매매 담보책임: 대금감액청구 O
3. 저당권, 전세권 행사 담보책임: 해제, 손해배상청구 O

075

정답 ○

해설 담보책임에서 대금감액청구권
1. 일부타인 권리매매 담보책임: 선의매수인과 악의매수인 모두 대금감액청구권을 행사할 수 있다.
2. 수량부족, 일부멸실 담보책임: 선의매수인만 대금감액청구권을 행사할 수 있다. 악의매수인은 대금감액청구권을 행사할 수 없다.

076

정답 ○

해설 환매기간
1. 부동산: 5년으로 본다. 5년을 넘을 수 없고 연장할 수 없다.
2. 동산: 3년으로 본다. 3년을 넘을 수 없고 연장할 수 없다.

077

정답 ○

해설
매매규정(담보책임규정)이 다른 유상계약에 준용된다(적용된다).
교환계약도 유상계약이기 때문에 하자가 있는 경우, 담보책임이 발생한다.

078

정답 ○

해설 **임차권의 대항력(제3자에게 효력)**
1. 원칙: 대항력 X
2. 예외: 대항력 O(임대차 등기 O, 지상건물의 등기 O)

079

정답 X

해설 **지상물 소유목적의 토지임대차에서 임차인의 지상물매수청구권**
1. 원칙: 먼저 계약갱신청구권 행사 후 갱신을 거절당한 경우 행사할 수 있다.
2. 예외: 바로 지상물매수청구권을 행사할 수 있다(임대인이 해지통고한 경우).

080

정답 X

해설 **부속물매수청구권**
1. 건물 기타 공작물 임차인에게 부속물매수청구권이 인정된다. 토지임대차에서는 인정되지 않는다.
2. 부속물은 건물사용의 객관적 편익을 가져오는 물건을 말한다. 따라서 임차인 자신의 특수목적을 위해서 부속시킨 물건에 대해서는 부속물매수청구권이 인정되지 않는다.
3. 독립성이 있어야 부속물에 해당한다.
   독립성 X(구성부분으로 부합된 경우): 부속물매수청구권이 인정되지 않는다.

081

정답 X

해설
부속물매수청구권 규정은 강행규정으로 배제하는 약정은 무효이다.
1. 임의규정: 비용상환청구권, 임차권 양도, 전대 시 임대인의 동의를 요하는 규정
2. 강행규정: 부속물매수청구권, 지상물매수청구권, 법정갱신, 차임보증금증감청구권, 2기 차임 연체 시 해지규정

082

정답 X

해설 **임차인의 비용상환청구권**
1. 발생(청구)
   ① 필요비: 지출 즉시(존속 중)
   ② 유익비: 임대차 종료 시
2. 행사기간의 제한(필요비, 유익비)
   임대인이 목적물을 반환받은 날로부터 6개월 이내 행사해야 한다.

083

정답 X

해설
임대인이 미리 해지통고해서 임대차가 종료한 경우에도 임차인은 지상물매수청구권을 행사할 수 있다.

084

정답 ○

해설
지상물매수청구권은 존속기간의 만료로 임대차가 종료한 경우에 인정된다. 따라서 임차인의 채무불이행(2기 차임 연체)으로 종료된 경우에는 지상물매수청구권은 인정되지 않는다.

085

정답 ○

해설
2기 차임 연체 시 해지할 수 있다는 규정은 강행규정이기 때문에 임차인에게 불리한 약정은 무효이다.

086

정답 ○

해설 **임차권등기명령제도(법원에 신청)**
1. 임대차 종료 후
2. 임차권등기가 경료되면 임차인은 대항력과 우선변제권 모두 취득한다.
3. 임차권등기 후 임대차계약을 체결한 소액임차인에게는 최우선변제권이 인정되지 않는다. 다만, 우선변제권은 인정된다.
4. 등기비용은 임대인에게 청구할 수 있다.

087

정답 ×

해설 임차인이 대항요건을 갖춘 경우, 경매 시 경락인이 임대인의 지위를 승계할까?
1. 선순위권리자가 없는 경우에는 임차인은 대항력이 있기 때문에 경락인이 임대인의 지위를 승계한다. 따라서 경락인이 보증금반환의무를 부담한다.
2. 선순위권리자가 있는 경우에는 임차인은 대항력이 없기 때문에 경락인이 임대인의 지위를 승계하지 않는다. 따라서 경락인은 보증금반환의무를 부담하지 않는다.

088

정답 ○

해설 **묵시갱신에서 존속기간**
1. 전세권: 기간의 정함이 없는 것으로 본다.
2. 임대차: 기간의 정함이 없는 것으로 본다.
3. 「주택임대차보호법」의 임대차: 2년으로 본다.
4. 「상가건물 임대차보호법」의 임대차: 1년으로 본다.

089

정답 ×

해설 **묵시갱신된 경우의 해지통지(통고)**
1. 민법 임대차(부동산)
  ① 임대인이 해지통고: 6개월 후 해지의 효력이 발생한다.
  ② 임차인이 해지통고: 1개월 후 해지의 효력이 발생한다.
2. 「주택임대차보호법」(임차인이 해지통지): 3개월 후 해지효력이 발생한다.
3. 「상가건물 임대차보호법」(임차인이 해지통고): 3개월 후 해지효력이 발생한다.

090

정답 ○

해설

전원동의가 있으면
1. 집회의 소집절차를 생략할 수 있다.
2. 통지하지 않은 사항에 대해서도 결의할 수 있다.

091

정답 ○

해설

전원동의가 있으면
1. 집회의 소집절차를 생략할 수 있다.
2. 통지하지 않은 사항에 대해서도 결의할 수 있다.

092

정답 ×

해설

1. 공용부분(규약상 공용부분, 법정공용부분)의 물권의 변경은 등기를 요하지 않는다.
2. 법정공용부분: 등기를 요하지 않는다.
   규약상 공용부분: 규약(합의)을 통해서 공용부분으로 하는 것이기 때문에 그 취지를 등기해야 한다.

093

정답 ×

해설

관리인은 구분소유자임을 요하지 않는다. 따라서 임차인도 관리인이 될 수 있다. 그러나 **관리위원회의 위원**은 구분소유자임을 요한다.

094

정답 ○

해설 구분소유자가 관리비 체납 후 소유권을 양도한 경우, 양수한 특별승계인의 책임
1. 전유부분의 체납관리비: 승계 X
2. 공용부분의 체납관리비: 승계 O
3. 공용부분의 체납관리비에 대한 연체료: 승계 X

095

정답 ○

해설 구분소유자 및 의결권의 5분의 4 이상의 결의를 요하는 경우
1. 재건축 결의
2. 권리변동 있는 공용부분의 변경

096

정답 X

해설
1. 대물변제 예약 당시 목적물의 가액이 차용액 및 이자의 합산액을
    초과한 경우: 「가등기담보 등에 관한 법률」이 적용 O
    미달한 경우: 「가등기담보 등에 관한 법률」은 적용 X(청산절차 필요 없음)
2. 차용금채무담보: 「가등기담보 등에 관한 법률」이 적용 O
    공사대금채권담보: 「가등기담보 등에 관한 법률」은 적용 X
    물품대금채권담보: 「가등기담보 등에 관한 법률」은 적용 X
    매매대금채권담보: 「가등기담보 등에 관한 법률」은 적용 X

097

정답 ○

해설 통지한 청산금에 대해서 다툴 수 있는가?
1. 채권자: 다툴 수 없다.
2. 채무자: 다툴 수 있다(정당하게 평가된 청산금을 받을 때까지 소유권이전을 거절할 수 있다).

098

정답 ○

해설 상호명의신탁(구분소유적 공유관계)의 해소방법
1. 이미 구분되어 있기 때문에 공유물분할을 청구할 수 없다.
2. 상호명의신탁 해지를 원인으로 지분이전등기를 청구해야 한다.

099

정답 X

해설
1. 불법원인급여에 해당하는 경우: 반사회질서의 법률행위, 불공정한 법률행위
2. 불법원인급여에 해당하지 않는 경우: 명의신탁, 통정허위표시

100

정답 ○

해설
1. 수탁자와 거래한 제3자: 선의·악의를 불문하고 보호받는다.
2. 해제 전에 이해관계를 맺은 제3자: 선의·악의를 불문하고 보호받는다.
3. 비진의표시, 통정허위표시, 착오, 사기, 강박: 선의인 경우에만 보호받는다.

에듀윌이 너를 지지할게

ENERGY

삶의 순간순간이
아름다운 마무리이며
새로운 시작이어야 한다.

– 법정 스님

MEMO

2026 에듀윌 공인중개사 신대운 합격서 쉬운민법

발 행 일	2026년 1월 11일 초판
편 저 자	신대운
펴 낸 이	양형남
펴 낸 곳	(주)에듀윌
I S B N	979-11-360-4002-2
등록번호	제25100-2002-000052호
주　　소	08378 서울특별시 구로구 디지털로34길 55
	코오롱싸이언스밸리 2차 3층

* 이 책의 무단 인용 · 전재 · 복제를 금합니다.

www.eduwill.net

대표전화 1600-6700

여러분의 작은 소리
에듀윌은 크게 듣겠습니다.

본 교재에 대한 여러분의 목소리를 들려주세요.
공부하시면서 어려웠던 점, 궁금한 점,
칭찬하고 싶은 점, 개선할 점, 어떤 것이라도 좋습니다.

에듀윌은 여러분께서 나누어 주신 의견을
통해 끊임없이 발전하고 있습니다.

에듀윌 도서몰 book.eduwill.net
- 부가학습자료 및 정오표: 에듀윌 도서몰 → 도서자료실
- 교재 문의: 에듀윌 도서몰 → 문의하기 → 교재(내용, 출간) / 주문 및 배송

에듀윌 **직영학원**에서 합격을 수강하세요

언제나 전문 학습 매니저와 상담이 가능한 안내데스크

재충전을 위한 카페 분위기의 아늑한 휴게실

에듀윌의 상징 노란색의 환한 학원 입구

고품질 영상 및 음향 장비를 갖춘 최고의 강의실

에듀윌 직영학원 대표전화

공인중개사 학원 02)815-0600	공무원 학원 02)6328-0600	편입 학원 02)6419-0600
주택관리사 학원 02)815-3388	소방 학원 02)6337-0600	부동산아카데미 02)6736-0600
전기기사 학원 02)6268-1400		

공인중개사학원 바로가기

합격하고 꼭 해야 할 것 1

에듀윌 공인중개사 동문회 특권

1. 에듀윌 공인중개사 합격자 모임

2. 동문회 인맥북
업계 최대 네트워크

3. 개업 축하 선물

4. 온라인 커뮤니티
부동산 정보 실시간 공유

5. 오프라인 커뮤니티

지부/기수 정기모임

6. 공인중개사 취업박람회

7. 동문회 주최 실무 특강

8. 프리미엄 복지혜택
숙박/자기계발/의료 및 소식지 무료 구독

9. 마이오피스
동문 사무소 등록/조회

10. 동문회와 함께하는 사회공헌활동

※ 본 특권은 회원별로 상이하며, 예고 없이 변경될 수 있습니다.

에듀윌 공인중개사 동문회 | dongmun.eduwill.net
문의 | 1600-6700

합격하고 꼭 해야 할 것 2

에듀윌 부동산 아카데미 강의 듣기

성공 창업의 필수 코스 부동산 창업 CEO 과정

1 튼튼 창업 기초
- 창업 입지 컨설팅
- 중개사무 문서작성
- 성공 개업 실무TIP

2 중개업 필수 과정
- 실전창업과 계약서 작성
- 부동산 IT 마케팅 실무
- 부동산 토지(공법) 실무
- 부동산 상가 중개 실무
- 재개발/재건축 실무
- 부동산 세금 실무

3 성공창업 특별 과정
- 부동산 중개영업 실무
- 빌딩 중개 실무
- 중개사고방지 실무
- 사장분석 및 투자 정책
- 부동산 경매 실무

4 실전 계약서 작성 과정
- 계약서 작성 실습(주거, 상가)
- 계약서 작성 실습(토지)

부동산으로 성장하는 컨설팅 전문가 과정

1 토지, 개발 분야
- 부동산 디벨로퍼 과정
- 토지 전문가 과정
- 생활풍수 과정

2 AI, 마케팅 분야
- IT 마케팅 과정
- AI 자동화 과정
- AI 네이버 과정
- AI 빅데이터 과정

3 중개영업 분야
- 상위 1% 중개영업 과정

4 입지분석 컨설팅
- GIS 빅데이터 컨설팅

중개에서 실전 투자로 경매, 투자 과정

1 경매 분야
- 포커스 경매 과정
- 이거다 경매 과정
- 경매 임장 과정

2 빌딩, 투자 분야
- 빌딩 전문가 과정
- 소액 투자 임장 과정

3 테마 특강
- 재개발/재건축 특강
- 부동산 대출 특강
- 부동산 세법 특강

에듀윌 부동산 아카데미 | uland.eduwill.net
문의 | 온라인 강의 1600-6700, 학원 강의 02)6736-0600

꿈을 현실로 만드는
에듀윌

DREAM

공무원 교육
- 선호도 1위, 신뢰도 1위! 브랜드만족도 1위!
- 합격자 수 2,100% 폭등시킨 독한 커리큘럼

자격증 교육
- 9년간 아무도 깨지 못한 기록 합격자 수 1위
- 가장 많은 합격자를 배출한 최고의 합격 시스템

직영학원
- 검증된 합격 프로그램과 강의
- 1:1 밀착 관리 및 컨설팅
- 호텔 수준의 학습 환경

종합출판
- 온라인서점 베스트셀러 1위!
- 출제위원급 전문 교수진이 직접 집필한 합격 교재

어학 교육
- 토익 베스트셀러 1위
- 토익 동영상 강의 무료 제공

콘텐츠 제휴 · B2B 교육
- 고객 맞춤형 위탁 교육 서비스 제공
- 기업, 기관, 대학 등 각 단체에 최적화된 고객 맞춤형 교육 및 제휴 서비스

학점은행제
- 99%의 과목이수율
- 17년 연속 교육부 평가 인정 기관 선정

대학 편입
- 편입 교육 1위!
- 최대 200% 환급 상품 서비스

부동산 아카데미
- 부동산 실무 교육 1위!
- 상위 1% 고소득 창업/취업 비법
- 부동산 실전 재테크 성공 비법

국비무료 교육
- '5년우수훈련기관' 선정
- K-디지털, 산대특 등 특화 훈련과정
- 원격국비교육원 오픈